Vorrats- und Mantelgesellschaften

Europäische Hochschulschriften

Publications Universitaires Européennes

European University Studies

Reihe II

Rechtswissenschaft

Série II Series II

Droit

Law

Bd./Vol. 4228

PETER LANG

Frankfurt am Main · Berlin · Bern · Bruxelles · New York · Oxford · Wien

Anne Lehder

Vorrats- und Mantelgesellschaften

PETER LANG
Europäischer Verlag der Wissenschaften

Bibliografische Information Der Deutschen Bibliothek
Die Deutsche Bibliothek verzeichnet diese Publikation in der Deutschen Nationalbibliografie; detaillierte bibliografische Daten sind im Internet über <http://dnb.ddb.de> abrufbar.

Zugl.: Bonn, Univ., Diss., 2005

D 5
ISSN 0531-7312
ISBN 3-631-54200-3

www.peterlang.de

Meinen Eltern

Vorwort

Vorrats- und Mantelgesellschaften werden schon seit über 80 Jahren in Literatur und Rechtsprechung diskutiert. Die Diskussion war wohl nie so lebhaft wie in den letzten Jahren. Mit seinen Entscheidungen vom 16.3.1992, vom 9.12.2002 und vom 7.7.2003 hat der BGH zu einigen wichtigen Fragen erstmals Stellung genommen.

Die Entscheidungen des BGH werden in dieser Arbeit hinterfragt. Zunächst wird die Zulässigkeit von Vorrats- und Mantelgesellschaften untersucht, daraufhin die analoge Anwendbarkeit der Gründungsvorschriften verneint, in einem weiteren Schritt die im Zusammenhang mit der Verwendung einer Vorrats- und Mantelgesellschaft auftretenden Haftungsfragen beleuchtet. Gegenstand dieser Arbeit ist in einem weiteren Teil die Ausführung der Entscheidungen. Die Arbeit richtet sich gleichermaßen an Wissenschaft und Praxis.

Literatur und Rechtsprechung wurden bis zum 1.5.2005 berücksichtigt.

Diese Arbeit lag im Wintersemester 2004/2005 der Rechts- und Staatswissenschaftlichen Fakultät der Rheinischen Friedrich-Wilhelms-Universität Bonn als Dissertation vor.

Mein besonderer Dank gilt meinem Doktorvater Prof. Dr. Dres. h.c. Marcus Lutter. Er hatte nicht nur für fachliche Fragen jederzeit ein offenes Ohr, sondern half mir auch mit einem unfehlbaren pädagogischen Geschick dabei, meine Ziele zu erreichen. Herrn Prof. Dr. Ulrich Huber danke ich für die rasche Erstellung des Zweitgutachtens.

Für die Unterstützung bei der Anfertigung des Manuskripts danke ich meinen Eltern und Dorothee Behr.

Bonn, im April 2005 Anne Lehder

Inhaltsverzeichnis

Literaturverzeichnis

Ahrens, Claus	Kapitalgesellschaftliche Mantelverwertung und Vorgesellschafterhaftung DB 1998, 1069 – 1073 (zitiert: Ahrens, DB 1998)
Altmeppen, Holger	Zur Mantelverwendung in der GmbH NZG 2003, 145 – 140 (zitiert: Altmeppen, NZG 2003)
Altmeppen, Holger	Zur Verwendung eines „alten" GmbH-Mantels DB 2003, 2050 – 2054 (zitiert: Altmeppen, DB 2003)
Altmeppen, Holger	„Fortschritte" im modernen Verjährungsrecht DB 2002, 514 – 517 (zitiert: Altmeppen, DB 2002)
Ammon, Ludwig	Anmerkung zu BayObLG v. 24.3.1999 DStR 1999, 1039 - 1040 (zitiert: Ammon, DStR 1999)
Bachmayr, Karl E.	Zur steuerlichen Behandlung des sog. „Mantelkaufs" DB 1970, 798 – 801 (zitiert: Bachmayr, DB 1970)
Badura, Peter	Staatsrecht 2. Auflage, München 1996 (zitiert: Badura, Staatsrecht)
Banerjea, Nirmal Robert	Die rechtliche Behandlung des Mantelkaufs GmbHR 1998, 814 – 817 (zitiert: Banerjea, GmbHR 1998)
Banerjea, Nirmal Robert	Das Stammkapital und die Verwertung von Vorratsgesellschaften NZG 1999, 817 – 818 (zitiert: Banerjea, NZG 1999)
Bartl, Harald/ Fichtelmann, Helmar/ Schlarb, Eberhard/ Schulze, Hans-Jürgen	Heidelberger Kommentar zum GmbH-Recht 5. Auflage, Heidelberg 2002 (zitiert: Bartl/Fichtelmann/Schlarb/Schulze)

Bärwaldt, Roman/ Schabacker, Joachim	Keine Angst vor Mantel- und Vorratsgesellschaften GmbHR 1998, 1005 – 1014 (zitiert: Bärwaldt/Schabacker, GmbHR 1998)
Bärwaldt, Roman/ Balda, Sabine	Praktische Hinweise für den Umgang mit Vorrats- und Mantelgesellschaften Teil 1: Vorratsgesellschaften GmbHR 2004, 50 - 53 (zitiert: Bärwaldt/Balda, GmbHR 2004, 50)
Bärwaldt, Roman/ Balda, Sabine	Praktische Hinweise für den Umgang mit Vorrats- und Mantelgesellschaften – Teil 2: Mantelgesellschaften GmbHR 2004, 350 – 354 (zitiert: Bärwaldt/Balda, GmbHR 2004, 350)
Baumbach, Adolf/ Hueck, Alfred	GmbH-Gesetz 17. Auflage, München 2000 (zitiert: B/H/Bearbeiter)
Baumbach, Adolf/ Hopt, Klaus J.	Handelsgesetzbuch, Kommentar 30. Auflage, 2000 München (zitiert: Baumbach/Hopt, HGB)
Beater, Axel	Mantelkauf und Firmenfortführung GRUR 2000, 119 – 126 (zitiert: Beater, GRUR 2000)
Beck'sches Handbuch der GmbH	3. Auflage, München 2002 (zitiert: Beck-Hdb/Bearbeiter)
Beck'sches Notar-Handbuch	3. Auflage München 2000 (zitiert: Beck-Notar-Hdb/Bearbeiter)
Becker, Patricia	Verabschiedung des Gesetzes über die französische Blitz-S.A.R.L. GmbHR 2003, 1120 – 1121 (zitiert: Becker, GmbHR 2003)
Beuck, W.	Der Mantelkauf GmbHR 1957, 69 – 73 (zitiert: Beuck, GmbHR 1957)

Bitter, Georg	Der Anfang vom Ende des „qualifiziert faktischen GmbH- Konzerns" WM 2001, 2133 – 2141 (zitiert: Bitter, WM 2001)
Bleckmann, Albert	Staatsrecht II – Die Grundrechte 4. Auflage, Köln – Berlin –Bonn – München 1997 (zitiert: Bleckmann, Staatsrecht II)
Bohrer, Michael	Kann eine GmbH wirtschaftlich neu gegründet werden? – Von Mänteln, Mimikry-Gesellschaften und Vertrauenshaftung DNotZ 2003, 888 – 907 (zitiert: Bohrer, DNotZ 2003)
Bommert, Rainer	GmbH-Mantelkauf und Gründungsrecht GmbHR 1983, 209 – 213 (zitiert: Bommert, GmbHR 1983)
Brandes, Helmut	Die Rechtsprechung des Bundesgerichtshofs zur Aktiengesellschaft WM 1994, 2177 – 2189 (zitiert: Brandes, WM 1994)
Bredow, Felix von/ Schumacher, Thorsten	Registerkontrolle und Haftungsrisiken bei der Verwendung von GmbH-Mantelgesellschaften DStR 2003, 1032 – 1037 (zitiert: Bredow/Schumacher, DStR 2003)
Breit, James	Anmerkung zu KG, Beschluss v. 18.12.1924 – 1 X 516/24 JW 1924, 635 – 639 (zitiert: Breit, JW 1924)
Bulang, Johannes	Mantelgründung und Mantelkauf bei Aktiengesellschaften und Gesellschaften mit beschränkter Haftung Marburg 1935 (zitiert: Bulang, Mantelgründung)
Butz, Wolf-Dieter	Die Mantelverwertung bei der Gesellschaft mit beschränkter Haftung Göttingen 1972 (zitiert: Butz, Mantelverwertung)

Butz, Wolf-Dieter | Die Mantelverwertung bei der GmbH
GmbHR 1972, 270 – 275
(zitiert: Butz, GmbHR 1972)

Butz-Seidl | Vorteile des Erwerbs von GmbH-Mänteln und Vorratsgesellschaften
Gestaltende Steuerberatung 2000, 332 - 335
(zitiert: Butz-Seidl, Gestaltende Steuerberatung 2000)

Buyer, Christoph | Mantelkauf: Das neue Steuersparmodell?
DB 1987, 1959 – 1963
(zitiert: Buyer, DB 1987)

Bydlinsky, Franz | Juristische Methodenlehre und Rechtsbegriff
Wien – New York 1982
(zitiert: Bydlinsky, Methodenlehre)

Byk | Anmerkung zu KG, Beschluss v. 3.7.1924
JW 1924, 1535 – 1536
(zitiert: Byk, JW 1924)

Crezelius, Georg | Kurzkommentar zum Beschluss OLG Köln v. 11.3.1987
EWiR 1987, 477 – 478
(zitiert: Crezelius, EWiR 1987)

Crisolli, Karl-August | Scheingründungen und Mantelverwertung
JW 1934, 936 – 940
(zitiert: Crisolli, JW 1934)

Ebenroth, Carsten Thomas/ Müller, Andreas | Vorratsgründungen im Kapitalgesellschaftsrecht zwischen ökonomischen Bedürfnissen und der Registereintragung
DNotZ 1994, 75 – 87
(zitiert: Ebenroth/Müller, DNotZ 1994)

Erman | Bürgerliches Gesetzbuch
11. Auflage, Köln 2004
(zitiert: Erman/Bearbeiter)

Feddersen, Dieter | Die Nutzung des Verlustvortrages beim Mantelkauf
BB 1987, 1783 – 1788
(zitiert: Feddersen, BB 1987)

Fembacher, Tobias — Anmerkung zu BGH v. 7.7.2003
MittBayNot 2004, 133 – 136
(zitiert: Fembacher, MittBayNot 2004)

Fichtelmann, Helmar — Verlustabzug beim Mantelkauf
NSt 1992, 27 – 36
(zitiert: Fichtelmann, NSt 1992)

Finken, Manfred — Kurzkommentar zu OLG Koblenz v. 19.1.1989
EWiR 1989, 263 – 264
(zitiert: Finken, EWiR 1989, 263)

Fischer, W. — Anmerkung zu RG, Urteil v. 1.7.1933
JW 1934, 27
(zitiert: Fischer, JW 1934)

Flume, Werner — Allgemeiner Teil des Bürgerlichen Rechts,
Erster Band, Zweiter Teil, Die juristische Person
Berlin – Heidelberg – New York 1983
(zitiert: Flume, Juristische Person)

Gehrlein, Markus — Von der Differenz- zur Verlustdeckungshaftung
NJW 1996, 1193
(zitiert: Gehrlein, NJW 1996)

Gerhardt, Ralf — Gründung oder Kauf einer GmbH?
Der Steuerberater 1999, 15
(zitiert: Gerhardt, Der Steuerberater 1999, 15)

Geßler, Ernst/
Hefermehl, Wolfgang/
Eckardt, Ulrich/
Kropff, Bruno — Aktiengesetz
München 1994
(zitiert: G/H/E/K/Bearbeiter)

Gierke, Otto von — Deutsches Privatrecht
Erster Band Allgemeiner Teil und Personenrecht
Leipzig 1895
(zitiert: v. Gierke, Deutsches Privatrecht I)

Godin, Reinhard von/
Wilhelmi, Hans — Aktiengesetz
4. Auflage, Berlin 1971
(zitiert: v. Godin/Wilhelmi)

Goette, Wulf	Die GmbH 2. Auflage, München 2002 (zitiert: Goette, GmbH)
Goette, Wulf	Anmerkung zu BGH v. 9.12.2002 DStR 2003, 300 – 301 (zitiert: Goette, DStR 2003)
Goette, Wulf	Haftungsfragen bei der Verwendung von Vorratsgesellschaften und „leeren" GmbH-Mänteln DStR 2004, 461 – 466 (zitiert: Goette, DStR 2004)
Görner, André/ Kling, Michael	Die Ausfallhaftung des GmbH-Gesellschafters (II) GmbHR 2004, 778 – 785 (zitiert: Görner/Kling, GmbHR 2004)
Göz, Philipp/ Gehlich, Jens	Die Haftung von Gesellschafter und Geschäftsführer bei Verwendung eines GmbH-Mantels ZIP 1999, 1653 – 1662 (zitiert: Göz/Gehlich, ZIP 1999)
Gronstedt, Sebastian	Anmerkung zu BGH v. 7.7.2003 BB 2003, 2082 – 2083 (zitiert: Gronstedt, BB 2003)
Grooterhorst, Johannes	Praktische Probleme beim Erwerb einer Vorrats-AG NZG 2001, 145 – 149 (zitiert: Grooterhorst, NZG 2001)
Großkommentar Aktiengesetz	4. Auflage, Berlin – New York, 1997 (zitiert: GroßKomm/Bearbeiter)
Großkommentar Aktiengesetz	3. Auflage, Berlin – New York, 1973 (zitiert: GroßKomm 3. A./Bearbeiter)
Grunewald, Barbara	Gesellschaftsrecht 5. Auflage, Tübingen 2002 (zitiert: Grunewald, GesR)
Gummert, Hans	Anmerkung zu AG Erfurt v. 27.6.1996 WiB 1997, 364 – 365 (zitiert: Gummert, WiB 1997)

Gummert, Hans	Die Haftungsverfassung der Vor-GmbH nach der jüngsten Rechtsprechung des BGH DStR 1997, 1007 – 1011 (zitiert: Gummert, DStR 1997)
Gummert, Hans	Anmerkung zu LG Hamburg v. 28.1.1997 WiB 1997, 646 – 647 (zitiert: Gummert, WiB 1997)
Gürtner, Fritz	Der Mantelkauf MDR 1954, 76 – 78 (zitiert: Gürtner, MDR 1954)
Haas, Ulrich/ Müller, Henning	Haftungsrisiken im Zusammenhang mit Unternehmens(ver)käufen GmbHR 2004, 1169 – 1180 (Haas/Müller, GmbHR 2004)
Hachenburg	Gesetz betreffend die Gesellschaften mit beschränkter Haftung (GmbHG) 8. Auflage, Berlin – New York 1992 ff. (zitiert: Hachenburg/Bearbeiter)
Hachenburg	Anmerkung zu KG, Beschluss v. 3.7.1924 JW 1924, 1536 (zitiert: Hachenburg)
Hachenburg	Kommentar zum Gesetz betreffend die Gesellschaften mit beschränkter Haftung 6. Auflage, Berlin 1956 (zitiert: Hachenburg 6. A./Bearbeiter)
Happ, Wilhelm/ Holler, Lorenz	„Limited" statt GmbH? DStR 2004, 730 – 736 (zitiert: Happ/Holler, DStR 2004)
Haunhorst, Karl Heinz/ Schmidt, Christian H.	Die Aktivierung von Vorratsgesellschaften als wirtschaftliche Neugründung INF 2004, 112 – 117 (zitiert: Haunhorst/Schmidt, INF 2004)
Haver, Friedrich	Der Gesellschaftsmantel im Rechtsverkehr Breslau 1929 (zitiert: Haver, Gesellschaftsmantel)

Heckschen, Heribert	Deutsche GmbH vor dem Aus? Eine merkwürdige „wissenschaftliche „Diskussion“ GmbHR 2004, R25 – R 26 (zitiert: Heckschen, GmbHR 2004)
Heerma, Jan Dirk	Mantelverwendung und Kapitalaufbringungspflichten Köln 1997 (zitiert: Heerma, Mantelverwendung)
Heerma, Jan Dirk	Die Haftung des Handelnden beim Mantelkauf GmbHR 1999, 640 – 646 (zitiert: Heerma, GmbHR 1999)
Heidenhain, Martin	Anwendung der Gründungsvorschriften des GmbH-Gesetzes auf die wirtschaftliche Neugründung einer Gesellschaft NZG 2003, 1051 – 1054 (zitiert: Heidenhain, NZG 2003)
Heidinger, Andreas	Neues zur Verwendung von Vorratsgesellschaften und zum Mantelkauf ZNotP 2003, 82 – 89 (zitiert: Heidinger, ZNotP 2003)
Heidinger, Andreas	Die wirtschaftliche Neugründung ZGR 2005, 101 – 132 (zitiert: Heidinger, ZGR 2005)
Heidinger, Andreas/ Meyding, Bernhard	Der Gläubigerschutz bei der „wirtschaftlichen Neugründung“ von Kapitalgesellschaften NZG 2003, 1129 – 1134 (zitiert: Heidinger/Meyding, NZG 2003)
Heins, Detlef	Vorratsgesellschaften – am Ende? notar 2003, 43 – 45 (zitiert: Heins, notar 2003)
Hennrichs, Joachim	Fortsetzung einer mangels Masse aufgelösten GmbH ZHR 159 (1995), 593 – 608 (zitiert: Hennrichs, ZHR 159 (1995))
Henze, Hartwig	Handbuch zum GmbH-Recht 2. Auflage, Köln 1997 (zitiert: Henze, Hdb GmbHR)

Herchen, Hilke — Vorratsgründung, Mantelverwendung und geräuschlose Beseitigung der GmbH
DB 2003, 2211 – 2216
(zitiert: Herchen, DB 2003)

Heublein, Joachim — Kurzkommentar zu AG Nürnberg v. 24.3.1999
EWiR 1999, 647 – 648
(zitiert: Heublein, EWiR 1999)

Heyer, Jan-Peter/ Reichert-Clauß, Andrea — Sichere Verwendung von Vorratsgesellschaften – die Anforderungen der Rechtsprechung
NZG 2005, 193 – 196
(zitiert: Heyer/Reichert-Clauß, NZG 2005)

Hönn, Günther — Die konstitutive Wirkung der Löschung von Kapitalgesellschaften
ZHR 138 (1974), 50 – 79
(zitiert: Hönn, ZHR 138 (1974))

Hüffer, Uwe — Aktiengesetz
5. Auflage, München 2002
(zitiert: Hüffer, AktG)

Hütsch, Karlheinz — Der GmbH-Mantelkauf in der Rechtsprechung des Kammer- und Reichsgerichts
Köln 1938
(zitiert: Hütsch, GmbH-Mantelkauf)

Ihrig, Christoph — Die Verwertung von GmbH-Mänteln
BB 1988, 1197 – 1203
(zitiert: Ihrig, BB 1988)

Jacobs, Mathias — Die Verwendung eines GmbH-Mantels als wirtschaftliche Neugründung
DZWIR 2004, 309 – 317
(zitiert: Jacobs, DZWIR 2004)

Janberg, Hans — Die Verwertung von Gesellschaftsmänteln
GmbHR 1952, 132 – 135
(zitiert: Janberg, GmbHR 1952)

Kallmeyer, Harald — Mehrfachaufbringung des Stammkapitals einer GmbH
GmbHR 2003, 322 – 325
(zitiert: Kallmeyer, GmbHR 2003, 322)

Kallmeyer, Harald	Ist die Wiederbelebung einer Mantel-GmbH wirklich strenger zu behandeln als der Formwechsel einer AG in eine GmbH? DB 2003, 2583 – 2584 (zitiert: Kallmeyer, DB 2003)
Kantak, Ralf	Mantelgründung und Mantelverwendung bei der GmbH München 1989 (zitiert: Kantak, Mantelgründung)
Kaufmann, Ludwig	Kritisches zur Frage der Zulässigkeit der Einmanngesellschaft und der Mantelverwertung Tübingen 1934 (zitiert: Kaufmann, Zulässigkeit)
Keil, Tilo	Kurzkommentar zu OLG Frankfurt/Main v. 4.11.1998 EWiR 1999, 359 - 360 (zitiert: Keil, EWiR 1999)
Keil, Tilo	Kurzkommentar zum BGH-Beschluss v. 9.12.2002 EWiR 2003, 327 – 328 (zitiert: Keil, EWiR 2003, 327)
Keil, Tilo	Kurzkommentar zu BGH v. 7.7.2003 EWiR 2003, 967- 968 (zitiert: Keil, EWiR 2003, 967)
Keilbach, Heinz	Die Prüfungsaufgaben der Registergerichte MittRhNotK 2000, 365 – 379 (zitiert: Keilbach, MittRhNotK 2000)
Keller, Dirk	Mantelgründung und Mantelkauf bei der GmbH aus zivilrechtlicher und steuerrechtlicher Sicht DZWir 1998, 230 – 234 (zitiert: Keller, DZWir 1998)
Keller, Dirk	Aktuelle Haftungsrisiken bei Mantelkauf, Mantelverwendung und Vorratsgründung DZWir 2005, 133 – 139 (zitiert: Keller, DZWIR 2005)

Kesseler, Christian — Anmerkung zu BGH v. 7.7.2003
ZIP 2003, 1790 – 1793
(zitiert: Kesseler, ZIP 2003)

Kober, Bernd — Sonderformen des Beteiligungskaufes: Der Mantelkauf
Frankfurt a. M. 1995
(zitiert: Kober, Mantelkauf)

Kolaschnik, Helge/ Wessel, Christian — Verwendung ausländischer (Vorrats-) Gesellschaften?
Stbg 2003, 330 – 331
(zitiert: Kolaschnik/Wessel, Stbg 2003)

Koller, Ingo/ Roth, Wulf-Henning/ Morck, Winfried — Handelsgesetzbuch, Kommentar
4. Auflage, München 2003
(zitiert: Koller/Roth/Morck, HGB)

Kölner Kommentar — Kölner Kommentar zum Aktiengesetz,
2. Auflage, Köln 1986 ff.
(zitiert: KK/Bearbeiter)

Kölner Kommentar — Kölner Kommentar zum Aktiengesetz,
1. Auflage, Köln-Berlin-Bonn-München 1985
(zitiert: KK 1.A./Bearbeiter)

Krafka, Alexander — Die wirtschaftliche Neugründung von Kapitalgesellschaften
ZGR 2003, 577 – 590
(zitiert: Krafka, ZGR 2003)

Kraft, Alfons — Gesellschaftsrechtliche Probleme der Vorratsgründung einer Aktiengesellschaft und einer Gesellschaft mit beschränkter Haftung
DStR 1993, 101 – 105
(zitiert: Kraft, DStR 1993)

Krämer, Ulrich — Die Verjährung von Rückforderungsansprüchen der GmbH gemäß § 30 GmbHG bei „böslicher Verhaltensweise“ des Verpflichteten
GmbHR 2004 , 538-542
(zitiert: Krämer, GmbHR 2004)

Kübler, Friedrich	Gesellschaftsrecht 5. Auflage, Heidelberg 1998 (zitiert: Kübler, GesR)
Kuhn, Ottmar	Strohmanngründung bei Kapitalgesellschaften Tübingen, 1964 (zitiert: O. Kuhn, Strohmanngründung)
Lachmann, Andreas	Risikobeschränkung bei Gründung von Kapitalgesellschaften NJW 1998, 2263 - 2265 (zitiert: Lachmann, NJW 1998)
Lamb, Jochen/ Schluck-Amend, Alexandra	Mantelkauf als wirtschaftliche Neugründung Der Syndikus 2003, 25 http://www.forumrecht.com/syndikus/ briefings/gs/gs_030.htm (zitiert: Lamb/Schluck-Amend, Der Syndikus, 2003, 25)
Langel, Horst/ de Schmidt, Heribert	Die zivilrechtliche und steuerliche Beurteilung des Mantelkaufs mit Verlustabzugsrecht durch die Rechtsprechung Wpg 1971, 525 – 533 (zitiert: Langel/de Schmidt, Wpg 1971)
Larenz, Karl	Methodenlehre der Rechtswissenschaft 6. Auflage, Berlin – Heidelberg – New York – London – Paris – Tokyo – Hong Konk – Barcelona – Budapest 1991 (zitiert: Larenz, Methodenlehre)
Larenz, Karl/ Canaris, Klaus-Wilhelm	Methodenlehre der Rechtswissenschaft 3. Auflage, Heidelberg 1995 (zitiert: Larenz/Canaris, Methodenlehre)
Lergon, Michael	Die persönliche Haftung des Gesellschafters einer GmbH RNotZ 2003, 213 – 248 (zitiert: Lergon, RNotZ 2003)

Lindemeier, Jörg	Die Versicherung des Geschäftsführers einer GmbH gegenüber dem Registergericht zur Sicherung der Kapitalaufbringung RNotZ 2003, 503 – 513 (zitiert: Lindemeier, RNotZ 2003)
Löbenstein, Ernst	Mantelgründung und Mantelverwertung Frankfurt a. M. 1933 (zitiert: Löbenstein, Mantelgründung)
Loeser, Roman	System des Verwaltungsrechts, Band I Baden-Baden 1994 (zitiert: Loeser, VerwR I)
Lutter, Marcus	Haftungsrisiken bei der Gründung einer GmbH JuS 1998, 1073 – 1080 (zitiert: Lutter, JuS 1998)
Lutter, Marcus	Umwandlungsgesetz 2. Auflage, Köln 2000 (zitiert: Lutter/Bearbeiter, UmwG)
Lutter, Marcus	Die Haftung des herrschenden Unternehmens im GmbH-Konzern ZIP 1985, 1425 – 1435 (zitiert: Lutter, ZIP 1985)
Lutter, Marcus	Europäisches Unternehmensrecht 4. Aufl., Berlin – New York 1996 (zitiert: Lutter, Europäisches Unternehmensrecht)
Lutter, Marcus	Theorie der Mitgliedschaft AcP 180 (1980). 84 – 159 (zitiert: Lutter, AcP 180 (1980))
Lutter, Marcus/ Hommelhoff, Peter	GmbH-Gesetz, Kommentar 16. Auflage, Köln 2004 (zitiert: L/H/Bearbeiter)
Lutter, Marcus/ Hommelhoff, Peter	GmbH-Gesetz, Kommentar 15. Auflage, Köln 2000 (zitiert: Lutter/Hommelhoff, 15. Aufl.)

Lutter, Marcus/ Banerjea, Nirmal Robert	Die Haftung wegen Existenzvernichtung ZGR 2003, 402 – 440 (zitiert: Lutter/Banerjea, ZGR 2003)
Mayer, Ulrich	Mantelkauf und Mantelverwendung- (k)ein Problem? NJW 2000, 175 – 179 (zitiert: Mayer, NJW 2000)
Meilicke, Wienand	Droht Überregulierung von Vorratsgesellschaften? BB 2003, 857 – 862 (zitiert: Meilicke, BB 2003)
Melchior, Robin/ Schulte, Christian	FELIZ ANO NUEVO oder: Glückliches Spanien – Armes Deutschland? Die Blitz-GmbH bald auch in Deutschland? GmbHR 2003, R 1 – R 2 (zitiert: Melchior/Schulte, GmbHR 2003)
Meller-Hannich, Caroline	Verwendung von Vorrats- und Mantelkapitalgesellschaften und Prüfung durch das Registergericht ZIP 2000, 345 – 350 (zitiert: Meller-Hannich, ZIP 2000)
Meyding, Thomas	Die Mantel-GmbH im Gesellschafts- und Steuerrecht Konstanz, 1989 (zitiert: Meyding, Mantel-GmbH)
Meyer, Justus	Neue und alte Mäntel im Kapitalgesellschaftsrecht ZIP 1994, 1661 – 1668 (zitiert: Meyer, ZIP 1994)
Meyer-Landrut, Joachim/ Miller, F. Georg/ Niehus, Rudolf J.	Gesetz betreffend die Gesellschaften mit beschränkter Haftung (GmbHG) Berlin New York 1987 (zitiert: M/M/N/Bearbeiter)
Michalski, Lutz	Kommentar zum Gesetz betreffend die Gesellschaften mit beschränkter Haftung (GmbHG) München 2002 f. (zitiert: Michalski/Bearbeiter)
Mülbert, Peter O.	Zukunft der Kapitalaufbringung/Kapitalerhaltung Der Konzern 2004, 151 – 161 (zitiert: Mülbert, Der Konzern 2004)

Müller, Holger — Die Kapitalgesellschaft – Ein Praktiker- und Formularhandbuch zur Aktiengesellschaft und Gesellschaft mit beschränkter Haftung
Göttingen 1990
(zitiert: H. Müller, Kapitalgesellschaft)

Münchener Kommentar zum Aktiengesetz — Münchener Kommentar zum Aktiengesetz
2. Auflage, München 2000
(zitiert: MüKo AktG/Bearbeiter)

Münchener Kommentar zum Bürgerlichen Gesetzbuch — Münchener Kommentar zum Bürgerlichen Gesetzbuch
3. Auflage, München 1993
(zitiert: MüKo BGB/Bearbeiter)

Noack, Ulrich — Anmerkung zu BGH v. 9.12.2002
LMK 2003, 65 – 66
(zitiert: Noack, LMK 2003)

Noack, Ulrich — Gesellschaftervereinbarungen im Kapitalgesellschaftsrecht
Tübingen 1994
(zitiert: Noack, Gesellschaftervereinbarungen)

Nolting, Ekkehard — Registerrechtliche Gründungsprüfung beim Erwerb von Mantel- und Vorratsgesellschaften
ZIP 2003, 651 - 655
(zitiert: Nolting, ZIP 2003)

Notz, Richard L. — Bericht über die Diskussion
RWS-Forum 25
Hartwig Henze, Michael Hoffman-Becking (Hrsg.)
Gesellschaftsrecht 2003, S. 57 – 72
Köln 2003
(zitiert: Notz, RWS-Forum 25)

Palandt — Bürgerliches Gesetzbuch
63. Auflage, München 2004
(zitiert: Palandt/Bearbeiter)

Pape, Friedrich-Wilhem — Gesellschaftsmäntel und Namensgesellschaften
BB 1955, 1099 – 1101
(zitiert: Pape, BB 1955)

Peetz, Carsten	Anmerkung zu BGH v. 9.12.2002 GmbHR 2003, 229, 231 (zitiert: Peetz, GmbHR 2003)
Peetz, Carsten	Anmerkung zu BGH vom 7.7.2003 GmbHR 2003, 1128 – 1130 (zitiert: Peetz, GmbHR 2003)
Peetz, Carsten	Noch einmal – die Mantelverwendung GmbHR 2004, 1429 – 1437 (zitiert: Peetz, GmbHR 2004)
Pentz, Andreas	Eingeschränkte Unverjährbarkeit von Einlageansprüchen und von Forderungen wegen Verstoßes gegen das Auszahlungsverbot als Folge der Schuldrechtsreform GmbHR 2002, 225 – 230 (zitiert: Pentz, GmbHR 2002)
Peters, Birgitta	Der GmbH-Mantel als gesellschaftsrechtliches Problem Köln, 1989 (zitiert: Peters, GmbH-Mantel)
Peus, Egon A.	Mantelverwendung – Bundesrichterrecht und Landesfiskushaftung NZG 2003, 610 – 613 (zitiert: Peus, NZG 2003)
Pflüger, Hansjörg	Formale „Falle" bei Übertragung einer Vorrats-GmbH Gestaltende Steuerberatung 2003, 286 – 288 (zitiert: Pflüger, Gestaltende Steuerberatung 2003)
Pöltl, René	Gaststättenrecht 5. Auflage, Heidelberg 2003 (zitiert: Pöltl, GastR)
Preuß, Nicola	Geheimer Vorbehalt, Scherzerklärung und Scheingeschäft Jura 2002, 815 – 820 (zitiert: Preuß, Jura 2002)

Priester, Hans-Joachim — Mantelverwendung und Mantelgründung bei der GmbH
DB 1983, 2291 - 2299
(zitiert: Priester, DB 1983)

Priester, Hans-Joachim — Kurzkommentar zu OLG Stuttgart v. 5.12.1991
EWiR 1992, 113 – 114
(zitiert: Priester, EWiR 1992)

Priester, Hans-Joachim — Kapitalaufbringung
Festschrift 100 Jahre GmbH-Gesetz
Marcus Lutter; Peter Ulmer; Wolfang Zöllner (Hrsg.)
Köln 1992
(zitiert: Priester, FS-GmbHG)

Priester, Hans-Joachim — Beginn der Rechtsperson – Vorräte und Mäntel
ZHR 168 (2004), 248 – 264
(zitiert: Priester, ZHR 168 (2004))

Priester, Joachim — Anmerkung zu BGH v. 7.7.2003
LMK 2004, 31 – 32
(zitiert: Priester, LMK 2004)

Priester, Joachim — Die Unversehrtheit des Stammkapitals bei Eintragung der GmbH – ein notwendiger Grundsatz?
ZIP 1982, 1141 – 1153
(zitiert: Priester, ZIP 1982)

Rawert, Peter — Kurzkommentar zu LG Duisburg v. 18.9.1997 – 41 T 4/97
EWiR 1998, 223 – 224
(zitiert: Rawert, EWiR 1998)

Ries, Peter — Gewerblicher Mantelverkauf und Nachgründungs-Risiko
GmbHR 2000, R 105 – R 106
(zitiert: Ries, GmbHR 2000)

Riesenbeck, Tim — Diskussionsbericht
ZHR 168 (2004), 265 – 267
(zitiert: Riesenbeck, ZHR 168 (2004))

Röhricht, Volker — Das Wettbewerbsverbot des Gesellschafters und des Geschäftsführers
Wpg 1992, 766 – 786
(zitiert: Röhricht, Wpg 1992)

Röhricht, Volker — Die aktuelle höchstrichterliche Rechtsprechung zum Gesellschaftsrecht
Gesellschaftsrechtliche Vereinigung, Gesellschaftsrecht (Hrsg.), Band 8
Gesellschaftsrecht in der Diskussion 2003, Köln 2004
S. 1 - 36
(zitiert: Röhricht, VGR Band 8)

Römermann, Volker — Münchener Anwalts-Handbuch des GmbH-Rechts
München 2002
(zitiert: Römermann/Bearbeiter)

Roth, Günter H./ Altmeppen, Holger — Gesetz betreffend die Gesellschaften mit beschränkter Haftung (GmbHG)
4. Auflage, München 2003
(zitiert: Roth/Altmeppen)

Rowedder, Heinz/ Schmit-Leithoff, Christian — Gesetz betreffend die Gesellschaften mit beschränkter Haftung
4. Auflage, München 2002
(zitiert: Rowedder/Bearbeiter)

Rowedder, Heinz/ Schmidt-Leithoff, Christian — Gesetz betreffend die Gesellschaften mit beschränkter Haftung
3. Auflage, München 2002
(zitiert: Rowedder, 3. A./Bearbeiter)

Sachs, Michael — Grundgesetz
2. Auflage, München 1999
(zitiert: Sachs, GG)

Sailer, Andreas — Anmerkung zu BGH v. 9.12.2002
NotBZ 2003, 157
(zitiert: Sailer, NotBZ 2003)

Schäfer-Gölz, Reinhard — Die Lehre vom Vorbelastungsverbot und die Differenzhaftung der Gründung
Bonn, 1983
(zitiert: Schäfer/Gölz, Vorbeslastungsverbot)

Schaub, Bernhard | Vorratsgesellschaften vor dem Aus?
NJW 2003, 2125 2130
(zitiert: Schaub, NJW 2003)

Schaub, Bernhard | Anmerkung zu BGH v. 9.12.2002
DNotZ 2003, 447 – 453
(zitiert: Schaub, DNotZ 2003)

Schick, Rainer | GmbH-Mantelkauf und verdeckte Sacheinlage
GmbHR 1997, 982 - 986
(zitiert: Schick, GmbHR 1997)

Schlegelberger, Franz/Quassowski, Leo | Aktiengesetz
Berlin 1937
(zitiert: Schlegelberger/Quassowski)

Schlutius, Walter | Der Mantelkauf mit Verlustabzug
Düsseldorf 1962
(zitiert: Schlutius, Mantelkauf)

Schmidt, Hubert | Zur Vollbeendigung der juristischen Person
Bielefeld 1989
(zitiert: H. Schmidt, Vollbeendigung)

Schmidt, Karsten | Gesellschaftsrecht
4. Auflage, Köln Berlin Bonn München 2002
(zitiert: K. Schmidt, GesR)

Schmidt, Karsten | Löschung und Beendigung der GmbH
GmbHR 1988, 209 – 213
(zitiert: K. Schmidt GmbHR 1988)

Schmidt, Karsten | Erlöschen eines eingetragenen Vereins durch Fortfall aller Mitglieder?
NJW 1987, 394 ff.
(zitiert: K. Schmidt, NJW 1987)

Schmidt, Karsten | Vorratsgründung, Mantelkauf und Mantelverwendung
NJW 2004, 1345 – 1353
(zitiert: K. Schmidt, NJW 2004)

Schockenhoff, Martin/ Fiege, Carsten	Neue Verjährungsfragen im Kapitalgesellschaftsrecht ZIP 2002, 917 – 925 (zitiert: Schockenhoff/Fiege, ZIP 2002)
Scholz	Kommentar zum GmbH-Gesetz 9. Auflage, Köln 2000 (zitiert: Scholz/Bearbeiter)
Scholz	Kommentar zum GmbH-Gesetz 8. Auflage, Köln 1993 (zitiert: Scholz/Bearbeiter, 8. A.)
Scholz	Kommentar zum GmbH-Gesetz 6. Auflage, Köln 1978/1983 (zitiert: Scholz 6. A./Bearbeiter)
Schön, Wolfgang	Zur „Existenzvernichtungshaftung“ der juristischen Person ZHR 168 (2004), 268 – 297 (zitiert: Schön, ZHR 168 (2004))
Schön, Wolfgang	Die Zukunft der Kapitalaufbringung/-erhaltung Der Konzern 2004, 162 – 170 (zitiert: Schön, Der Konzern 2004)
Schubert, Peter	Wirtschaftliche Mantelverwendung bei der GmbH in der notariellen Praxis NotBZ 2003, 383 – 387 (zitiert: Schubert, NotBZ 2003)
Schulz, Martin	Registergerichtliche Kontrolle bei der Verwendung einer Vorrats-GmbH BuW 2003, 331 – 336 (zitiert: Schulz, BuW 2003)
Schulze zur Wiesche, Dieter	Mantelkauf nach der neuesten Rechtsprechung des BFH GmbHR 1987, 238 ff. (zitiert: Schulze zur Wiesche, GmbHR 1987)

Schumacher, Thorsten	Verwendung „gebrauchter" GmbH-Mäntel? – Zugleich Anmerkung zum BGH-Beschluss vom 7.7.2003, II ZB 4/02 DStR 2003, 1884 – 1887 (zitiert: Schumacher, DStR 2003)
Schütz, Bernhard G.	Haftungsfragen im Zusammenhang mit der wirtschaftlichen Neugründung NZG 2004, 749 – 751 (zitiert: Schütz, NZG 2004)
Schwabe, Jürgen	Anmerkung zu BVerfG v. 14.8.1996 DVBl 1997, 352- 353 (zitiert: Schwabe, DVBl 1997)
Schwarz, Günter Christian	Europäisches Gesellschaftsrecht 1. Auflage, 2000, Baden-Baden (zitiert: Schwarz, Europäisches GesR)
Semler, Johannes/ Stengel, Arndt	Umwandlungsgesetz München 2003 (zitiert: Semler/Stengel/Bearbeiter)
Serick, Rolf	Rechtsform und Realität juristischer Personen Berlin 1955 (zitiert: Serick, Rechtsform)
Serick, Rolf	Rechtsform und Realität juristischer Personen Karlsruhe 1959 (zitiert: Serick, Durchgriffsprobleme)
Sina, Peter	Geschäftstätigkeit und Unternehmensgegenstand der GmbH GmbHR 2001, 661 – 664 (zitiert: Sina, GmbHR 2001)
Skibbe, Manfred	Der Erwerb eines GmbH-Mantels in zivilrechtlicher Sicht Herausforderungen – Steuerberatung im Spannungsfeld der Teilrechtsordnungen Festgabe für Günther Felix, Köln 1989 (zitiert: Skibbe, Festgabe Felix)

Soergel	Bürgerliches Gesetzbuch 12. Auflage, Stuttgart Berlin Köln 1991 ff (zitiert: Soergel 12. A./Bearbeiter)
Soergel	Bürgerliches Gesetzbuch 13. Auflage, Stuttgart Berlin Köln 1999 ff. (zitiert: Soergel/Bearbeiter)
Sprinz	Die Verwertung von Gesellschaftsmänteln Mitteilungen der IHK zu Berlin 1931, 517 – 520 (zitiert: Sprinz, Mitteilungen der IHK zu Berlin 1931)
Staudinger, J. von	Kommentar zum Bürgerlichen Gesetzbuch 12. Auflage - §§ 90 – 240, Berlin 1980 (zitiert: Staudinger, 12. A./Bearbeiter)
Staudinger, J. von	Kommentar zum Bürgerlichen Gesetzbuch 13. Auflage - §§ 21 – 103, Berlin 1995 (zitiert: Staudinger, 13. A./Bearbeiter)
Staudinger, J. von	Kommentar zum Bürgerlichen Gesetzbuch Neubearbeitung 2003 - §§ 134 – 163, Berlin 2003 (zitiert: Staudinger/Bearbeiter)
Steding, Rolf	Mantelkauf im GmbH-Recht WiR 1993, 200 – 201 (zitiert: Steding, WiR 1993)
Stein, Ursula	Die Dolly-GmbH Festschrift für Marcus Lutter, Köln 2000 (zitiert: Stein, FS Lutter)
Stern, Klaus	Das Staatsrecht der Bundesrepublik Deutschland Band III. 2, München 1994 (zitiert: Stern, Staatsrecht III.2)

Streck, Michael — Körperschaftsteuergesetz, Kommentar
6. Aufl., München 2003
(zitiert: Streck/Bearbeiter, KStG)

Teichmann, Christoph — Bericht über die Diskussion des Referats Röhricht
Gesellschaftsrechtliche Vereinigung, Gesellschaftsrecht (Hrsg.), Band 8
Gesellschaftsrecht in der Diskussion 2003, Köln 2004
S. 1 - 36
(zitiert: Teichmann, VGR Band 8)

Thaeter, Ralf — Von Mänteln und Vorräten – zur Figur der wirtschaftlichen Neugründung
DB 2003, 2112 – 2115
(zitiert: Thaeter, DB 2003)

Thaeter, Ralf/ Meyer, Stefan — Vorratsgesellschaften – Folgerungen für die Praxis aus der Entscheidung des BGH v. 9.12.2002, DB 2003 S. 330
DB 2003, 539 – 541
(zitiert: Thaeter/Meyer, DB 2003)

Theil, Clemens — Anmerkung zum BGH-Urteil v. 5.4.1979 – II ZR 73/78
JZ 1979, 567 – 568
(zitiert: Theil, JZ 1979)

Tieves, Johannes — Der Unternehmensgegenstand der Kapitalgesellschaft
Köln 1998
(zitiert: Tieves, Unternehmensgegenstand)

Ulmer, Peter — Die wirtschaftliche Neugründung einer GmbH unter Verwendung eines GmbH-Mantels
BB 1983, 1123 – 1127
(zitiert: Ulmer, BB 1983)

Ulmer, Peter — Die GmbH und der Gläubigerschutz
GmbHR 1984, 256 – 264
(zitiert: Ulmer, GmbHR 1984)

Ulmer, Peter — Anmerkung zu BGH v. 24.6.2002
JZ 2002, 1049 – 1052
(zitiert: Ulmer, JZ 2002)

Ulrich, Stephan	Verwendung von Vorratsgesellschaften und gebrauchten Gesellschaftsmänteln nach de BGH-Beschluss vom 7. Juli 2003 WM 2004, 915 – 921 (zitiert: Ulrich, WM 2004)
Veil, Rüdiger	Anmerkung zu BGH v. 7.7.2003 WuB II C. § 11 GmbHG 3.03 (zitiert: Veil, WuB II C. § 11 GmbHG 3.03)
Vietz, Nadja	Die neue „Blitz-GmbH“ in Spanien GmbHR 2003, 26 – 28 (zitiert: Vietz, GmbHR 2003)
Wahlers, Henning W.	Fallstricke bei der Gründung und Handhabung der kleinen AG DStR 2000,973 – 983 (zitiert: Wahlers, DStR 2000)
Wallner, Rainer	Der Unternehmensgegenstand der GmbH als Ausdruck der Unternehmensfreiheit JZ 1986, 721
Wälzholz, Eckhard	Vorbelastungshaftung und Vertrauensschutz bei gebrauchten GmbH-Mänteln oder: der Nebel lichtet sich langsam NZG 2005, 203 – 205 (zitiert: Wälzholz, NZG 2005)
Weimar, Robert	Abschied von der Gesellschafter- und Handelnden-Haftung im GmbH-Recht GmbHR 1988, 289 – 299 (zitiert: Weimar, GmbHR 1988)
Weimar, Robert	Grundprobleme und offene Fragen um den faktischen GmbH-Geschäftsführer (I) GmbHR 1997, 473 – 480 (zitiert: Weimar, GmbHR 1997)
Weißenborn, H.	Zur steuerlichen Anerkennung wirtschaftlicher Vorgänge bei Kapitalgesellschaften Wpg 1956, 231 – 237 (zitiert: Weißenborn, Wpg 1956)

Wellkamp, Ludger	Der Durchgriff auf den GmbH-Gesellschafter DStR 2003, 210 – 211 (zitiert: Wellkamp, DStR 2003)
Werner, Rüdiger	Mantelgründungen und Handelndenhaftung – Stellungnahme zu KG, NZG 1998, 731 f. NZG 1999, 146 –149 (zitiert: Werner NZG 1999)
Werner, Rüdiger	Aktiengesellschaften von der Stange? NZG 2001, 397 – 402 (zitiert: Werner, NZG 2001)
Wiedemann, Herbert	Reflexionen zur Durchgriffshaftung ZGR 2003, 283 – 297 (zitiert: Wiedemann, ZGR 2003)
Wilhelmi, Rüdiger	Zur Begründung und den Konsequenzen der analogen Anwendung der Gründungsvorschriften auf die Verwendung eines gebrauchten GmbH-Mantels DZWIR 2004, 177 – 187 (zitiert: Wilhelmi, DZWIR 2004)
Woeste, Karlfriedrich	Erwerb eines Gesellschaftsmantels mit Verlustvortrag GmbHR 1958, 160 – 163 (zitiert: Woeste, GmbHR 1958)
Wüst, Günther	Die unzureichende Eigenkapitalausstattung bei Beschränkthaftern JZ 1995, 990 – 996 (zitiert: Wüst, JZ 1995)
Wüst, Günther	Wege des Gläubigerschutzes bei materieller Unterkapitalisierung einer GmbH (Teil I) DStR 1991, 1388 – 1393 (zitiert: Wüst, DStR 1991)
Zimmer, Daniel	Nach "Inspire Art": Grenzenlose Gestaltungsfreiheit für deutsche Unternehmen? NJW 2003, 3585 – 3592 (zitiert: Zimmer, NJW 2003)

Zippelius, Reinhold	Juristische Methodenlehre 8. Auflage, München 2003 (zitiert: Zippelius, Methodenlehre)
Zwissler, Thomas	Umgründung statt Neugründung GmbHR 1999, 856 – 857 (zitiert: Zwissler, GmbHR 1999)

§ 1 Einführung

I. Überblick

1. Problemstellung

Schon seit den Zwanzigerjahren ist die rechtliche Behandlung von Vorrats- und Mantelgesellschaften in Rechtsprechung und Literatur sehr umstritten. Zunächst konzentrierte sich die Diskussion auf ihre Zulässigkeit, seit den 80er-Jahren rückte die Frage, ob und wie ihre Kapitalaufbringung zu sichern ist, ins Zentrum. Am 16.3.1992 nahm der BGH zum ersten Mal zu diesem Problemkreis Stellung[1]. Es folgten zwei weitere Entscheidungen am 9.12.2002 und am 7.7.2003[2]. Diese Entscheidungen bedürfen der rechtlichen Überprüfung. Da bis zu einer Rechtsprechungsänderung die Grundsätze des BGH in der Praxis maßgeblich sein werden, ist es für die Praxis von höchstem Interesse, wie diese auszuführen und die offen gebliebenen Fragen zu beantworten sind.

2. Zielsetzung

In dieser Arbeit werden deshalb alle drei BGH-Beschlüsse auf ihre Begründetheit hin überprüft. Anhand der Entscheidungen werden die Fragen nach der Zulässigkeit von offenen und verdeckten Vorratsgründungen sowie Mantelgesellschaften und deren Verwendung, nach der analogen Anwendbarkeit der Gründungsvorschriften und nach den Haftungsverhältnissen bei der Verwendung von Vorrats- oder Mantelgesellschaften beantwortet. Aufgabe dieser Arbeit ist es auch, das vom BGH eingeführte Konzept, nach dem die Gründungsvorschriften wie die Handelnden- und Unterbilanzhaftung entsprechend anzuwenden sind, für die Praxis weiterzuentwickeln und auszufüllen. Offene Fragen sollen gestellt und beantwortet werden. Die Arbeit richtet sich daher sowohl an die Wissenschaft, indem sie die rechtliche Diskussion um Vorrats- und Mantelgesellschaften fortführt, als auch an die Praxis, die hier Anhaltspunkte für die Ausführung der BGH-Rechtsprechung finden werden.

---

[1] BGH, Beschluss v. 16.3.1992 – II ZB 17/91, BGHZ 117, 323.

[2] BGH, Beschluss v. 9.12.2002 – II ZB 12/02, BGHZ 153, 158; BGH, Beschluss v. 7.7.2003 – II ZB 4/02, BGHZ 155, 318.

3. Vorgehensweise

Einführend werden wichtige Begriffe im Zusammenhang mit dem Thema der Vorrats- und Mantelgesellschaften (§ 1, II.), die Gründe für ihre Verwendung (§ 1, III.), ihre Bedeutung in der Praxis (§ 1, IV.) und der Ablauf der Verwendung einer Vorrats- oder Mantelverwendung (§ 1, V.) geklärt. Beleuchtet werden danach zunächst die generelle Zulässigkeit von Vorrats- und Mantelgesellschaften (§ 2), danach die Anwendbarkeit der Gründungsvorschriften bei der Verwendung von Vorrats- und Mantelgesellschaften (§ 3) und die mit ihnen verbundene Haftungsfragen (§ 4). Ausgangspunkt für diese Ausführungen sollen jeweils die neuen BGH-Entscheidungen sein. Danach wird in jedem Kapitel zunächst der Meinungsstand dargestellt und sodann Stellung zu der BGH-Rechtsprechung mit Blick auf alternative Lösungsmöglichkeiten genommen. Nachdem so die eigene Meinung zur rechtlichen Behandlung von Vorrats- und Mantelgesellschaften dargelegt wurde, wird in § 5 das bis auf weiteres für die Praxis maßgebliche BGH-Konzept von der wirtschaftlichen Neugründung fortentwickelt und ausgefüllt. In § 6 werden die wichtigsten Ergebnisse der Arbeit zusammengefasst. Schwerpunktmäßig behandelt diese Arbeit die rechtliche Behandlung von Vorrats- und Mantel-GmbHs. Auf die gesonderte Besprechung von Aktiengesellschaften wird verzichtet.

II. Klärung wichtiger Begriffe

Als erstes sollen die Begriffe der Vorratsgesellschaft und der Mantelgesellschaft, der offenen und verdeckten Vorratsgründung, der Mantelverwendung und des Mantelkaufs kurz dargestellt werden.

Keiner dieser Begriffe ist im Gesetz definiert, noch beschreiben diese Begriffe einen im Gesetz von Anfang an angelegten Sachverhalt[3]. Vorrats- und Mantelgesellschaften sind Erscheinungsformen von Kapitalgesellschaften, die vom Gesetzgeber bei der Entstehung des GmbHG nicht vorhergesehen waren, die sich jedoch in der Praxis entwickelt haben. Aus diesem Grund werden die Begriffe auch nicht trennscharf und einheitlich definiert. In der Literatur gibt es keine feste Verwendung der Begriffe. Die Begriffe beschreiben vielmehr bestimmte Sachverhalte.

Dennoch wird dieser Bearbeitung als „Handwerkszeug" und Ausgangspunkt die Begriffe so, wie sie auch zuletzt in der Literatur[4] überwiegend beschrieben wurden, zugrundelegen. Wie genau die Tatbestände der Vorratsgründung und der Mantelgründung zu determinieren und wie die damit verbundenen Abgrenzungsfragen zu beantworten sind, kann noch nicht vorweg, sondern erst in der weiteren Darstellung beantwortet werden.

---

[3] Vgl. *Butz,* GmbHR 1972, 270.
[4] *Schaub,* NJW 2003, 2125, 2126.

1. Vorratsgesellschaft und Vorratsgründung

Unter einer Vorratsgesellschaft (früher auch Mantelgründung[5] oder Fassongründung[6] genannt) wird eine nur durch ihre Geschäftsanteile verkörperte Kapitalgesellschaft (GmbH oder AG) ohne vergangene oder gegenwärtige aktive unternehmerische Tätigkeit verstanden, deren Tätigkeit sich demnach zunächst auf die Verwaltung eigenen Vermögens beschränkt.[7] Eine Entscheidung über die von der Gesellschaft ausgeübte wirtschaftliche Tätigkeit soll erst später bei Bedarf getroffen werden.[8]

Da es sich bei Vorratsgesellschaften um „ungebrauchte“[9] Gesellschaften handelt, ist im Normalfall in der Gesellschaft noch Gesellschaftsvermögen in Höhe des gesetzlichen Mindestkapitals vorhanden.[10]

Die Schaffung einer Vorratsgesellschaft nennt man Vorratsgründung. In der Literatur wird zum Teil auf die Willensrichtung der Gesellschafter abgestellt. Merkmal für eine Vorratsgründung soll demnach die Absicht der Gesellschafter sein, dass die Kapitalgesellschaft zumindest vorerst, abgesehen von der Verwaltung eigenen Vermögens, kein Unternehmen betreiben soll.[11]

Im Übrigen hat sich die für ihre Zulässigkeit relevante Differenzierung zwischen offenen und verdeckten Vorratsgründungen durchgesetzt. Bei offenen Vorratsgründungen ist der Vorratscharakter der Gesellschaft dem Gesellschaftsvertrag ohne weiteres zu entnehmen.[12] Zum großen Teil geschieht die Offenlegung durch Bezeichnung des Unternehmensgegenstandes im Gesellschaftsvertrag als „Verwaltung eigenen Vermögens“.[13] Eine verdeckte Vorratsgründung liegt dagegen vor, wenn der Charakter der Gesellschaft als Vorratsgesellschaft nicht im Gesellschaftsvertrag offen gelegt ist.[14] Bei solchen verdeckten Vorratsgründungen ist der im Gesellschaftsvertrag angegebene Unternehmensgegenstand rein fiktiv. Er gibt also nicht oder nicht mehr den tatsächlichen Unternehmensgegenstand wieder.

Wird eine Vorratsgesellschaft zum ersten Mal mit einem Unternehmen ausgestattet, spricht man von der Verwendung einer Vorratsgesellschaft.

---

[5] *Priester*, DB 1983, 2291; *Schlegelberger/Quassowski*, § 16 Rn. 13.
[6] KG JFG, 1, 200, 201.
[7] *Keil*, EWiR 2003, 327; *Lachmann*, NJW 1998, 2263 f.; *Nolting*, ZIP 2003, 651.
[8] Rowedder/*Schmidt-Leithoff*, § 3 Rn. 13.
[9] *Nolting*, ZIP 2003, 651.
[10] Hachenburg/*Ulmer*, § 3 Rn. 27; *Nolting*, ZIP 2003, 651.
[11] *Crezelius*, EWiR 1987, 477; *Hüffer*, AktG § 23 Rn. 26; M/M/N/*Meyer-Landrut*, § 3 Rn. 15.
[12] BGH, Beschluss v. 16.3.1992 – II ZB 17/91, BGHZ 117, 323; Scholz/*Emmerich*, § 3 Rn. 18.
[13] BGH, Beschluss v. 16.3.1992 – II ZB 17/91, BGHZ 117, 323.
[14] Scholz/*Emmerich*, § 3 Rn. 18.

2. Mantelgesellschaft und Mantelverwendung

Von den Vorratsgesellschaften zu unterscheiden sind Mantelgesellschaften.[15] Mit dem Begriff Mantelgesellschaften werden heute überwiegend Kapitalgesellschaften bezeichnet, die ihren bisherigen Geschäftsbetrieb eingestellt haben, aber mangels Löschung im Handelsregister weiterhin als juristische Personen bestehen.[16] Entscheidender Unterschied zu den Vorratsgesellschaften ist, dass Mantelgesellschaften schon einmal eine Geschäftstätigkeit betrieben haben, während Vorratsgesellschaften, wenn sie verwendet werden, zum ersten Mal eine wirtschaftliche Tätigkeit aufnehmen.[17] Mantelgesellschaften sind also bereits „gebrauchte" Kapitalgesellschaften[18], die bis dahin weder zum Insolvenzverfahren noch zur Amtslöschung nach § 141a FGG gekommen sind[19]. Oft verfügen Mantelgesellschaften deshalb über kein nennenswertes Gesellschaftsvermögen mehr.[20] Mantelgesellschaften werden, da sie keinen wesentlichen Inhalt, weder Geschäftsbetrieb noch Gesellschaftsvermögen, mehr haben, anschaulich auch als „leere Hülse" [21] bezeichnet.

Als Mantelverwendung (früher auch: Mantelverwertung[22]) bezeichnet man den Vorgang, bei dem eine Mantelgesellschaft als Unternehmensträger für die Gründung eines wirtschaftlich neuen Unternehmens verwendet wird.[23] Dieser Vorgang geht meist mit Satzungsänderungen einher.[24] Von der Mantelverwendung abzugrenzen ist die Um- oder Reorganisation eines bestehenden Unternehmens.[25]

---

[15] Wie hier unterscheidend *Ammon,* DStR 1999, 1039; *Bärwaldt/Schabacker,* GmbHR 1998, 1005; *Heidinger,* ZNotP 2003, 82, 83; *Lutter,* JuS 1998, 1073, 1074; *Schaub,* NJW 2003, 2125, 2126.

[16] Hachenburg/*Ulmer,* § 3 Rn. 27; *Nolting,* ZIP 2003, 651.

[17] *Bärwaldt/Schabacker,* GmbHR 1998, 1005.

[18] *Altmeppen,* NZG 2003, 145, 146; *Nolting,* ZIP 2003, 651.

[19] *Heidinger,* ZNotP 2003, 82, 83; *Schaub,* NJW 2003, 2125, 2125.

[20] *Ammon,* DStR 1999, 1039; Hachenburg/*Ulmer,* § 3 Rn. 27; *Heidinger,* ZNotP 2003, 82, 83. Das Merkmal der Vermögenslosigkeit wurde früher noch als zwingend für den Begriff der Mantelgesellschaft gehalten (KG, JW 1924, 1535, 1537; *Pape,* BB 1955, 1099, 1100; *Schulze zur Wiesche,* GmbHR 1987, 238, 239).

[21] Diesen Begriff verwendete zum ersten Mal das KG, JW 1924, 1535, 1537.

[22] Eingeführt wurde dieser Begriff von *Löbenstein,* Mantelkauf. Diesen Begriff übernehmend: *Butz,* Mantelverwertung und GmbHR 1972, 270; *Ihrig,* BB 1988, 1197; *Janberg,* GmbHR 1952, 132.

[23] LG Duisburg, Beschluss v. 18.9.1997 – 41 T 4/97, EWiR 1998, 223; *Scholz/Emmerich,* § 3 Rn. 18.

[24] *K. Schmidt,* GesR, S. 72.

[25] Vgl. unten § 5II.2.f).

3. „Mantel"

Der Begriff „Mantel" findet sich in der Literatur und in der Rechtsprechung sowohl im Zusammenhang mit Vorrats- als auch mit Mantelgesellschaften[26]. Gemeint ist mit dem Begriff „GmbH-Mantel" lediglich die unternehmenslose GmbH, die nur noch als solche, jedoch ohne Inhalt, verkörpert allein durch ihre Geschäftsanteile, besteht.[27] Eine Vorratsgesellschaft ist damit ein Gesellschaftsmantel, der schon seit der Gründung kein Unternehmen beinhaltet, während eine Mantelgesellschaft im eben erläuterten Sinne ein Gesellschaftsmantel ist, der unternehmenslos geworden ist, aber in der Vergangenheit bereits einer Geschäftstätigkeit nachging.[28] Obwohl der Begriff Mantelgesellschaft in der Literatur oft synonym mit diesem „Mantel"-Begriff verwendet wird, werden im Folgenden zum besseren Verständnis die Begriffe Vorrats- und Mantelgesellschaft, wie eben erläutert, als sich gegenseitig ausschließendes Begriffspaar verwendet[29]. Ist von einem GmbH-Mantel die Rede, so soll damit eine unternehmenslose Kapitalgesellschaft an sich gemeint sein, die es in den Erscheinungsformen der Vorrats- und Mantelgesellschaft gibt.

4. „Mantelkauf" und „Mantelverwertung (-wendung) in sonstiger Weise"

Der Erwerb einer Mantel- oder Vorratsgesellschaft durch Übertragung der Geschäftsanteile[30] wird gemeinhin als Mantelkauf bezeichnet.[31] Der Begriff des Mantel"kaufs" ist insoweit irreführend, da damit meistens zumindest auch das Verfügungsgeschäft[32], nämlich die Übertragung der Geschäftsanteile und nicht das Verpflichtungsgeschäft, der „Kauf" im Sinne des Kaufvertrags gemeint ist.[33] Dennoch hat sich dieser Begriff durchgesetzt.

---

[26] Z.B. bei *Keil,* EWiR 1998, 359; *Mayer,* NJW 2000, 175, 176; *K. Schmidt,* GesR, S. 67; *M. Schulz,* BuW 2003, 331 f.

[27] *Ahrens,* DB 1998, 1069; *Keil,* EWiR 1999, 359; Michalski/*Michalski,* § 3 Rn. 17.

[28] Michalski/*Michalski,* § 3 Rn. 17.

[29] *K. Schmidt,* GesR, § 4 Abs. 3 3. a) und *Peus,* NZG 2003, 610, 611 unterscheiden begrifflich, indem er gebrauchte Mäntel als „alte" Mäntel bezeichnet.

[30] Die Frage, ob alle oder nur ein Teil der Geschäftsanteile abgetreten werden müssen, wird uneinheitlich beantwortet. Dazu ausführlich *Kober,* Mantelkauf, S. 19 ff.

[31] *Butz,* GmbHR 1972, 270, 271; *KK/Kraft,* § 23 Rn. 59; *Mayer,* NJW 2000, 175, 176; M/M/N/*Meyer-Landrut,* § 3 Rn. 16; Michalski/*Michalski,* § 3 Rn. 17; MüKo/*Pentz,* § 23 Rn. 93; *H. Müller,* Kapitalgesellschaft, S. 22; *Priester,* DB 1983, 2291; Rowedder/*Schmidt-Leithoff,* § 3 Rn. 14; *Schick,* GmbHR 1997, 982.

[32] Mit „Mantelkauf" die Abtretung der Gesellschaftsanteile bezeichnend: KG, Beschluss v. 3.7.1924 – 1 X 267/24, JW 1924, 1535, 1537; KG, Beschluss v. 7.12.1933 – 1 b X 631/33, JW 1934, 988; *Strauß,* Mantelkauf, S. 9.

[33] Vgl. *Butz-Seidl,* Gestaltende Steuerberatung 2000, 332; *Heerma,* Mantelverwendung S. 2.

In der älteren Literatur wurde oft der Begriff der „Mantelverwertung in sonstiger Weise“ verwendet. Damit waren solche Sachverhalte gemeint, die eben keinen Mantelkauf darstellten, sondern in denen die Gründung des wirtschaftlich neuen Unternehmens mit einer Mantelgesellschaft als Unternehmensträger durch die alten Gesellschafter erfolgt.[34] Das ist oft in Konzernen der Fall, die eine Vielzahl von Kapitalgesellschaften halten. Wenn eine von ihnen unternehmenslos wird, wird sie nicht gelöscht, sondern als Mantelgesellschaft behalten bis im Konzern eine neue Kapitalgesellschaft dieser Art benötigt wird.

Es gibt aber auch Mischformen von Mantelkäufen und Mantelverwendungen in sonstiger Weise, wenn nur ein Teil der Geschäftsanteile übertragen wird und der Rest in den Händen der alten Gesellschafter verbleibt. Gerade diese Fälle sind im Steuerrecht besonders interessant.[35]

III. Gründe der Verwendung von Vorrats- und Mantelgesellschaften

Vorrats- und Mantel-GmbHs unterscheiden sich nicht von anderen GmbHs. Sie sind GmbHs wie jede andere. Sie unterliegen den Vorschriften des GmbHG wie jede andere GmbH. Dennoch stellt ihre Verwendung für viele Unternehmensgründer eine Alternative zur rechtlichen Neugründung einer GmbH dar. Sie entscheiden sich für die Verwendung einer Vorrats- oder Mantelgesellschaft, weil sie sich davon Vorteile gegenüber einer Neugründung erhoffen. Auch die Anbieter von Vorratsgesellschaften preisen ihre Verkaufsgüter mit langen Listen von Vorzügen an[36].

Im Folgenden soll dargestellt werden, welche Motive es gibt, eine Vorrats- oder Mantelgesellschaft zu erwerben. Die verschiedenen Gründe stehen oft in einem engen Zusammenhang zueinander und bedingen sich gegenseitig.

1. Beschränkung der Haftung

Ein Hauptmotiv für die Verwendung einer Vorrats- oder Mantelgesellschaft ist die Beschränkung der Haftung mit Erwerb der Gesellschaft[37]. Bei der Neugründung einer GmbH haften die Gesellschafter für vor Eintragung eintretende Verluste der Gesellschaft, außerdem unterliegt der Handelnde gemäß § 11 Abs. 2 GmbHG einer

---

[34] *Butz,* GmbHR 1972, 270, 271. Der Mantelkauf wurde als Unterfall der Mantelverwertung angesehen (*Kaufmann,* Zulässigkeit, S. 41).

[35] Vgl. § 1III.6.

[36] Eine solche Auflistung von Vorteilen findet sich zum Beispiel unter www.sofort-gesellschaften.de.

[37] *Butz-Seidl,* Gestaltende Steuerberatung 2000, 332, 333; *Grunewald,* GesR, 2.Fn. Rn. 40; Hachenburg/*Ulmer,* § 3 Rn. 28, *Hüffer* AktG § 23 Rn. 25; *Lutter,* JuS 1998, 1073; *Priester,* DB 1983, 2291.

unbeschränkten persönlichen Haftung.[38] Von Vorrats- und Mantelgründungen erhoffen sich die Verwender, dass sie, weil sie eine schon bestehende juristische Person erworben haben, sofort in den Genuss der Haftungsbeschränkung kommen, ohne dass sie eine in Anspruchnahme aus § 11 Abs. 2 GmbHG oder den Grundsätzen der Unterbilanzhaftung befürchten müssen. Jedenfalls kann bei Verwendung einer Vorrats- oder Mantelgesellschaft das Stadium der Vor-GmbH übersprungen werden.[39] Es stellt sich jedoch die Frage, ob für Vorrats- und Mantelgesellschaften nicht wie bei der Vorgesellschaft die Handelndenhaftung und die Unterbilanzhaftung Anwendung finden. Diese Haftungsfragen werden noch Gegenstand der vorliegenden Arbeit sein[40].

Zu einer sofortigen Haftungsbeschränkung kommt es jedenfalls, wenn das volle satzungsmäßige Stammkapital bei Eintragung der GmbH in das Handelsregister zur freien Verfügung der Geschäftsführer vorhanden ist.

2. Zeitersparnis

Als wichtiges Motiv für die Verwendung einer Vorrats- oder Mantelgesellschaft wird das Motiv der Zeitersparnis genannt[41]. Vorteil einer Vorrats- und Mantelgesellschaft soll danach sein, dass sie bereits im Handelsregister eingetragen ist und damit das zeitaufwendige Gründungs- und Eintragungsverfahren übersprungen werden kann. Ein Rechtsträger steht sofort nach Übertragung der Gesellschaftsanteile, die bei seriösen Anbietern innerhalb von 24 Stunden vonstatten geht, zur Verfügung[42].

Bei einer rechtlichen Neugründung einer GmbH wird die Dauer des Eintragungsverfahrens von zwei Monaten bis zu zwölf Monaten, beziffert[43]. In Einzelfällen kann sie sogar über ein Jahr betragen.[44] In diesem Zeitraum ist auf die Gesellschaft das

---

[38] Einen ausführlichen Überblick über die persönliche Haftung von GmbH-Gesellschaftern gibt es bei *Lergon,* RNotZ 2003, 213.
[39] *Lutter,* JuS 1998, 1973.
[40] Vgl. § 4.
[41] *Bohrer,* DNotZ 2003, 888, 890; *Butz-Seidl,* Gestaltende Steuerberatung 2000, 332, 335; *Gerhardt,* Der Steuerberater 1999, 15; GroßKomm/*Röhricht,* § 23 Rn. 119; *Hennrichs,* ZHR 159 (1995), 593, 601; *Hütsch,* GmbH-Mantelkauf, S. 10; *Raiser,* KapGes, § 26 Rn. 32; *Zwissler,* GmbHR 1999, 856.
[42] S. verschiedene Angebote im Internet.
[43] Der Deutsche Industrie- und Handelstag geht nach *Gustavus,* GmbHR 1993, 259, 260 von einer durchschnittlichen Länge des Eintragungsverfahrens von 7 Wochen aus; *Gerhardt,* Der Steuerberater 1999, 15: bis zu einem Jahr; *Haas/Müller,* GmbHR 2004, 1169, 1178; *Heerma,* Mantelverwendung, S. 8 spricht von drei Monaten im Regelfall, in Einzelfällen bis zu einem Jahr; *Peters*, GmbH-Mantel, S. 4: bis zu 4 Monaten; *Lutter,* JuS 1998, 1073, 1074 spricht von Zeitspannen von drei Monaten bis einem Jahr zwischen notariellem Abschluss des Gesellschaftsvertragen und Eintragung der Gesellschaft im Handelsregister; *Wahlers,* DStR 2000, 973: bis zu einem Jahr. In Bonn gehen Notare davon aus, dass das Eintragungsverfahren beim Amtsgericht Bonn oder Siegburg zwei Wochen dauert, im problematischen Fall, d.h. wenn noch einige Konzessionen eingeholt werden müssen, bis zu zwei Monaten.
[44] *Lutter,* JuS 1998, 1073, 1074; *Gummert,* DStR 1997, 1007.

Recht der Vorgesellschaft mit den damit verbundenen Nachteilen wie Haftungsrisiken anzuwenden[45]. Grund für eine lange Wartezeit ist die erhöhte Arbeitsbelastung der Registergerichte. Die Wartezeit kann deshalb je nach Arbeitsbelastung von Registergericht zu Registergericht variieren.[46]

Inwieweit die Verwendung einer Vorrats- oder Mantelgesellschaft tatsächlich zu einer Zeitersparnis führt, wird in der Literatur unterschiedlich beurteilt. Die kürzere Bearbeitungszeit für die Eintragung der Satzungsänderungen bei Erwerb einer Vorrats- oder Mantelgesellschaft wird darauf zurückgeführt, dass eine registergerichtliche Kontrolle des Stammkapitals nicht stattfindet[47]. Werden aber, wie die wohl überwiegende Meinung[48] befürwortet und der BGH[49] nun zweifach bestätigt hat, die Gründungsvorschriften analog auch bei wirtschaftlichen Neugründungen angewendet, so kann der Grund der Zeitersparnis jedenfalls nicht das Fehlen der registerrechtlichen Überprüfung sein. Deshalb wird auch in einem anderen Teil der Literatur die Auffassung vertreten, dass die Verwendung einer Vorrats- oder Mantelgesellschaft nicht zu einer Zeitersparnis führt[50]. Entgegen dieser Argumentation kommt es für die Zeitersparnis durch die Verwendung einer Vorrats- oder Mantelgesellschaft nicht auf die Bearbeitungszeiten des Registergerichts an. Die Mantelverwender werden schon mit der Übertragung der Geschäftsanteile durch notariellen Vertrag gemäß § 15 Abs. 2 GmbHG Gesellschafter der GmbH. Mit der Abtretung der Geschäftsanteile gehen alle Rechte und Pflichten, die mit der Mitgliedschaft verbunden sind, auf den neuen Gesellschafter über[51]. Da die GmbH schon eingetragen ist, kommen die neuen Gesellschafter vom Zeitpunkt der Abtretung an in den Genuss der Haftungsbeschränkung. Die Erlangung der Haftungsbeschränkung ist also nicht von einer Eintragung ins Handelsregister abhängig. Die Zeitersparnis bis zur Erlangung der Haftungsbeschränkung geht deshalb nicht durch Prüfungspflichten seitens des Registergerichts verloren. Anders sind die materiellen Haftungsgefahren zu beurteilen, denen die Gesellschafter der eingetragenen haftungsbeschränkten Rechtsform noch unterliegen können. Die materiellen Haftungsgefahren enden jedoch in konsequenter Fortführung der BGH-Rechtsprechung mit dem Anmeldezeitpunkt. Auch wegen der materiellen Haftungsgefahren wird die Zeitersparnis deshalb nicht beeinträchtigt.

Ein faktisches Hindernis einer Zeitersparnis wäre allenfalls dann gegeben, wenn es dem neuen Geschäftsführer nicht möglich wäre, die Gesellschaft schon ohne die entsprechende Eintragung im Handelsregister wirksam zu vertreten. Die Bestellung

[45] Dazu *Grunewald*, GesR, 2.F. Rn. 28 ff.; *Tieves*, Unternehmensgegenstand, S. 175 f.
[46] *Lachmann*, NJW 1998, 2263, 2264.
[47] *Butz-Seidl*, Gestaltende Steuerberatung 2000, 332, 335.
[48] *Bartl*/Fichtelmann/Schlarb/Schulze, § 1 Rn. 22; Beck-Hdb/*Schwaiger*, § 2 Rn. 61; GroßKomm/*Henze*, § 54 Rn. 36; *Peters*, GmbH-Mantel, S. 71 ff.; *Priester*, DB 1983, 2291, 2295 f.; *Ulmer*, BB 1983, 1123, 1125 f.
[49] BGH, Beschluss v. 7.7.2003 – II ZB 4/02, BGHZ 155, 318; BGH, Beschluss v. 9.12.2002 – II ZB 12/02, BGHZ 153, 158.
[50] So *Ries*, GmbHR 2000, R 105; *Werner*, NZG 2001, 397, 398.
[51] Roth/*Altmeppen*, AktG, § 15 Rn. 22.

des neuen Geschäftsführers geschieht gemäß §§ 6 Abs. 3 S. 2, 46 Nr. 5 GmbHG schon durch den entsprechenden Gesellschafterbeschluss und wird nicht erst durch die deklaratorische Eintragung im Handelsregister gemäß § 39 GmbHG wirksam[52]. Die Vertretungsmacht des Geschäftsführers besteht daher schon unabhängig von der Eintragung[53]. Die Vorrats- oder Mantelgesellschaft bietet deshalb schon nach dem Erwerb der Geschäftsanteile alle Vorteile einer rechtlich neugegründeten Kapitalgesellschaft. Unabhängig von der neuen Rechtsprechung schafft sie immer noch die Möglichkeit, in kürzester Zeit eine Unternehmenstätigkeit in einer haftungsbeschränkten Rechtsform aufzunehmen.

3. Kostenersparnis

Teilweise erhofften sich die Unternehmensgründer auch die Ersparnis von Kosten, wenn sie auf Vorrats- oder Mantelgesellschaften zurückgreifen[54].

Eine Kostenersparnis ist beim Kauf einer Vorratsgesellschaft nicht zu erwarten. Schließlich wollen die Anbieter von Vorratsgesellschaften einen Gewinn an der Veräußerung machen. Man kann also davon ausgehen, dass sich der Kaufpreis einer Vorratsgesellschaft aus dem Stammkapital, sämtlichen Gründungskosten und der Marge zusammensetzt.

Anders könnte der Fall bei der Verwendung einer Mantelgesellschaft liegen. Beim Mantelkauf ist eine Kostenersparnis wohl ebenfalls meist auszuschließen, weil der Anbieter oft einen Gewinn erzielen möchte. Er veräußert seine Mantelgesellschaft also im Normalfall zu einem Preis, der höher liegt, als das in der Gesellschaft verbliebene Gesellschaftsvermögen. Eine Kostenersparnis könnte aber bei Mantelverwendungen in sonstiger Weise erzielt werden, wenn also zum Beispiel ein Gesellschafterwechsel nicht stattfindet, oder in anderen Fällen, in denen der Veräußerer keinen Gewinn erzielen möchte, etwa wenn bisherige Gesellschafter seine (fast) wertlose Gesellschaft nicht mehr haben und ein langwieriges Liquidierungsverfahren vermeiden möchte. Um in diesen Fällen festzustellen, dass durch die Verwendung einer Mantelgesellschaft Kosten eingespart werden können, ist eine Gegenüberstellung der anfallenden Kosten bei Neugründung und Mantelverwendung erforderlich. Kapital, das noch in der Gesellschaft verblieben ist, hat einen realen Gegenwert und muss deshalb bei einer Kostenbetrachtung unberücksichtigt bleiben.

Eine solche Gegenüberstellung der Kosten nahm zuletzt *Heerma*[55] vor. Gemäß dem aktuellen Gesetzesstand kann man die Kosten heute wie folgt beziffern:

---

[52] OLG Hamburg, Teilurteil v. 18.1.2000 – 4 U 1114/92, NZG 2000, 698; OLG Celle, Urteil v. 31.8.1994 – 9 U 118/93, GmbHR 1995, 728, 729; Roth/*Altmeppen*, § 39 Rn. 5.

[53] Vgl. Roth/*Altmeppen*, § 39 Rn. 7.

[54] *Bohrer*, DNotZ 2003, 888, 890; *Bulang*, Mantelgründung, S. 6; *Fichtelmann*, NSt 1992, 27, 30; Soergel 12. A./*Huber*, § 433 Rn. 62.

Kosten für die Gründung einer Einmann-GmbH mit 25.000 € Stammkapital[56]:

Beurkundung des Gesellschaftsvertrages und des Einbringungsvertrages 10/10 Gebühr (§ 36 Abs. 1, 44 Abs. 1 KostO) Geschäftswert 25.000 € (§ 39 KostO)	84,00 €
Bestellung des Geschäftsführers 20/10 Gebühr (§ 47 KostO) Geschäftswert 25.000 € (§ 27 Abs. 1, 26 Abs. 4 KostO)	168,00 €
Anmeldung zum Handelsregister 5/10 Gebühren (§ 38 Abs. 2 Nr. 7 KostO) Geschäftswert: 25.000 € (§ 26 Abs. 1 Nr. 1 KostO; Anmeldung der Geschäftsführer ist nicht gesondert zu bewerten)	42,00 €
Schreibauslagen (§§ 152, 136 KostO): Pauschbetrag: 0,50 € für die ersten 50 Seiten, für jede weitere 0,15 € pro Seite	ca. 20,00 €
Postauslagen (§ 137 KostO)	14,00 €
	328,00 €
Umsatzsteuer 16 % hieraus	52,48 €
	380,48 €
Eintragung ins Handelsregister 10/10 Gebühr (§ 79 Abs. 1 KostO) Geschäftswert 50.000 € (§ 26 Abs. 1 Nr. 1 KostO für Gesellschafterbeschlüsse und Geschäftsführerbestellung; wenn die Anmeldungen am selben Tag beim RegG eingehen und dasselbe Unternehmen betreffen, wird nur eine Gebühr aus der Wertesumme erhoben, § 79 Abs. 2, 26 Abs. 8 KostO)	132,00 €
Auslagen für Bekanntmachung im Bundesanzeiger (§ 137 Nr. 5 KostO)	ca. 200 €
Gesamt	712,48 €

[55] *Heerma*, Mantelverwendung, S. 9 ff.

[56] Zu den anfallenden Kosten bei Gründung einer GmbH: Beck-Notar-Hdb/*Waldner*, H Rn. 86.

Kosten bei Verwendung einer vermögenslosen Mantel-GmbH zum Kaufpreis von 1 €

Kauf und Abtretung der Anteile 20/10 Gebühr (§ 36 Abs. 2, 44 Abs. 1 KostO) Geschäftswert 1 € (§ 39 Abs. 2 KostO)	20,00 €
Beurkundung der Satzungsänderung (Geschäftsführerwechsel muss nicht notariell beurkundet werden) 20/10 Gebühr (§ 47 S. 1 KostO) Geschäftswert 25.000 € (§ 26 IV Nr. 1 KostO: mindestens 25.000 €; mehrere Einzelbeschlüsse werden nicht addiert, § 27 Abs. 3 S. 1, § 44 KostO)	168,00 €
Anmeldung zum Handelsregister 5/10 Gebühren (§ 38 Abs. 1 Nr. 7 KostO) Geschäftswert: 75.000 € (Geschäftswert für sämtliche Änderungen 25.000 € und davon gegenstandsverschieden 25.000 € für Geschäftsführerabberufung und 25.000 € für Neubestellung (§ 26 Abs. 4 Nr. 1 KostO, § 44 Abs. 2 Buchst. a KostO)).	88,50 €
Schreibauslagen (§§ 152, 136 KostO), s.o.	ca. 20,00 €
Postauslagen (§ 137 KostO)	14,00 €
	310,50 €
Umsatzsteuer 16 % hieraus	49,68 €
	360,18 €
Eintragung ins Handelsregister 10/10 Gebühr (§ 79 KostO) Geschäftswert 75.000 € (25.000 € für die Satzungsänderungen, 25.000 € für die Geschäftsabberufung und 25.000 € für Geschäftsführerbestellung, § 26 Abs. 3 Nr. 1 KostO; wenn die Anmeldungen am selben Tag beim RegG eingegangen und dasselbe Unternehmen betreffen, wird nur eine Gebühr aus der Wertesumme erhoben, § 79 Abs. 2, 26 VIII KostO)	177,00 €
Auslagen für Bekanntmachung in Bundesanzeiger (§ 137 Nr. 5 KostO)	ca. 200,00 €
Gesamt	737,18 €

In diesem Beispiel ist also die Verwendung einer Mantelgesellschaft sogar geringfügig teurer als die rechtliche Neugründung einer GmbH.

Heerma ist bei seiner Gegenüberstellung 1997 mit ähnlichen Beispielen noch auf eine Kostenersparnis von knapp 300 DM gekommen. Die Reduzierung der Kostenersparnis seit 1997 kommt durch die Einführung des Mindestbetrages von 25.000 € für den Geschäftswert bei Anmeldung oder Eintragung in § 26 Abs. 4 Nr. 1 KostO zustande. Ein geringer Kaufpreis oder Wert der Mantelgesellschaft (im Beispiel 1 €) hat fast keine Auswirkung mehr auf die Höhe der Kosten.

4. Vermeidung der Kapitalaufbringung

Ein vielfacher Wunsch von Mantelverwendern ist weiterhin die Vermeidung der Aufbringung des gesetzlichen Mindestkapitals[57].

Dieses Motiv hat seine Relevanz wiederum nur bei der Verwendung einer Mantelgesellschaft. Vorratsgesellschaften werden von ihren Gründern mit dem vollen Stammkapital ausgestattet, was dann beim Erwerb durch den Käufer regelmäßig noch unversehrt vorhanden ist. Es ist auch denkbar, dass einer Vorratsgesellschaft ihr gesamtes Stammkapital wieder entnommen wird. Bei solchen Entnahmen entstehen jedoch Ansprüche aus §§ 31 Abs. 1, 30 GmbHG. Weiterhin handelt es sich bei einem solchen Hin- und Herzahlen um eine verdeckte Sacheinlage, die nicht zu einer Tilgung der Einlageschuld führt, so dass diese Gestaltung kaum zu einer Minderung des Kaufpreises für den Erwerber der Vorratsgesellschaft führen wird[58].

Bei Mantelkäufen handelt es sich bei den angebotenen Gesellschaften oft um solche, deren Kapital ganz oder nahezu vollständig aufgebraucht ist[59]. Mit dem Erwerb einer solchen Mantelgesellschaft ist häufig die Hoffnung verbunden, in den Genuss der Vorzüge einer haftungsbeschränkten Kapitalgesellschaft zu kommen, ohne das entsprechende Stammkapital aufzubringen.

Ob dieses Vorgehen einen entsprechenden Erfolg mit sich bringt, hängt eng mit der Beantwortung der oben angesprochenen Haftungsfragen und der Anwendbarkeit der Gründungsvorschriften zusammen. Wenn der Geschäftsführer nach den anzuwendenden Grundsätzen einer unbeschränkten persönlichen Haftung unterliegt, hatte auch der Erwerb einer Kapitalgesellschaft nicht die erhoffte Wirkung der Haftungsbeschränkung, ohne dass das Stammkapital zuvor aufgebracht wurde. Das Stammkapital muss außerdem aufgebracht werden, wenn das Registergericht in analoger Anwendung der Gründungsvorschriften die Eintragung von

---

[57] *Mayer,* NJW 2000, 175, 176; *Meller-Hannich,* ZIP 2000, 345.
[58] Dazu L/H/*Lutter/Bayer,* § 5 Rn. 41; *Roth*/Altemeppen, § 19 Rn. 53 ff.
[59] Vgl. § 1II.2.

Satzungsänderungen gemäß § 9c GmbHG ablehnt, weil nicht das volle Stammkapital zur freien Verfügung des Geschäftsführers steht.

5. Reduzierung des Gründungsaufwands

Eine verständliche Hoffnung beim Erwerb einer Vorrats- oder Mantelgesellschaft ist die Reduzierung des Gründungsaufwands[60].

Bei einer Neugründung müssen die Gründer eine Satzung errichten, die beim Notar zu unterschreiben ist, und einen Geschäftsführer bestellen. Der Geschäftsführer muss ein Konto einrichten, auf das die Gesellschafter ihre Geldeinlagen einzahlen. Wenn Stammkapital in der nach § 7 Abs. 2 GmbHG erforderlichen Höhe auf dieses Konto eingezahlt wurde, melden der oder die Geschäftsführer die Eintragung beim Registergericht an, die dann in mehr oder weniger langer Zeit erfolgt.

Kaufen sie dagegen eine Vorrats- oder Mantelgesellschaft, müssen sie zum Notar gehen, dort den Kaufvertrag schließen und sich die Anteile übertragen lassen, den Kaufpreis an den Verkäufer bezahlen und die erforderlichen Satzungsänderungen beschließen, die dann vom Notar beim Registergericht angemeldet und später im Handelsregister eingetragen werden.

Ein großer Unterschied im Aufwand lässt sich zwischen beiden Alternativen nicht feststellen. Der Vorteil bei dem Erwerb einer Vorrats- oder Mantelgesellschaft vom professionellen Anbieter für einen unerfahrenen Geschäftsmann liegt dennoch auf der Hand: der Käufer wird vom professionellen Verkäufer sozusagen „an die Hand genommen", er wird vom Verkäufer durch den gesamten Prozess geführt, und die Wahrscheinlichkeit, dass wegen formeller Fehler beim Gründungsprozess die Gesellschaft nicht zügig beim Registergericht eingetragen werden kann, wird auf ein Minimum reduziert.

6. Verlustvortrag

In der näheren Vergangenheit war ein vielfaches Motiv für den Erwerb einer Mantelgesellschaft die Nutzung steuerlicher Vorteile[61]. In Zeitungen fand man häufig Gesellschaftsmäntel mit hohen Verlustvorträgen gemäß § 10 d EStG zu kaufen[62]. Mit diesen Verlustvorträgen konnten die Erwerber die positiven Einkünfte, die sie in ihrem neu eingebrachten Unternehmen erwirtschafteten, verrechnen. Durch die Verrechnung

[60] *Fichtelmann*, NSt 1992, 27, 30; Hachenburg/*Ulmer*, § 3 Rn. 28; *Langel/de Schmidt*, Wpg 1971, 525.
[61] Zum Mantelkauf mit Verlustvortrag *Bachmayr*, DB 1970, 798; *Fichtelmann*, NSt 1992, 27, 31 ff.; *Langel/de Schmidt*, Wpg 1971, 525; *Schlutius*, GmbHR 1964, 129; *Woeste*, GmbHR 1958, 160.
[62] Einige Anzeigentexte in dieser Art findet man bei *Meyding*, Mantel-GmbH, S. 1 f.

mit den Verlustvorträgen wurde das zu versteuernde Einkommen verringert, was zu einer geringeren Steuer führt.

Mit verschiedenen Gerichtsurteilen versuchte der BFH, diesem aus staatlicher Sicht unerwünschten Handel mit Verlustvorträgen einen Riegel vorzuschieben[63]. Von dieser Rechtsprechung nahm der BFH in zwei Entscheidungen im Jahre 1986 wieder Abstand[64]. Seine wesentliche Bedeutung verlor das steuerliche Motiv letztendlich, als der Gesetzgeber mit Änderungen des § 8 Abs. 4 KStG seit dem Steuerreformgesetz 1990[65] auf die geänderte Rechtsprechung des BFH reagierte. Durch diese Änderungen wurden die Voraussetzungen zur Nutzung eines Verlustvortrags nach Mantelkauf so sehr verschärft, dass die Nutzung eines vorhandenen Verlustvortrags beim Mantelkauf im Normalfall nicht mehr möglich ist[66].

Gemäß dem neuen § 8 Abs. 4 S. 1 KStG ist ein Verlustabzug nur noch möglich, wenn die Körperschaft nicht nur rechtlich, sondern auch wirtschaftlich mit der Körperschaft identisch ist, die den Verlust erlitten hat. Nach § 8 Abs. 4 S. 2 KStG liegt wirtschaftliche Identität insbesondere nicht vor, wenn mehr als 50 % der Anteile an einer Kapitalgesellschaft übertragen werden und der Geschäftsbetrieb mit überwiegend neuem Betriebsvermögen fortgeführt oder wieder aufgenommen wird. Unschädlich ist die Zuführung neuen Betriebsvermögens gemäß § 8 Abs. 4 S. 3 KStG nur dann, wenn sie allein der Sanierung des Geschäftsbetriebs dient, der den verbleibenden Verlustvortrag verursacht hat, und die Körperschaft diesen in vergleichbarem Umfang fünf Jahre lang fortführt.

Nach dieser Regelung kann zumindest bei reinen Mantelkäufen der alte Verlustvortrag nicht nach der Mantelverwendung genutzt werden, da bei ihnen mehr als die Hälfte der Geschäftsanteile übertragen werden. Bei Mantelverwendungen in sonstiger Weise, also vor allem im Konzern, bleiben die Geschäftsanteile oft in einer Hand. In diesen Fällen kommt es darauf an, ob der neue Geschäftsbetrieb mit überwiegend neuem Betriebsvermögen aufgenommen wird. Auch wenn nur zur Sanierung des alten Betriebes Betriebsvermögen zugeführt wird, ist ein Verlustabzug möglich. Es kommt zu schwierigen Abgrenzungsproblemen: Ist die Veräußerung innerhalb eines Konzerns unschädlich?[67] Wie sind Umstrukturierungen bei mittelbaren Beteiligungen einzuordnen?[68] Ist bei der Bestimmung, ob das Betriebsvermögen überwiegend neu ist, auch das Umlaufvermögen zu berücksichtigen? Inwieweit müssen Anteilsübertragungen miteinander im Zusammenhang stehen?[69] Diese und weitere steuerrechtlichen Fragen müssen wegen ihres Umfangs in dieser Bearbeitung offen bleiben.

---

[63] BFH, Urteil v. 19.12.1973 – I R 137/71, BStBl II 1974, 181.
[64] BFH, Urteil v. 29.10,1086 – I R 202/82, BStBl II 1987, 308; BFH, Urteil v. 29.10.1986 – I R 318-319/83, BStBl II 1987, 310; dazu *Feddersen,* BB 1987, 1783.
[65] Steuerreformgesetz vom 25.7.1988, BGBl. I 1093, 1114 (Art. 2 Nr. 3 und Nr. 12).
[66] Dazu *Fichtelmann,* NSt 1992, 27.
[67] So etwa Streck/*Schwedhelm,* KStG, § 8 Rn. 152.
[68] Dazu Streck/*Schwedhelm,* KStG, § 8 Rn. 152.
[69] Dazu Streck/*Schwedhelm,* KStG, § 8 Rn. 152.

7. Wegfall des Zusatzes „in Gründung“

Ein Vorteil von Vorrats- und Mantelgesellschaften ist, dass die Gesellschaft sofort nach dem Erwerb nicht mehr den Zusatz „in Gründung“ in der Firmenbezeichnung tragen muss[70].

Bei einer Neugründung ist der Zusatz „in Gründung“ erforderlich, solange die Gesellschaft noch nicht im Handelsregister eingetragen ist[71]. Damit soll für potentielle Gläubiger der Gesellschaft transparent sein, dass die Gesellschaft noch nicht im Handelsregister eingetragen ist, und verbunden damit die Aufbringung des Stammkapitals noch nicht vom Registergericht überprüft wurde. Der Zusatz „in Gründung“ wird vielfach als geschäftsschädigend angesehen[72]. Folglich kann auch die Vermeidung dieses Zusatzes durch die Verwendung einer Vorrats- oder Mantelgesellschaft bezweckt sein.

8. Fortführung der alten Firma zur Ausnutzung eines vorhandenen good wills und Nutzung eines vorhandenen Kundenstamms

Als Motiv für die Verwendung einer Mantelgesellschaft wird auch die Fortführung der alten Firma[73] und die Ausnutzung eines vorhandenen wirtschaftlichen Wertes der Firma (good wills)[74] angesehen. Auch dieses Motiv spielt ausschließlich bei Verwendungen von Mantelgesellschaften eine Rolle. Vorratsgesellschaften haben oft Firmen wie „Zwölfte (Dreizehnte, Vierzehnte ...) U Vermögensverwaltungs-GmbH“[75]. Eingeführte Firmen und die Nutzung eines damit verbundenen good wills gibt es mithin naturgemäß nur bei Gesellschaftsmänteln, die schon unternehmerisch tätig waren.

Eine Firma kann gemäß § 23 HGB nicht ohne das Handelsgeschäft, für das sie geführt wird, übertragen werden.[76] Ebenso kann sie gemäß § 30 Abs. 1 HGB nicht mehrmals am selben Ort verwendet werden. Bei bekannten Firmen ist der wirtschaftliche Vorteil eines damit verbundenen good wills nicht zu unterschätzen. Während grundsätzlich die Übertragung der Firma ohne das dazugehörige Unternehmen nicht möglich ist,

---

[70] *Gerhardt,* Der Steuerberater 1999, 15; *von Bredow/Schumacher,* DStR 2003, 1032.

[71] Teilweise wird dieser Zusatz als ratsam (L/H/*Lutter/Bayer,* § 4 Rn. 42), teilweise als obligatorisch bewertet (B/H/*Hueck/Fastrich,* § 4 Rn. 18; Hachenburg/*Heinrich,* § 4 Rn. 113; *K. Schmidt,* GesR, S. 1018).

[72] *Gerhardt,* Der Steuerberater 1999, 15.

[73] *Bommert,* GmbHR 1983, 209; *Hennrichs,* ZHR 159 (1995), 593, 601; *Hüffer* AktG § 23 Rn. 25; *Pape,* BB 1955, 1099, 1100; *Priester,* DB 1983, 2291; *Werner,* NZG 2001, 397, 398.

[74] *Bommert,* GmbHR 1983, 209; *Pape,* BB 1955, 1099, 1100; *Priester,* DB 1983, 2291.

[75] So hieß die Vorratsgesellschaft im Urteil des OLG Schleswig 3.4.2003 – 5 U 169/01, GmbHR 2003, 1058.

[76] Dazu *Roth*/Altmeppen, GmbHG, § 4 Rn. 31.

wird beim Mantelkauf davon ausgegangen, dass die Firmenfortführung zulässig ist[77]. Eine Möglichkeit zur entgeltlichen Übertragung einer Firma ohne das Unternehmen, nur durch Übertragung des Rechtsträgers, bietet daher der Mantelkauf.

Weiterhin kann auch ein bereits vorhandener Kundenstamm ein Vorzug einer Mantelgesellschaft sein[78].

9. Fortführung einer Konzession

Ein weiterer Zweck einer Mantelverwendung kann es sein, eine vorhandene Konzession fortzuführen[79]. Als Beispiele dafür können die Konzessionen für Makler oder Baubetreuer nach § 34c GewO oder eine Eintragung in die Handwerksrolle dienen. Dabei kommen nur solche Konzessionen in Betracht, die an die juristische Person selbst und nicht an eine natürliche Person vergeben worden sind.[80] Da die Kapitalgesellschaft als juristische Person durch die Abtretung der Gesellschaftsanteile nicht berührt wird, bleiben vorhandene Konzessionen bestehen.

Die Beantragung von Konzessionen ist häufig mit einem Aufwand durch die Beibringung der erforderlichen Unterlagen oder mit einem Kostenaufwand verbunden. Außerdem kann vom Antrag bis zum Erhalt der Konzession eine längere Zeit vergehen. Erwirbt der Unternehmer einen Mantel mit der entsprechenden Erlaubnis, kann er die erlaubnispflichtige Tätigkeit sofort beginnen und auf diesem Wege Zeit und Geld sparen.

Fraglich ist, ob Konzessionen in jedem Fall erhalten bleiben, also auch, wenn ein vollkommen neues Unternehmen in den Gesellschaftsmantel eingebracht wird. Eine gewerbliche Konzession etwa ist ein Verwaltungsakt, der, auch wenn er rechtmäßig ist, nach § 49 Abs. 2 VwVfG widerrufen werden kann[81]. Gemäß § 49 Abs. 2 Nr. 3 VwVfG kann ein rechtmäßiger Verwaltungsakt widerrufen werden, wenn die Behörde auf Grund nachträglich eintretender Tatsachen berechtigt wäre, den Verwaltungsakt nicht zu erlassen, und wenn ohne den Widerruf das öffentliche Interesse gefährdet würde. Dieser Tatbestand kann durchaus erfüllt sein, wenn eine Erlaubnis, die an eine juristische Person vergeben wurde, plötzlich durch Übertragung des Gesellschaftsmantels einem ganz anderen Unternehmen zu Gute kommt. Wenn

---

[77] *Baumbach/Hopt,* HGB § 23 Rn. 4; *Hennrichs,* ZHR 159 (1995), 593, 601; *Koller/Roth/Morck,* HBG, § 23 Rn. 2; L/H/*Lutter/Bayer,* § 4 Rn. 43; *Pape,* BB 1955,1099; 1100; Roth/*Altmeppen,* § 4 Rn. 44;; differenzierend *Beater,* GRUR 2000, 119 ff.

[78] M/M/N/*Meyer-Landrut* § 3 Rn. 16.

[79] *Bommert,* GmbHR 1983, 209; *Fichtelmann,* NSt 1992, 27, 31; *Heidinger,* ZGR 2005, 101, 104; M/M/N/*Meyer-Landrut* § 3 Rn. 16; *Werner,* NZG 2001, 397, 398.

[80] Eine Übersicht zu den gewerberechtlichen Konzessionen, die auch an juristische Personen vergeben werden, findet sich bei *Heerma,* Mantelverwendung, S. 12, Fn. 45. Zur an juristische Personen erteilte Gaststättenerlaubnis *Pöltl,* GastR, § 2 Rn. 7.

[81] Vgl. *Meyding,* Mantel-GmbH, S. 6.

dieses Unternehmen die Voraussetzungen für die Erlaubnis nicht erfüllt und ohne Widerruf der Erlaubnis das öffentliche Interesse gefährdet würde, kann die erlassende Behörde die Erlaubnis bei Vorliegen der weiteren Voraussetzungen widerrufen. Ansonsten genießt der Verwaltungsakt Bestandsschutz.

Es bedarf deshalb einer genauen Prüfung durch die Mantelverwender, ob die Voraussetzungen für die Fortführung einer vorhandenen Konzession vorliegen.

10. Gründe in der Vergangenheit

Abgesehen von den eben aufgezählten Gründen, die heute noch Unternehmer dazu motivieren, auf eine Vorrats- oder Mantelgesellschaft zurückzugreifen, gab es in der ersten Hälfte des 20. Jahrhunderts noch andere Vorteile, die man sich von der Verwendung von Gesellschaftsmänteln versprach.

So gab es Anfang des 20. Jahrhunderts eine Stempelsteuer in Höhe von 4,5% bzw. 3% des Stammkapitals[82], später auch eine Landesstempelsteuer. Diese wurde bei Neugründungen erhoben, während bei der Mantelverwendung keine oder nur eine geringe Steuer anfiel. 1922 wurde die Stempelsteuer durch das Kapitalverkehrssteuergesetz[83] abgelöst, wonach nur noch die Zuführung von neuem Kapital besteuert wurde. Eine Möglichkeit durch die Verwendung eines Gesellschaftsmantels Steuern einzusparen, gab es also nur noch, wenn ein Restkapital in der Gesellschaft übrig geblieben war. Die Kapitalverkehrssteuer wurde jedoch am 1.1.1992 abgeschafft[84].

Ein weiteres Motiv für den Erwerb einer Mantelgesellschaft war die Erlangung eines Depot- und Depositenrechts, das wegen § 10, 11 des Kapitalfluchtgesetzes vom 6.1.1923[85] anders nicht zu erlangen war[86].

Ein besonderer Anreiz für Mantelkäufe ergab sich immer dann, wenn die Gründungsvorschriften für Kapitalgesellschaften verschärft wurden, d.h., wenn das bei Neugründungen aufzubringende Stammkapital erhöht wurde.[87] So wurde z. B. durch die Goldbilanzverordnung[88] für die AG ein Mindeststammkapital eingeführt und das Mindeststammkapital für die GmbH erhöht[89].

[82] § 1 Reichsstempelgesetz vom 3.6.1906 (RGBl. 1906 S. 695).
[83] Kapitalverkehrssteuergesetz vom 8.4.1922 (RGBl. I S. 354).
[84] Art. 4 I Nr. 2 des 1. Finanzmarktförderungsgesetzes vom 22.2.1990, BGBl. I S. 266, 281.
[85] RGBl. 1923 S. 91, 94.
[86] Dazu ausführlich *Haver,* Gesellschaftsmantel, S. 43; *Löbenstein,* Mantelgründung, S. 3.
[87] Dazu ausführlich *Butz,* Mantelverwertung, S. 13 ff.; *Heerma,* Mantelverwendung, S. 18 ff.
[88] RGBl. 1923 I S. 1253.
[89] Dazu ausführlich *Heerma,* Mantelverwendung, S. 18 f.

Ein wichtiges Motiv bei der Verwendung eines GmbH-Mantels war bis 1980 auch die Einpersonengründung. Bis dahin war eine Einpersonengründung im GmbHG und im AktG nicht vorgesehen. Alleingesellschafter einer GmbH oder AG konnte man daher nur werden, wenn man mit einem Strohmann als Mitgesellschafter eine Gesellschaft gründete oder indem man alleine alle Anteile einer bereits bestehenden Gesellschaft übernahm[90].

IV. Die Bedeutung von Vorrats- und Mantelgesellschaften in der Praxis

Der gewinnbringende Verkauf von Vorrats- und Mantelgesellschaften ist schon vor längerer Zeit als Einnahmequelle entdeckt worden. Sowohl in Tageszeitungen[91] als auch zuletzt vermehrt im Internet[92] werden sie feilgeboten. Einige Wirtschaftsprüfer sowie Steuerberater und Rechtsanwälte haben ständig Vorrats- oder Mantelgesellschaften für ihre Mandanten „auf Lager", um sie bei Bedarf an sie zu veräußern[93].

Die praktische Bedeutung von Mantel- und Vorratsgesellschaften variierte stark in Abhängigkeit von der jeweiligen Gesetzeslage. Das spiegelt sich auch in der Anzahl der veröffentlichten gerichtlichen Entscheidungen wider. Eine erste Welle von Entscheidungen, die Mantel- und Vorratsgesellschaften zum Gegenstand hatten, gab es in den Zwanziger- und Dreißigerjahren[94], in denen ihre Verwendung wegen der Stempelsteuer und den Änderungen der Goldbilanzverordnung[95] besonders interessant war. Die nächste Häufung von Entscheidungen über Mantelgesellschaften gab es in den Achtzigerjahren und Anfang der Neunzigerjahre[96]. Diese Häufung hing wohl insbesondere mit der Änderung der BFH-Rechtsprechung zusammen, durch die der Vortrag von Verlusten aus einer Mantelgesellschaft wieder möglich wurde. Seit den Neunzigerjahren wurden in der Rechtsprechung auch wieder vermehrt Fälle zu Vorratsgesellschaften entschieden[97]. Die Bedeutung von Vorratsgesellschaften wurde

---

90 Zu Strohmanngründungen *O. Kuhn*, Strohmanngründung.

91 Beispiele dazu gibt *Meyding*, Mantel-GmbH, S. 1 f.

92 Angebote im Internet sind z.B. unter folgenden Adressen zu finden: www.sofort-gesellschaften.de, www.vorratsgesellschaften-deutschland.de, www.vorratsgmbh-preiswert.de, www.gmbH-sofort.de, www.denk-gesellschaften.de.

93 *Buyer*, DB 1987, 1959.

94 KG, Beschluss v. 3.7.1924 – 1 X 267/24, JW 1924, 1535; KG, Beschluss v. 2.10.1924 – 1 X 347/24, JFG 3, 193; OLG Dresden, Beschluss v. 6.1.1931, JFG 8, 157; KG, Beschluss v. 23.6.1932, JFG 10, 152; KG, Entscheidung v. 23.6.1933 – 1 b X 306[121]/32/1, DNotZ 1933, 661; RG, Urteil v. 1.7.1933 – 83/33 V, JW 1934, 27; KG, Beschluss v. 7.12.1933 – 1 b X 631/33, JW 1934, 988.

95 S.o.

96 OLG Hamburg, Urteil v. 15.4.1983 – 11 U 43/83, DB 1983, 1140 f.; LG Hamburg, Urteil v. 18.4.1985 – 2 S 199/84, NJW 1985, 2426; OLG Köln, Beschluss v. 11.3.1987 – 2 Wx 72/86, BB 1987, 711; OLG Frankfurt/M., Beschluss v. 14.5.1991 – 20 W 419/90, GmbHR 1992, 456.

97 OLG Stuttgart, Vorlagebeschluss v. 5.12.1991 – 8 W 73/91, DB 1992, 133; BGH, Beschluss v. 16.3.1992 – II ZB 17/91, BGHZ 117, 323; OLG Brandenburg, Urteil v. 19.8.1998 – 7 U 24/98, ZIP

also in den letzten Jahren größer, während die Bedeutung von Mantelgesellschaften seit die Nutzung eines Verlustvortrages nicht mehr möglich ist, abgenommen hat.[98] Die steigende Nachfrage nach Vorratsgesellschaften lässt sich darauf zurückführen, dass das Wirtschaftsleben in letzter Zeit immer schnelllebiger geworden ist[99]. Außerdem ist der Vertrieb von Vorratsgesellschaften mit der Etablierung des Internets einfacher geworden. Vorratsgesellschaften haftet außerdem nicht derselbe Makel der Unseriosität an wie den Mantelgesellschaften, weil sie noch kein Unternehmen betrieben haben und das Stammkapital normalerweise unversehrt ist.

Auch der neue Beschluss des BGH vom 7.7.2003[100] wird sich vermindernd auf die Bedeutung der Mantelgesellschaften auswirken[101]. Danach müssen die Gesellschafter das gesamte Stammkapital aufbringen, um die Haftungsbeschränkung zu erreichen, so dass es nur noch wenig Motive geben wird, eine Mantelgesellschaft zu erwerben. Eine Relevanz wird die Mantelgesellschaft jedoch weiterhin bei der Mantelverwendung in sonstiger Weise also bei der Verwendung durch die alten Gesellschafter, wie etwa im Konzern, haben[102], auch wenn viele von ihnen dem Registergericht als solche nicht bekannt werden. Auf die Beliebtheit von Vorratsgesellschaften hat sich die BGH-Rechtsprechung nicht wesentlich ausgewirkt.[103]

V. Zeitlicher Ablauf der Verwendung von Vorrats- und Mantelgesellschaften

Das Procedere bei der Verwendung einer Vorratsgesellschaft ist im Wesentlichen immer gleich: Der Anbieter gründet eine GmbH. Er stattet diese mit einem Stammkapital von 25.000 € aus. Über Inserate in Zeitungen oder über das Internet sucht der „professionelle Gründer" Abnehmer. Häufig wird dieser Service von Rechtsanwälten, Steuerberatern und Wirtschaftsprüfern angeboten, die ihren Mandanten, falls diese eine GmbH benötigen, diese gleich mit der Beratung aus einer

---

1998, 2095; BayObLG, Beschluss v. 24.3.1999 – 3 Z BR 295/98, BB 1999, 971; BGH, Beschluss v. 9.12.2002 – II ZB 12/02, BGHZ 153, 158; OLG Schleswig, Urteil v. 3.4.2003 – 5 U 168/01, GmbHR 2003, 1058.

[98] *Zwissler*, GmbHR 1999, 856 Fn. 2 schätzt, dass es sich bei zehn Prozent aller in München gegründeten GmbH um Vorratsgesellschaften handelt. Praktiker aus dem Raum Bonn gehen von einem Anteil von fünf Prozent aus. *Meilicke*, BB 2003, 857 geht gar davon aus, dass 95 % aller in Deutschland bestehenden GmbHs als Vorratsgesellschaft gegründet worden sind. Wie diese verschiedenen Zahlenangabe zusammenpassen, ist allerdings zweifelhaft.

[99] Dazu *Peus*, NZG 2003, 610, 611.

[100] BGH, Beschluss v. 7.7.2003 – II ZB 4/02, BGHZ 155, 318.

[101] *Bärwaldt/Balda*, GmbHR 2004, 350; *Fembacher*, MittBayNot 2004, 133, 136; *Schubert*, NotBZ 2003, 383; *Ulrich*, WM 2004, 915, 921.

[102] Vgl. *Schubert*, NotBZ 2003, 383 f.

[103] Vgl. *Heyer/Reichert-Clauß*, NZG 2005, 193, die sich auf eine Datenerhebung des Bundesanzeiger Datenservice zur Neugründungen der größten Anbieter von Vorratsgesellschaften berufen, wonach der Verwendung von Vorratsgesellschaft im Jahr 2003 Rückgang unter 10 % lag.

Hand bieten möchten. Selbstverständlich lassen sich die Anbieter ihren Service vergüten. Eine Vorrats-GmbH etwa ist ab 27.000 € käuflich zu erwerben. Eine AG kostet wegen des höheren gesetzlichen Mindeststammkapitals von 50.000 € ungefähr das Doppelte.

Zunächst wird dem Kaufinteressenten ein „praxisbewährter" Gesellschaftsvertrag vorgeschlagen. Schon vor der Übertragung der Anteile erhält der Käufer die Firmenlegende (Ursprüngliche Gründungsurkunde, Handelsregisterauszug, Eröffnungsbilanz, Buchhaltungsunterlagen). Verkäufer und Käufer vereinbaren einen Termin bei einem Notar, den sich der Käufer aussuchen kann. Bei diesem Termin werden dann der Kaufvertrag und die Abtretung der Anteile notariell beurkundet (§ 15 Abs. 3, 4 GmbHG), der Käufer zahlt spätestens jetzt den Kaufpreis, und im Gegenzug wird ihm das Gesellschaftskonto übertragen. Nach Übertragung der Geschäftsanteile beschließt die Gesellschafterversammlung über die Abberufung des alten und Bestellung des neuen Geschäftsführers (§ 46 Nr. 5 GmbHG). Von den neuen Gesellschaftern werden nun außerdem gemäß § 53 Abs. 1 GmbHG die erforderlich gewordenen Änderungen im Gesellschaftsvertrag beschlossen (Unternehmensgegenstand, Firma, Sitz, eventuell Kapitalerhöhung) und die Beschlüsse gemäß § 53 Abs. 2 S. 1 GmbHG notariell beurkundet. Danach müssen gemäß § 39 Abs. 1 GmbHG der Geschäftsführerwechsel und gemäß § 54 Abs. 1 S. 1 GmbHG die vorgenommenen Satzungsänderungen zur Eintragung ins Handelsregister angemeldet werden. In der so erworbenen Vorratsgesellschaft kann der Käufer nun einen neuen Gewerbebetrieb beginnen oder sein Unternehmen als Sacheinlage einbringen.

Die Verwendung einer Mantelgesellschaft gestaltet sich im Normalfall genauso wie die eben beschriebene Verwendung einer Vorratsgesellschaft. Der Kaufpreis ist je nach dem, in welcher Höhe noch Gesellschaftsvermögen vorhanden ist, entsprechend günstiger. Eine vermögenslose Mantelgesellschaft kann deshalb auch zu einem symbolischen Preis von einem Euro verkauft werden.

Nach der neuen BGH-Rechtsprechung wird dieser Ablauf nicht grundsätzlich verändert. Darüber hinaus wird die Versicherung nach § 8 Abs. 2 GmbHG nach den neuesten BGH-Entscheidungen ein wichtiges Element bei der Anmeldung bei der Verwendung einer Vorrats- oder Mantelgesellschaft darstellen[104]. Bei der Anmeldung zur Eintragung ins Handelsregister muss der Geschäftsführer nach § 8 Abs. 2 GmbHG analog versichern, dass die Einlagen nach § 7 Abs. 2, 3 GmbHG zu seiner freien Verfügung geleistet worden sind. Mit dieser Versicherung verbunden oder in ihr konkludent enthalten[105] ist die vom BGH geforderte Offenlegung der wirtschaftlichen Neugründung und die Anmeldung der Eintragung der Tatsache der wirtschaftlichen Neugründung[106].

---

[104] Vgl hierzu *K. Schmidt,* NJW 2004, 1345, 1347.
[105] Vgl. § 5II.11.
[106] Vgl. § 5II.7.b).

§ 2 Generelle Zulässigkeit und Wirksamkeit

I. Einführung

Bis zum Anfang der Neunzigerjahre stand im Mittelpunkt der Diskussion um die Vorrats- und Mantelgesellschaften die Frage nach der generellen Zulässigkeit dieser Erscheinungen. In den Zwanziger- und Dreißigerjahren sprach sich das Kammergericht Berlin vehement gegen die Zulässigkeit von Vorrats- und Mantelgesellschaften aus und erklärte Mantelkäufe und alle damit verbundenen Rechtsgeschäfte für nichtig. In der Literatur war man sich betreffend dieser Frage von Anfang an uneinig. Eine nicht unbeträchtliche Zahl von Stimmen kritisierte die Entscheidungen des Kammergerichts. Die Frage blieb bis zur BGH-Entscheidung vom 16.3.1992[107] umstritten. Nach der Stellungnahme des BGH, in der er sich umfassend mit der Frage der Zulässigkeit von Vorratsgesellschaften auseinander setzte und sie letztendlich bejahte, verebbte die Diskussion auch in Bezug auf die Zulässigkeit der Mantelgesellschaften. Heute entspricht es der unwidersprochenen allgemeinen Meinung, dass sowohl Vorratsgründungen als auch die Verwertung von Vorrats- und Mantelgesellschaften sowie Mantelkäufe grundsätzlich zulässig sind. Dennoch soll in dieser Bearbeitung die Zulässigkeit und Wirksamkeit von Vorrats- und Mantelgesellschaften diskutiert werden. Einerseits ist die Begründung der Zulässigkeit weiterhin umstritten, anderseits ist die Diskussion über die Zulässigkeit Grundlage für viele in Bezug auf die rechtliche Behandlung von Vorrats- und Mantelgesellschaften vertretenen Rechtsauffassungen, so dass ihre Kenntnis zum besseren Verständnis und zur Lösung der heute im Zentrum der Diskussion stehenden Rechtsfragen unerlässlich ist.

Die Zulässigkeit von Vorratsgesellschaften einerseits und Wirksamkeit von Mantelgesellschaften andererseits hängen zwar eng zusammen, dennoch gibt es bei Vorratsgesellschaften einige zusätzliche Aspekte gegenüber den Mantelgesellschaften. Deshalb muss in diesem Kapitel zunächst auf die Zulässigkeit von Mantelgesellschaften und erst im Anschluss daran mit besonderem Blick auf die BGH-Entscheidung vom 16.3.1992[108] auf die Zulässigkeit von Vorratsgesellschaften eingegangen werden. Dabei ist jeweils zunächst der Meinungsstand darzustellen und danach dazu Stellung zu nehmen.

---

[107] BGH, Beschluss v. 16.3.1992 – II ZB 17/91, BGHZ 117, 323.
[108] BGH, Beschluss v. 16.3.1992 – II ZB 17/91, BGHZ 117, 323.

II. Mantelgesellschaft/Mantelverwendung

Spricht man von der Zulässigkeit von Mantelgesellschaften, lassen sich hierbei zwei Fragen unterscheiden: Einerseits stellt sich die Frage, ob die meist vermögenslose oder untätige Mantelgesellschaft nicht schon vor der Verwendung erlischt, etwa wegen Vermögenslosigkeit oder Inaktivität, andererseits wird man sich darüber Gedanken machen müssen, ob die Mantelverwendung oder der Mantelkauf nichtig sind. Eine Nichtigkeit käme aus den §§ 138 Abs. 1 und 134 BGB in Betracht.

1. Meinungsstand

Die erste Reihe von gerichtlichen Entscheidungen über Mantelkäufe und Mantelverwendungen stammt vom KG Berlin[109]. Dabei standen vor allem Fälle zur Entscheidung, in denen alle Geschäftsanteile einer GmbH an eine einzelne Person veräußert wurden, damit sie ihr einzelkaufmännisches Geschäft in Form einer GmbH betreiben konnte. In seiner ersten Entscheidung hielt das KG ein solches Vorgehen für sittenwidrig und die Abtretung deshalb gemäß § 138 Abs. 1 BGB für nichtig[110]. In einer weiteren Entscheidung vom 18.12.1924 bestätigte das KG seine Ansicht[111], obwohl es für seine vorhergehenden Entscheidung zu Vorrats- und Mantelgesellschaften scharfe Kritik aus der Literatur hinnehmen musste. Als Begründung führte das KG hauptsächlich aus, Gesellschaftsmäntel seien „eine höchst unerfreuliche Erscheinung unseres Wirtschaftslebens". Außerdem erlange durch den Mantelkauf das Unternehmen eines Einzelkaufmanns eine Haftungsbeschränkung, wie sie im GmbH-Recht nur für eine Mehrzahl von Personen vorgesehen sei. Obiter stellte das KG in dieser Entscheidung noch fest, dass Käufe von AG-Mänteln jedenfalls allgemein als sittenwidrig anzusehen seien, da sie den mit den Gründungsvorschriften verfolgten Zweck vereitelten. Eine Schlussfolgerung für die Nichtigkeit des GmbH-Mantels, über den das KG hier zu entscheiden hatte, zog das KG aus dieser Feststellung allerdings nicht, da im GmbH-Recht der Gründungsschutz nicht in gleicher Weise wie im Aktienrecht ausgebildet sei[112].

Das OLG Dresden widersprach später der Sittenwidrigkeitsrechtsprechung des KG[113]. Der Erwerb eines Aktienmantels, um darunter ein neues Unternehmen zu gründen, sei nicht von vorneherein sittenwidrig und deshalb nichtig. Ob der Erwerb als sittenwidrig zu beurteilen sei, sei vielmehr nach den Umständen des Einzelfalls zu beurteilen, weil

---

[109] KG, Beschluss v. 3.7.1924 – 1 X 267/24, JW 1924, 1535; KG, Beschluss v. 18.12.1924 – 1 X 516/24, JW 1925, 635; KG, Beschluss v. 23.6.1932 – 1b X 306/32, JFG 10, 152; KG, Entscheidung v. 23.6.1933 – 1 b X 306[121]/32/1, DNotZ 1933, 661: KG, Beschluss v. 7.12.1933 – 1 b X 631/33, JW 1934, 988.

[110] KG, Beschluss v. 3.7.1924 – 1 X 267/24, JW 1924, 1535.

[111] KG, Beschluss v. 18.12.1924 – 1 X 516/24, JW 1925, 635.

[112] Zur Argumentation des KG *Breit,* JW 1924, 635, 636 ff.

[113] OLG Dresden, Beschluss v. 6.1.1931, JFG 8, 157.

allein eine Umgehung der Gründungsvorschriften die Sittenwidrigkeit nicht begründen könne, solange keine Anhaltspunkte dafür vorlägen, dass gesetzeswidrige Zwecke verfolgt würden[114]. Unter dem Eindruck dieser Entscheidung und vieler die Sittenwidrigkeit ablehnender Stellungnahmen in der Literatur[115] gegen seine Sittenwidrigkeitsrechtsprechung änderte das KG in seinen späteren Entscheidungen betreffend einer Mantelgesellschaft seine Argumentationsweise. Die Nichtigkeit gemäß § 138 Abs. 1 BGB offenlassend, stellte es in den späteren Entscheidungen die Nichtigkeit der Mantelverwertung nach § 134 BGH fest[116]. Ein Verstoß gegen ein gesetzliches Verbot sollte nach dieser Rechtsprechung darin liegen, dass bei einer Mantelverwendung gegen den Zweck wichtiger Gesetzesvorschriften verstoßen werde[117]. Die Verwendung eines GmbH-Mantels verstoße gegen den Grundsatz im GmbH-Recht, dass beschränkte Haftung nur durch Gesellschaftsbildung, jedoch nicht ohne weiteres für das Unternehmen eines Einzelkaufmanns zu erreichen sei[118]. Diese Entscheidung befasste sich also wiederum nur mit Mantelkäufen, in denen die Geschäftsanteile an einen einzelnen neuen Gesellschafter verkauft werden. Zusätzlich wies das Gericht darauf hin, dass im Bereich der Aktiengesellschaft die strengeren Gründungsvorschriften im Aktienrecht umgangen würden[119].

Trotz der Vielzahl von untergerichtlichen Entscheidungen in dieser Zeit, hatte das Reichsgericht nie Gelegenheit, sich zur Zulässigkeit von Mantelverwendungen zu äußern. Es ist nur eine Entscheidung des RG ersichtlich, in der es um Gesellschaftsmäntel ging[120]. In dieser Entscheidung ließ das RG die Frage nach der Nichtigkeit des Mantelkaufs offen.

Bis zur nächsten (veröffentlichten) gerichtlichen Entscheidung, die Mantelverwendungen zum Gegenstand hatte, vergingen drei Jahrzehnte. 1963 nahm das LG Ravensburg zum nächsten Mal zur Zulässigkeit einer Mantelverwendung Stellung[121]. Das LG war der Auffassung, dass allein die Vermeidung einer Neugründung für sich noch kein gesetzes- oder sittenwidriges Verhalten darstelle. Es hielt die wirtschaftliche Neugründung unter einem „alten“ GmbH-Mantel grundsätzlich für zulässig, setzte aber für die Zulässigkeit voraus, dass die

---

[114] OLG Dresden, Beschluss v. 6.1.1931, JFG 8, 157, 161 f.

[115] *Breit*, JW 1924, 635; *Byk*, JW 1924, 1535; *Hachenburg*, JW 1924, 1536.

[116] KG, Beschluss v. 23.6.1932 – 1b X 306/32, JFG 10, 152; KG, Entscheidung v. 23.6.1933 – 1 b X 306[121]/32/1, DNotZ 1933, 661, 663.

[117] KG, Beschluss v. 23.6.1932 – 1b X 306/32, JFG 10, 152; KG, Entscheidung v. 23.6.1933 – 1 b X 306[121]/32/1, DNotZ 1933, 661, 663.

[118] KG, Beschluss v. 23.6.1932 – 1b X 306/32, JFG 10, 152.

[119] KG, Beschluss v. 23.6.1932 – 1b X 306/32, JFG 10, 152; KG, Entscheidung v. 23.6.1933 – 1 b X 306[121]/32/1, DNotZ 1933, 661, 662.

[120] RG, Urteil v. 1.7.1933 – 83/33 V, JW 1934, 27 m. Anm. *Fischer*, JW 1934, 27.

[121] LG Ravensburg, Beschluss v. 30.12.1963 – KfH T 206/63, GmbHR 1964, 137. Schon am 29. Oktober 1955 urteilte das OLG Oldenburg und danach der BGH über einen Sachverhalt, der eine Mantelverwendung zum Gegenstand hatte. Die Gerichte erkannte und benannte die Mantelverwendung aber nicht als solche (OLG Oldenburg, Urteil v. 3.6.1955 – 1 U 135/53, WM 1955, 1456; BGH, Urteil v. 29. November 1956 – II ZR 282/55, BGHZ 22, 240).

Neugründung „solide und lebensfähig" sei. Ähnliches konnte man vorher schon von *Gürtner* lesen, der die Auffassung vertrat, die Verwendung eines Gesellschaftsmantels sei grundsätzlich zulässig, wenn das Fortbestehen der Gesellschaft gesichert sei[122].

In späteren gerichtlichen Entscheidungen wurden sowohl die Mantelverwendung als auch der Mantelkauf meist als zulässig angesehen[123]. Dem widersprach nur das OLG Hamburg in seiner Entscheidung vom 15.4.1983[124]. In dieser Entscheidung kam das OLG, ähnlich wie das KG in seiner früheren Rechtsprechung zu dem Ergebnis, dass Mantelkäufe, wenn in ihnen ein Verstoß gegen die Gründungsvorschriften liege, gemäß § 134 BGB nichtig seien. Diese Auffassung fand jedoch in der Folgezeit bei keinem anderen deutschen Gericht Zustimmung. In den Gerichtsentscheidungen der neuesten Zeit wird überwiegend stillschweigend die Zulässigkeit von Mantelverwendung und Mantelkauf vorausgesetzt[125].

In der Literatur tendierte man von Anfang an mehr dahin, Mantelverwendungen und Mantelkäufe als zulässig anzusehen. Zwar gab es auch einige Befürworter der Rechtsprechung des Kammergerichts[126], es gab aber auch eine beträchtliche Anzahl vehementer Gegner der KG-Rechtsprechung[127]. Sie bestritten vor allem die vom KG behauptete Sittenwidrigkeit und die daraus folgenden Nichtigkeit nach § 138 Abs. 1 BGB. Teilweise wurde in der Literatur nur die grundsätzliche Sittenwidrigkeit von Mantelkäufen verneint, während eine Sittenwidrigkeit für möglich gehalten wurde, wenn besondere Umstände vorlägen, die eine Sittenwidrigkeit begründen.[128] Später wurde auch erwogen, dass eine Mantelverwendung

---

[122] *Gürtner,* MDR 1954, 76, 78. Schon *Löbenstein,* Mantelgründung, S. 31 machte die Zulässigkeit der Mantelverwertung von der Lebensfähigkeit der Gesellschaft abhängig. Lebensfähig sei eine Gesellschaft, wenn das Kapital wieder aufgefüllt wurde.

[123] OLG Karlsruhe, Urteil v. 10.6.1977 – 10 U 213/76, DB 1978, 1219; LG Hamburg, Urteil v. 18.4.1985 – 2 S 199/84, NJW 1985, 2426; OLG Stuttgart, Vorlagebeschluss v. 5.12.1991 – 8 W 73/91, DB 1992, 133; BGH, Beschluss v. 16.3.1992 – II ZB 17/91, BGHZ 117, 323; AG Erfurt, Beschluss v. 27.6.1996 – 11 b AR 700/95, GmbHR 1997, 74;

[124] OLG Hamburg, Urteil v. 15.4.1983 – 11 U 43/83, DB 1983, 1140.

[125] AG Duisburg, Beschluss v. 8.8.1997 – 8 AR 159/97, Rpfleger 1998, 115; OLG Frankfurt a.M., Urteil v. 4.11.1998 – 21 U 264/97, GmbHR 1999, 32; OLG Stuttgart, Urteil v. 2.12.1998 – 3 U 44/98, GmbHR 1999, 610; LG Dresden, Beschluss. v. 14.3.2000 – 44 T 0052/99, NJW-RR 2001, 823; LG Dresden, Urteil v. 18.7.2000 – 9 O 0699/00, ZIP 2000, 1834; LG Berlin, Beschluss v. 17.12.2001 – 98 T 73/01, GmbHR 2002, 1066; OLG Brandenburg, Vorlagebeschluss v. 28.1.2002 – 8 Wx 60/01, NJW-RR 2002, 971; OLG Schleswig-Holstein, Beschluss v. 27.6.2002 – 2 W 87/02, GmbHR 2002, 1135; BGH, Beschluss v. 7.7.2003 – II ZB 4/02, BGHZ 155, 318.

[126] *Crisolli,* JW 1934, 936; *Weißenborn,* Wpg 1956, 231, 235. Wie das KG kritisch gegenüber des Erwerbs aller Anteil von einem Einzelkaufmann: *Sprinz,* Mitteilungen der IHK zu Berlin 1931, 517. Für eine Unzulässigkeit der Mantelverwendung auch *v. Godin/Wilhelmi,* § 1 Anm. 12.

[127] *Breit,* JW 1924, 635; *Bulang,* Mantelgründung, S. 14 f.; *Byk,* JW 1924, 1535; *Hachenburg,* JW 1924, 1536.

[128] *Janberg,* GmbHR 1952, 132; *Priester,* DB 1983, 2291. Sittenwidrigkeit läge nach *Janberg,* GmbHR 1952, 132, 134 etwa vor, wenn ein Unternehmer mit dem kauf beabsichtige einen besonderen wirtschaftlichen Vorteile zu erlangen, den er sonst nicht erlangen würde. *Pape* BB 1955, 1099, 1101 kommt zu einer Nichtigkeit des Mantelerwerbs im Einzelfall, wenn damit unlautere vom Gesetz missbilligte Zwecke verfolgt würden.

schon deshalb nichtig sei, weil eine vermögenslose Gesellschaft nicht mehr existent sei[129]. Diese Ansicht wurde vor allem mit der Begründung abgelehnt, dass die Eintragung der Gesellschaft im Handelsregister konstitutiv sei[130]. Der spätere Versuch des KG, die Nichtigkeit der Mantelverwendung über § 134 BGB herbeizuführen, wurde im überwiegenden Teil der Literatur ebenso abgelehnt[131]. Als Argument gegen die Nichtigkeit wegen eines Verstoßes gegen ein gesetzliches Verbot gemäß § 134 BGB wurde vorgebracht, dass gemäß § 15 Abs. 1 GmbHG ihre Geschäftsanteile veräußerlich seien, solange die Gesellschaft bestehe[132]. Die Vorschriften des GmbHG enthielten außerdem kein Verbot einer GmbH-Gründung mit unter dem Mindestkapital liegenden Kapitaleinsatz, sondern machten davon nur die Erlangung der Rechtsform und deren Eintragung abhängig[133]. Bedenken wurde gegen die Ansicht des KG auch erhoben, weil nicht eindeutig festgestellt wurde, welches Rechtsgeschäfts des Mantelkaufs (der Kaufvertrag, die Übertragung und/oder die vom Erwerber durchgeführten Satzungsänderungen) von der Nichtigkeitsfolge des § 134 BGB erfasst sein sollte[134]. Die Gegner der KG-Ansicht stellten weiterhin deren Praktikabilität in Frage[135].

In der neuesten Literatur wird die Zulässigkeit der Mantelverwendung nicht mehr in Frage gestellt[136]. Nur die Voraussetzungen für die Zulässigkeit werden noch unterschiedlich beurteilt. So wird die Zulässigkeit der Mantelverwendung zum Teil von der Einhaltung der Gründungsvorschriften abhängig gemacht[137]. Überwiegend werden die Fragen nach der Zulässigkeit und die Anwendung der Gründungsvorschriften hingegen getrennt dargestellt und die grundsätzliche Zulässigkeit gemeinhin bejaht.

---

[129] *Kaufmann,* Zulässigkeit, S. 52 f.; Hachenburg/*Schilling,* 6. Aufl., § 2 Anm. 60; Zur Nichtigkeit wegen Inaktivität einer Gesellschaft *Heerma,* Mantelverwendung, S. 33 ff.
[130] *Beuck,* GmbHR 1957, 69, 70; *Butz,* GmbHR 1972, 270, 275; *v. Godin/Wilhelmi,* § 273 Anm. 3; *Löbenstein,* Mantelgründung, S. 41; *Schlutius,* Mantelkauf, S. 14.
[131] *Bärwaldt/Schabacker,* GmbHR 1998, 1005, 1007 f.; *Bulang,* Mantelgründung, S. 14 f.; Hachenburg/*Ulmer,* § 3 Rn. 38; *Ihrig,* BB 1988, 1197, 1200; *Keller,* DZWir, 1998, 230, 231; *Mayer,* NJW 2000, 175, 177; MüKo AktG/*Pentz,* § 23 Rn. 96; Scholz/*Emmerich,* § 3 Rn. 21; *Skibbe,* FS-Felix, S. 417, 419 f.
[132] *Mayer,* NJW 2000, 175, 177; *Priester,* DB 1983, 2291, 2293; *Ulmer,* BB 1983, 1123, 1125.
[133] MüKo AktG/*Pentz,* § 23 Rn. 96; *Priester,* DB 1983, 2291, 2293; *Ulmer,* BB 1983, 1123, 1125.
[134] *Keller,* DZWir, 1998, 230, 231; *Skibbe,* FS-Felix, S. 417, 420; *Ulmer,* BB 1983, 1123, 1125.
[135] *Ulmer,* BB 1983, 1123, 1125.
[136] *Bärwaldt/Schabacker,* GmbHR 1998, 1005, 1007 f.; Beck-Hdb/*Schwaiger,* § 2 Rn. 61; B/H/*Hueck/Fastrich,* § 3 Rn. 14; G/H/E/K/*Hüffer,* § 275 Rn. 30; Hachenburg/*Ulmer,* § 3 Rn. 38; *Ihrig,* BB 1988, 1197, 1200; *Keller,* DZWir, 1998, 230, 231; *Kübler,* GesR, S. 308 f.; MüKo AktG/*Pentz,* § 23 Rn. 96; L/H/*Lutter/Bayer,* § 3 Rn. 7, 14; Michalski/*Michalski,* § 3 Rn. 21; *K. Schmidt,* GesR, S. 71; Scholz/*Emmerich,* § 3 Rn. 21; *Skibbe,* FS-Felix, S. 417, 419 f.
[137] *Hüffer,* AktG, § 23 Rn. 27.

2. Stellungnahme

a) Beendigung der Gesellschaft wegen Vermögenslosigkeit

Die Gesellschaft könnte schon vor ihrer Verwendung als Mantel erloschen sein, wenn vorher überhaupt kein Gesellschaftsvermögen mehr vorhanden war oder die Gesellschaft keine Geschäftstätigkeit mehr ausgeführt hat. Diese Fragen wurden in der Vergangenheit oft unter dem Stichwort der Grenzen der Mantelverwendung diskutiert.[138]

Für die Frage, ob mit Eintritt der Vermögenslosigkeit Vollbeendigung der Gesellschaft eintritt, ist entscheidend, welche Rolle man der Eintragung der Vollbeendigung im Handelsregister beimisst. Die Beendigung der GmbH ist ins Handelsregister einzutragen.[139]. Sieht man diese Eintragung als bloß deklaratorisch an, wie dies der früher herrschenden Meinung entspricht[140], so ist für die Vollbeendigung der Gesellschaft allein ihre Vermögenslosigkeit erforderlich und ausreichend. Folgt man dieser Ansicht, ist eine vermögenslose Mantelgesellschaft schon mit dem Eintritt der Vermögenslosigkeit als beendigt anzusehen. Eine Veräußerung der Geschäftsanteile und die Verwendung des Mantels wären dann nicht mehr möglich.

Gegen eine bloß deklaratorische Wirkung der Eintragung ist jedoch einzuwenden, dass die Vermögenslosigkeit der Gesellschaft kein ausreichendes Abgrenzungskriterium ist.[141] Es ist schwierig festzustellen, ob Vermögenslosigkeit vorliegt. Außerdem kann der Vermögensstatus einer Gesellschaft von Tag zu Tag wechseln, etwa wenn einer vermögenslosen Gesellschaft wieder Vermögensgegenständen zugeführt werden.[142] Wäre die Vermögenslosigkeit der Gesellschaft also allein maßgeblich für die Vollbeendigung der Gesellschaft, könnte eine beendigte Gesellschaft sich wieder in eine nicht beendete Gesellschaft verwandeln und umgekehrt. Eine solche Regelung ist jedoch für den Rechtsverkehr unter Gesichtspunkten der Rechtssicherheit nicht erträglich. Für Dritte wäre nämlich kaum erkennbar, ob sie es mit einem noch bestehenden Rechtsträger zu tun haben, oder ob die GmbH schon vollbeendet ist und damit gar nicht mehr existiert.[143]

---

[138] *Priester,* DB 1983, 2291, 2293.
[139] Diese Eintragungspflicht für die GmbH ergibt sich nach einer Ansicht aus den §§ 6, 29, 31 II HGB (*K. Schmidt,* GesR, S. 316), nach andere Ansicht aus § 273 I AktG analog (*H. Schmidt,* Vollbeendigung, S. 20). Für die AG ergibt sich die Eintragungspflicht aus § 273 I AktG.
[140] RGZ 109, 387, 391, Urteil v. 6.1.1925 – II 735/23; RG, JW 1926, 1432, 1433; BGH, Urteil v. 21.6.1979 – IX ZR 69/75, NJW 1979, 1987; BAG, Urteil v. 9.7.1981 – 2 AZR 329/79, NJW 1982, 1831; OLG Stuttgart, Urteil v. 20.12.1968 – 2 U 140/68, NJW 1969, 1493; *Theil,* JZ 1979, 567.
[141] Vgl. Scholz/*K. Schmidt,* § 74 Rn. 14.
[142] *K. Schmidt,* GesR, S. 316.
[143] Vgl. Roth/*Altmeppen,* § 65 Rn. 19.

Außerdem ist auch die Eintragung im Handelsregister für das Entstehen der Gesellschaft konstitutiv[144]. Gemäß § 11 Abs. 1 GmbHG entsteht eine GmbH als juristische Person erst mit ihrer Eintragung im Handelsregister[145]. Deshalb muss auch dem actus contrarius dieser Eintragung, nämlich der Eintragung der Löschung der Gesellschaft, eine konstitutive Wirkung beigemessen werden.[146] Es ist nur konsequent, wenn die Gesellschaft solange fortbesteht, wie sie im Handelsregister eingetragen bleibt und damit endet, dass die Beendigung im Handelsregister eingetragen wird und die Gesellschaft damit aus dem Handelsregister gelöscht wird.[147]

Richtigerweise ist deshalb mit der Gegenansicht davon auszugehen, dass die Eintragung der Vollbeendigung im Handelsregister zur Vollbeendigung der Gesellschaft erforderlich ist.

Streitig ist aber wiederum, ob allein die Löschung im Handelsregister zur Beendigung und damit zum Erlöschen der Kapitalgesellschaft als Rechtsträger führen kann[148] oder ob zur Beendigung einer Kapitalgesellschaft ein Doppeltatbestand, nämlich Löschung im Handelsregister und Vermögenslosigkeit[149] vorliegen muss. Die Vertreter der Lehre vom Doppeltatbestand argumentieren, dass für die Vermögenswerte der Gesellschaft, die allein durch Löschung aus dem Handelsregister ihre Rechtsfähigkeit verloren hat, kein Rechtsträger mehr bestehe.[150] Die andere Ansicht hilft sich aber damit, dass die Vermögenswerte einer aus dem Handelsregister gelöschten Gesellschaft auf eine Gesamthand der Gesellschafter oder eine natürliche Person übergehen. Diese Ansicht findet auch gerade im Bereich der Mantelgesellschaften ihren Vorzug, weil eine bereits aus dem Handelsregister gelöschte Mantelgesellschaft nicht mit dem Vorwand fortgeführt werden könne, sie verfüge noch über ein Aktivum.[151] Wegen ihrer größeren Klarheit und ihren Vorzügen für den Rechtsverkehr ist der Meinung zuzustimmen, die die Vollbeendigung allein von der Eintragung in Handelsregister abhängig macht.

Nach diesen Überlegungen kommt man zu dem Ergebnis, dass aus dem Handelsregister gelöschte Gesellschaften auch dann nicht fortbestehen, wenn noch Gesellschaftsvermögen vorhanden ist. Allein die Vermögenslosigkeit der Gesellschaft

---

[144] *Roth/*Altmeppen, § 11 Rn. 2.

[145] Das heißt nicht, dass vorher keine Rechtsträger vorhanden ist. Dass die Vor-GmbH ein Rechtsträger sui generis ist, kann heute als anerkannt gelten.

[146] Vgl. *Heerma,* Mantelverwendung, S. 43.

[147] Vgl. Roth/*Altmeppen,* § 60 Rn. 7. *Beuck,* GmbHR 1957, 69, 70 spricht von einer konstitutiven Wirkung der Eintragung im Handelsregister.

[148] *Bärwaldt/Schabacker,* GmbHR 1998, 1005, 1007; *Hönn,* ZHR 138 (1972), 50 ff.; Hachenburg/*Ulmer,* Anh. § 60 Rn. 35 ff.; *Ulmer,* BB 1983, 1123, 1125.

[149] L/H/*Lutter/Kleindiek,* § 74 Rn. 7; *K. Schmidt,* GesR, S. 316; *K. Schmidt,* GmbHR 1988, 209 ff; *Scholz/K. Schmidt,* § 60 Rn. 56 ff., § 74 Rn. 14; BAG, Urteil v. 22.3.1988 – 3 AZR 350/86, GmbHR 1988, 388; BAG, Urteil v. 22.3.1988 – 3 AZR 350/86, NJW 1988, 2637; KG, Urteil v. 8.2.1991 – 1 W 3357/90, NJW-RR 1991, 933; OLG Stuttgart, Urteil v. 28.2.1986 – 2 U 148/85, ZIP 1986, 647, 648; B/H/*Schulze-Osterloh,* § 60 Rn. 7; Hachenburg/*Hohner,* § 74 Rn. 26.

[150] *Priester,* DB 1983, 2291, 2293.

[151] Hachenburg/*Hohner,* § 74, Rn. 26.

führt nicht zu ihrer Auflösung als Rechtsträger. Bis zur Löschung besteht sie fort, auch wenn sie bereits aufgelöst wurde.[152] Solange die GmbH noch nicht gelöscht wurde, ist die Veräußerung von Geschäftsanteilen und die Verwendung der Mantelgesellschaft also nicht etwa unzulässig, weil sie wegen Vermögenslosigkeit nicht mehr existiert.[153]

b) Beendigung der Gesellschaft wegen Inaktivität

Weiterhin stellt sich die Frage, ob die Mantelgesellschaft dadurch endet, dass sie inaktiv ist. Zu dieser Annahme könnte man kommen, weil Voraussetzung für jede Gesellschaft ein Verbandszweck ist. Stellt die Gesellschaft ihre Geschäftstätigkeit ein, könnte damit ihr verwirklichter Verbandszweck wegfallen.

Der Gesellschaftszweck muss bei einer Mantelgesellschaft nicht in jedem Fall fehlen. Wird die Gesellschaft gehalten, um sie bei Bedarf im Wege der Mantelverwendung wiederzubeleben, ist auch das als Gesellschaftszweck anzusehen.[154] Aber auch, wenn man annimmt, dass bei einer Mantelgesellschaft der Gesellschaftszweck fehlt, führt dies nicht zum Erlöschen der juristischen Person.[155] Die Inaktivität einer GmbH stellt weder einen Auflösungsgrund nach § 60 GmbHG noch einen Nichtigkeitsgrund nach § 75 GmbHG dar. Da die Beendigung einer Gesellschaft einen größeren Eingriff in die Verbandsautonomie darstellt als das Vorliegen eines Auflösungs- oder Nichtigkeitsgrundes der §§ 60 und 75 GmbHG, kann die Inaktivität der Gesellschaft erst recht nicht zur Beendigung der Gesellschaft führen.

Gegen die Beendigung der Gesellschaft wegen Inaktivität spricht wiederum die Überlegung, was passieren soll, wenn die Gesellschaft ihre Geschäftstätigkeit wiederaufnimmt. Lebt die Gesellschaft wieder auf oder ist sie für immer als Rechtsträger verschwunden? Dass eine Gesellschaft wieder auflebt, passt nicht zu den strengen Gründungsvorschriften für Kapitalgesellschaften. Wenn sie durch Inaktivität vollbeendigt wird, entsteht wiederum eine große Unsicherheit im Rechtsverkehr, weil für außenstehende nicht erkennbar ist, ob eine Gesellschaft noch besteht oder bereits wegen (vorübergehender Inaktivität) vollbeendigt ist. Die Inaktivität als Grund für die Beendigung der Gesellschaft ist kein praktikables Abgrenzungskriterium. Aus diesen Gründen ist auch eine Parallele zur herrschenden Meinung im Vereinsrecht[156], der zufolge die „mangelnde Betätigung infolge Interesselosigkeit oder durch tatsächliche Preisgabe des Vereinszweckes" dem Wegfall sämtlicher Mitglieder gleichsteht, mit *Heerma*[157] abzulehnen.

---

[152] *K. Schmidt,* GesR, S. 312.
[153] So auch *Bärwaldt/Schabacker,* GmbHR 1998, 1005, 1007; *Butz,* GmbHR 1972, 270, 274 f.
[154] Vgl. *Kober,* Mantelkauf, S. 164.
[155] *Heerma,* Mantelverwendung, S. 38; *Ihrig,* BB 1988, 1197, 1200.
[156] BGH, Urteil v. 8.4.1976 – II ZR 212/74, WM 1976, 686; Soergel/*Hadding,* Vor §§ 41-53 Rn. 12; Staudinger13.A./*Coing,* § 41 Rn. 12.
[157] *Heerma,* Mantelverwendung, S. 33.

Wenn man, wie hier vertreten, die Eintragung der Vollbeendigung für konstitutiv hält, ist auch bei Inaktivität der Gesellschaft deren Beendigung nur mit Eintragung in das Handelsregister möglich. Dafür sprechen o.g. Gründe. Eine inaktive Mantelgesellschaft erlischt also nicht als Rechtsträger, bloß weil sie keine Unternehmenstätigkeit mehr ausführt.[158]

c) Nichtigkeit nach § 138 BGB

Die Unzulässigkeit einer Mantelverwendung könnte sich, wie vom KG in seinen bereits erwähnten Entscheidungen vertreten[159], aus § 138 Abs. 1 BGB ergeben.

Gemäß § 138 Abs. 1 BGB sind alle Rechtsgeschäfte nichtig, die gegen die guten Sitten verstoßen. Ein Rechtsgeschäft ist sittenwidrig, wenn es gegen das Anstandsgefühl aller billig und gerecht Denkenden verstößt.[160] Diese von der Rechtsprechung verwendete Definition ist inhaltlich wenig präzise und muss ausgefüllt werden. Der Sittenverstoß kann sich aus dem Inhalt oder aus dem mit ihm verfolgten Zweck oder Beweggründen ergeben.[161] Maßgeblicher Zeitpunkt für die Feststellung der Sittenwidrigkeit ist regelmäßig der Zeitpunkt des Geschäftsabschlusses.[162]

Das KG hat in seinen frühen Entscheidungen eine Sittenwidrigkeit mit der Begründung bejaht, dass im GmbH-Recht eine Haftungsbeschränkung nur durch Gesellschaftsbildung also von mehreren Personen erlangt werden könne[163]. Ein Mantelkauf ziele darauf ab, eine Haftungsbeschränkung für ein einzelkaufmännisches Unternehmen zu erhalten. Der Mantelkauf sei demnach ein Rechtsgeschäft mit einem sittenwidrigen Inhalt. Das KG hatte in seinen frühen Entscheidungen ausschließlich über Sachverhalte zu entscheiden, in denen ein Einzelkaufmann alle Anteile einer Gesellschaft im Wege des Mantelkaufs erwarb. Das KG ließ zwar zu dieser Zeit schon Strohmanngründungen zu, durch die es ebenfalls zu Einpersonengesellschaften kam[164]. Es wollte aber keine weiteren Zugeständnisse in Richtung von Einpersonengesellschaften machen[165]. Der Sittenwidrigkeitsrechtsprechung durch das KG wurde in

---

[158] Zu diesem Ergebnis kommen auch *Bärwaldt/Schabacker,* GmbHR 1998, 1005, 1007; *Butz,* GmbHR 1972, 270, 274 f.; *K. Schmidt,* NJW 2004, 1345, 1347.

[159] Vgl. § 2II.1.

[160] Mot. II, 727; BGH, Urteil v. 9. Juli 1953 – IV ZR 242/52, BGHZ 10, 228, 232; BGH, Urteil v. 29.9.04 – III ZR 164/75, BGHZ 69, 295, 297; BAG, Urteil v. 1.4.1976 – 4 AZR 96/75, NJW 1976, 1958; Palandt/*Heinrichs,* § 138 Rn. 2.

[161] Erman/*Palm,* § 138 Rn. 3.

[162] Erman/*Palm,* § 138 Rn. 49.

[163] KG, Beschluss v. 18.12.1924 – 1 X 516/24, JW 1925, 635,636.

[164] KG, Beschluss v. 3.7.1924 – 1 X 267/24, JW 1924, 1535; KG, Beschluss v. 18.12.1924 – 1 X 516/24, JW 1925, 635, 636.

[165] KG, Beschluss v. 18.12.1924 – 1 X 516/24, JW 1925, 635 ff.

der Literatur zurecht widersprochen[166], weil alleine durch die Herbeiführung einer Einpersonengesellschaft keine Sittenwidrigkeit herbeigeführt werden kann. Seit der GmbH-Novelle von 1980[167] ist dieses Argument ohnehin hinfällig geworden, weil seitdem Einpersonengründungen in den §§ 1, 7 Abs. 2 S. 3, 8 Abs. 2 2, 19 IV, 35 IV GmbHG ausdrücklich vorgesehen sind. Die Sittenwidrigkeit der Mantelverwendung kann sich daher aus der Entstehung einer Einpersonen-GmbH durch Mantelkauf nicht mehr ergeben. Auf andere Gesichtspunkte stützte das KG seine Rechtsprechung bezüglich der Sittenwidrigkeit nicht.

Ein Sittenverstoß bei der Mantelverwendung ließe sich allenfalls noch damit begründen, dass Gesellschaftsmäntel, wie das KG formuliert, „eine höchst unerfreuliche Erscheinung unseres Wirtschaftslebens"[168] seien. Diese oft gehegte Skepsis gegenüber Mantelkäufen hängt damit zusammen, dass Mantelgesellschaften oft vermögenslos sind und die Kontrolle der Kapitalaufbringung durch die Registergerichte nicht gesichert ist[169]. Jedoch muss aus diesen Bedenken nicht gleich gefolgert werden, dass die Mantelverwendung sittenwidrig und damit nichtig ist. Andere GmbHs können nämlich ebenso vermögenslos sein wie Mantelgesellschaften. Trotzdem werden sie nicht ständig vom Registergericht bezüglich ihrer Kapitalausstattung überprüft. Auch daraus wird nicht gleich ihre Nichtigkeit aus § 138 Abs. 1 BGB hergeleitet.

Einen weiteren Verstoß gegen die guten Sitten sah das KG bei Aktiengesellschaften noch darin, dass Käufe von AG-Mänteln den mit den gesetzlichen Gründungsvorschriften verfolgten Zweck vereitelten.[170] Diese Überlegung wäre nach der Verschärfung der Gründungsvorschriften für die GmbH durch die GmbH-Novelle von 1980 ebenso für die GmbH anzustellen.[171] Wenn es um die Verletzung gesetzlicher Verbote geht, ist jedoch für die Nichtigkeit des Rechtsgeschäfts nicht § 138 Abs. 1 BGB, sondern § 134 BGB einschlägig.[172] Außerdem muss ein Mantelkauf nicht zwingend mit der Umgehung von Gründungsvorschriften einhergehen, sondern kann auch unter deren Einhaltung vonstatten gehen.[173] Allein wegen einer etwaigen Umgehung der Gründungsvorschriften ist ein Mantelkauf deshalb nicht sittenwidrig.[174] Darüber hinaus sind Geschäftsanteile gemäß § 15 Abs. 1 GmbHG veräußerbar. Es ist nicht einsehbar, warum ein auf diese Veräußerung gerichtetes Rechtsgeschäft sittenwidrig sein soll. Es ist dem

---

[166] *Breit,* JW 1924, 635; *Bulang,* Mantelgründung, S. 14 f.; *Byk,* JW 1924, 1535; *Hachenburg,* JW 1924, 1536.

[167] BGBl. I S. 836.

[168] KG, Beschluss v. 18.12.1924 – 1 X 516/24, JW 1925, 635, 637.

[169] Etwa B/H/*Hueck/Fastrich,* § 3 Rn. 13; *Kübler,* GesR, § 22 II 4.; *Steding,* WiR 1993, 1993, 200, 201.

[170] KG, Beschluss v. 18.12.1924 – 1 X 516/24, JW 1925, 635, 637; dem folgend *Crisolli,* JW 1934, 936, 939.

[171] Vgl. die Begründung zum Regierungsentwurf, BT-Drucks. 8/1347 v. 15.12.1977, S. 27.

[172] Vgl. *Priester,* DB 1983, 2291, 2294.

[173] *Keller,* DZWir, 1998, 230, 231.

[174] Vgl. OLG Dresden, Beschluss v. 6.1.1931, JFG 8, 157, 162.

Gesellschafter einer GmbH durch das Gesetz zugebilligt, dass er seine Anteile übertragen kann. Ein Grund dafür, dass eine Veräußerung eines GmbH-Mantels nicht möglich sein soll, liegt nicht vor.

Damit ist eine Mantelverwendung nicht gemäß § 138 Abs. 1 BGB nichtig.

d) Nichtigkeit nach § 134 BGB

Die Nichtigkeit der Mantelverwendung wurde weiterhin auf § 134 BGB gestützt. Auch diese Auffassung bedarf der Überprüfung.

Gemäß § 134 BGB ist ein Rechtsgeschäft nichtig, wenn es gegen ein gesetzliches Verbot verstößt, wenn sich nicht aus dem Gesetz etwas anderes ergibt. Voraussetzungen für eine Nichtigkeit nach § 134 BGB sind demnach das Vorliegen eines Verbotsgesetzes und ein Verstoß dagegen, der zur Nichtigkeit des Rechtsgeschäfts führt.[175]

Vom KG wurde die Nichtigkeit der Mantelverwendung in den späteren Entscheidungen damit begründet, die Verwendung führe zu einer Umgehung der gesetzlichen Gründungsvorschriften[176]. Hierin sei ein Verstoß gegen ein Verbotsgesetz zu erblicken, der zur Nichtigkeit des Rechtsgeschäfts führe. Damit die Mantelverwendung gemäß § 134 GmbHG nichtig ist, müsste es sich bei den gesetzlichen Gründungsvorschriften um Verbotsgesetze handeln. Ob ein Gesetz ein Verbot enthält muss durch Auslegung ermittelt werden.[177] Zu den Gründungsvorschriften gehören die Vorschriften über die Kapitalaufbringung (§ 3, § 5 Abs. 1, 3, § 7 Abs. 2, § 8 Abs. 2, § 19 GmbHG) und die Vorschriften über die Erbringung von Sacheinlagen (§ 5 Abs. 4, § 7 Abs. 3, § 8 Abs. 1 Nr. 4, 5, 9, § 9a, § 9c GmbHG). Sie statuieren die Voraussetzungen für die ordnungsmäßige Gründung einer GmbH. Wenn die Gründungsvorschriften nicht eingehalten werden, die GmbH aber dennoch zur Eintragung gelangt, ist die GmbH trotzdem existent.[178] Sie kann nur in einem sehr engen Rahmen, nämlich bei Vorliegen eines in § 60 GmbHG aufgezählten Auflösungsgrundes oder bei Nichtigkeit gemäß § 75 GmbHG, wieder vernichtet werden.[179] Das Gesetz bemüht sich außerdem etwa in den §§ 9, 19 GmbHG darum, die Aufbringung des Kapitals trotz der bestehenden Mängel sicherzustellen.[180] Als Zweck der Gründungsvorschriften muss daher die Gewährleistung einer ausreichenden

[175] Erman/*Palm*, § 134 Rn. 8.
[176] KG, Beschluss v. 23.6.1932 – 1b X 306/32, JFG 10, 152; KG, Entscheidung v. 23.6.1933 – 1 b X 306[121]/32/1, DNotZ 1933, 661.
[177] Palandt/*Heinrichs*, § 134 Rn.2.
[178] Vgl. *Ulmer*, BB 1983, 1123, 1125.
[179] Vgl. Roth/*Altmeppen*, § 60 Rn. 2 f.
[180] Vgl. *Ulmer*, BB 1983, 1123, 1125.

Kapitalausstattung angesehen werden.[181] Ein Verbot für die Gründung von Gesellschaften, die die in den Gründungsvorschriften statuierten Voraussetzungen nicht erfüllen, ist darin nicht zu erblicken.[182] Das ergibt sich eindeutig aus § 60 Abs. 1 Nr. 6 GmbHG, bei dem gerade von einer Gesellschaft ausgegangen wird, bei deren Gründung die Gründungsvorschriften nicht eingehalten wurden. Selbst wenn man ein Verbotsgesetz annimmt, kann man nicht ohne weiteres einen Verstoß dagegen bejahen. Eine Umgehung ist gerade kein Verstoß gegen das Gesetz.[183] Voraussetzung für die Annahme einer Umgehung ist, dass die Norm unter normalen Umständen Anwendung findet.[184] Ob die Gründungsvorschriften überhaupt auf eine schon bestehende GmbH anzuwenden sind, wird aber mit guten Gründen und auch im Folgenden angezweifelt.[185] Die Voraussetzungen für eine Nichtigkeit nach § 134 BGB liegen folglich nicht vor.

e) Weitere Gründe für die Zulässigkeit der Mantelverwendung

Ein weiterer Grund für die Zulässigkeit der Mantelgesellschaft ist, dass es kein wirtschaftliches Interesse gibt, eine bereits bestehende GmbH auszulöschen.[186] Auch besteht, hervorgerufen durch die zum Teil zu langen Bearbeitungszeiten bei den Registergerichten, ein legitimes Interesse an der Mantelverwendung.[187] Der neue § 8 Abs. 4 KStG regelt die Besteuerung des Mantelkaufs, was zeigt, dass der Gesetzgeber von der Zulässigkeit des Mantelkaufs ausgeht.[188] Weiterhin stellt das Gesetz keine befriedigende Möglichkeit zur Beseitigung unzulässiger Mantelgesellschaften zur Verfügung.[189] Ferner bleibt bei der Diskussion um die Nichtigkeit der Mantelverwendung völlig im Unklaren, welches Rechtsgeschäft nichtig sein soll. Für sich gesehen können sowohl der Kaufvertrag, als auch die Übertragung der Geschäftsanteile, wie die darauf folgenden Satzungsänderungen als zulässig und damit wirksam angesehen werden.[190]

---

[181] Vgl. Hachenburg/*Ulmer*, § 3 Rn. 38; *Ihrig*, BB 1988, 1197, 1200; *Priester*, DB 1983, 2291, 2295; *Ulmer*, BB 1983, 1123, 1125.
[182] Vgl. *Bärwaldt/Schabacker*, GmbHR 1998, 1005; Hachenburg/*Ulmer*, § 3 Rn. 38; *Ihrig*, BB 1988, 1197, 1200; MüKo AktG/*Pentz*, § 23 Rn. 96; *Skibbe*, Festgabe Felix, S. 420.
[183] *Bommert*, GmbHR 1983, 209, 210.
[184] Vgl. *Bärwaldt/Schabacker*, GmbHR 1998, 1005, 1007; *Bommert*, GmbHR 1983, 209, 210.
[185] S.u. *Bärwaldt/Schabacker*, GmbHR 1998, 1005, 1007; *Bommert*, GmbHR 1983, 209, 210.
[186] *Hachenburg*, JW 1924, 1536; *Janberg*, GmbHR 1952, 132, 134.
[187] Vgl. BGH, Beschluss v. 16.3.1992 – II ZB 17/91, BGHZ 117, 323, 332.
[188] Vgl. *Skibbe*, Festgabe Felix, S. 420.
[189] BGH, Beschluss v. 16.3.1992 – II ZB 17/91, BGHZ 117, 323, 332; *Meller-Hannich*, ZIP 2000, 345, 346.
[190] Vgl. *Bärwaldt/Schabacker*, GmbHR 1998, 1005, 1007 f.

f) Möglichkeit der Mantelverwendung nach Beginn der Liquidation

Fraglich ist, ob eine Mantelverwendung auch möglich ist, wenn die Gesellschaft aufgelöst ist und bereits mit der Vermögensverteilung begonnen wurde. Eine Umgründung ist nur noch möglich, wenn die Voraussetzungen für eine Rückverwandlung in eine werbende Gesellschaft, also für eine Fortsetzung der Gesellschaft erfüllt sind. Eine Voraussetzung ist nach heute ganz herrschender Meinung, dass mit der Vermögensverteilung noch nicht begonnen worden ist.[191] Die Verwendung eines GmbH-Mantels ist folglich nur noch möglich, wenn noch nicht mit der Vermögensverteilung angefangen wurde[192].

3. Zusammenfassung

Weder die Vermögenslosigkeit der Gesellschaft noch ihre Inaktivität führen zu ihrer Auflösung als Rechtsträger. Die Mantelverwendung ist nicht deshalb unzulässig, weil sie schon vor der Übertragung der Geschäftsanteile nicht mehr existent ist. Kein Rechtsgeschäft im Rahmen der Mantelverwendung ist als sittenwidrig anzusehen, so dass auch eine Nichtigkeit gemäß § 138 Abs. 1 BGB nicht in Betracht kommt. Die frühere Rechtsprechung des KG ist insoweit abzulehnen. Ebenso wenig verstoßen die Rechtsgeschäfte bei der Mantelverwendung gegen ein gesetzliches Verbot, insbesondere nicht, weil durch sie die Gründungsvorschriften umgangen werden. Die Mantelverwendung ist daher nicht wegen § 134 BGB nichtig. Mit diesem Ergebnis soll aber nicht in Abrede gestellt werden, dass eine Nichtigkeit der Mantelverwendung nach allgemeinen Regeln der §§ 134, 138 Abs. 1 BGB vorliegen kann. Ein Grund dafür, dass die Mantelverwendung allgemein unzulässig sein sollte, ist jedoch nicht ersichtlich. Mit der heute fast einhelligen Meinung ist die Mantelverwendung deshalb als zulässig anzusehen. Die einzige Grenze für die Mantelverwendung bildet das Liquidationsverfahren. Wenn bereits die Vermögensverteilung begonnen hat, ist es für eine Mantelverwendung zu spät.

III. Vorratsgründung

Die rechtlichen Bedenken bei einer bestehenden Vorratsgesellschaft sind dieselben, wie die bei einer Mantelgesellschaft. Bei beiden handelt es sich um Gesellschaftsmäntel. Zusätzlich stellt sich bei der Gründung einer Vorratsgesellschaft die Frage, unter welchen Voraussetzung eine solche wirksam bzw. zulässig ist.

---

[191] Hachenburg/*Ulmer*, § 60 Rn. 85; Scholz/*K. Schmidt*, § 60 Rn. 82; *K. Schmidt*, GesR, S. 315.
[192] Vgl. Hachenburg/*Ulmer*, § 3 Rn. 38; *Priester*, DB 1983, 2291, 2293.

1. Meinungsstand vor der Entscheidung des BGH vom 16.3.1992

Das Problem der Zulässigkeit von Vorratsgründungen wurde ungefähr zeitgleich zu dem Problem der Mantelgesellschaften in der Rechtsprechung aktuell[193]. Wenn in der Rechtsprechung und Literatur aus den Zwanziger- und Dreißigerjahren von Vorratsgesellschaften die Rede war, waren damit immer solche Gesellschaften gemeint, die zur späteren Verwendung gegründet waren, keine Unternehmenstätigkeit ausführten und die trotzdem einen operativen Unternehmensgegenstand hatten, deren Unternehmensgegenstand mithin rein fiktiv war.[194] Die Möglichkeit von offenen Vorratsgründungen spielte in dieser Zeit zumindest in der Rechtsprechung keine Rolle[195]. Das KG entschied über verdeckte Vorratsgründungen, ohne sie als solche zu bezeichnen und kam im Ergebnis zu deren Nichtigkeit. Die Erklärung über den Unternehmensgegenstand sei nicht ernstlich gemeint und daher gemäß § 117 Abs. 1 BGB nichtig[196]. Die Nichtigkeit der Erklärung über den Unternehmensgegenstand ziehe gemäß § 139 BGB als notwendiger Bestandteil des Gesellschaftsvertrages die Nichtigkeit des gesamten Gesellschaftsvertrages nach sich. Das Registergericht habe daher den Antrag auf Eintragung einer derartigen Gesellschaft abzuweisen. Darüber hinaus bejaht das Gericht in seiner ersten Entscheidung aber auch die Sittenwidrigkeit einer Vorratsgründung und daraus folgend ihre Nichtigkeit gemäß § 138 Abs. 1 BGB.[197] Diese Rechtsprechung wurde insoweit bis heute beibehalten, als die Nichtigkeit auf § 117 Abs. 1 BGB gestützt wurde[198] und stieß damit auch in der Literatur weit überwiegend auf Zustimmung[199]. Es wurden auch vereinzelt Stimmen laut, die eine sich aus § 117 Abs. 1 BGB ergebende Nichtigkeit ablehnten[200]. Eine Nichtigkeit nach § 138 Abs. 1 BGB wurde später nicht mehr in Erwägung gezogen[201]. Dafür kam im Schrifttum die Überlegung auf, ob Vorratsgesellschaften mit dem Unternehmensgegenstand „Verwaltung eigenen

---

[193] KG, Beschluss v. 5.4.1923 – 1 X 33/23, JFG 1, 200; KG, Beschluss v. 2.10.1924 – 1 X 347/24, JFG 3, 193.

[194] KG, Beschluss v. 5.4.1923 – 1 X 33/23, JFG 1, 200; KG, Beschluss v. 2.10.1924 – 1 X 347/24, JFG 3, 193.

[195] *Schlegelberger/Quassowski*, § 16 Rn. 14 bezeichnet als Vorratsgesellschaft eine Gesellschaft, für die ein bestimmter Geschäftszweig als Unternehmensgegenstand angegeben wird, deren Gesellschafter sich jedoch darüber einig sind, dass die Gesellschaft im angegebenen Geschäftszweig in Wahrheit nicht tätig werden soll, sondern sie als Hülle für ein anderes Unternehmen veräußert werden soll.

[196] KG, Beschluss v. 5.4.1923 – 1 X 33/23, JFG 1, 200, 202; KG, Beschluss v. 2.10.1924 – 1 X 347/24, JFG 3, 193.

[197] KG, Beschluss v. 5.4.1923 – 1 X 33/23, JFG 1, 200, 203.

[198] OLG Stuttgart, Vorlagebeschluss v. 5.12.1991 – 8 W 73/91, DB 1992, 133, 134;

[199] *Bulang*, Mantelgründung, S. 3; *Crisolli*, JW 1934, 936, 937; *Ebenroth/Müller*, DNotZ 1994, 75, 80 f.; *Kaufmann*, Zulässigkeit, S. 48; L/H/*Lutter/Bayer*, § 3 Rn. 7; *Meyer*, ZIP 1994, 1661, 1664; *Priester*, DB 1983, 2291, 2298; *Raiser*, KapGes, § 26 Rn. 32; *Rowedder/Schmidt-Leithoff* § 3 Rn. 13; *K. Schmidt*, GesR, S. 69 f. Scholz/*Emmerich*, § 3 Rn. 20; *Wallner*, JZ 1986, 721, 729.

[200] So etwa *Löbenstein*, Mantelgründung, S. 14.

[201] KG, Beschluss v. 2.10.1924 – 1 X 347/24, JFG 3, 193.

Vermögens" wirksam gegründet werden können. Zum Teil wurde eine Nichtigkeit jedoch in diesen Fällen bejaht, weil keine aktive Tätigkeit beabsichtigt sei.[202]

Erstmals erklärte das OLG Stuttgart in seinem Vorlagebeschluss vom 5.12.1991[203] eine Vorratsgründung in solchen Fällen für zulässig, in denen schon bekannt ist, welche Geschäfte später einmal betrieben werden sollen und diese Geschäftstätigkeit als Unternehmensgegenstand in der Satzung eingetragen wird. Solche Vorratsgründungen sollten trotz ihres nicht sofort verwirklichten Unternehmensgegenstandes zulässig sein, auch wenn vor Aufnahme des Geschäftsbetriebs noch die Veräußerung der Geschäftsanteile und die Auswechselung der Organe vorgesehen sei. Bis dahin wurden Vorratsgründungen in der Rechtsprechung immer noch als unzulässig angesehen[204]. Über den Fall des OLG Stuttgart entschied dann wenig später auch der BGH[205] in einer grundlegenden Entscheidung über die Zulässigkeit von Vorratsgesellschaften.

2. Die Entscheidung des Bundesgerichtshofes vom 16.3.1992

Dem BGH Beschluss vom 16.3.1992[206] lag folgender Sachverhalt zugrunde:

Das Amtsgericht Stuttgart als Registergericht hatte die Anmeldung der A-AG zur Eintragung ins Handelsregister zurückgewiesen. Das Amtsgericht begründete seine Entscheidung damit, die Wahl des Gesellschaftssitzes in Stuttgart sei rechtsmissbräuchlich und unwirksam. Außerdem handele es sich bei der AG um eine unzulässige Vorratsgründung. Der angegebene Unternehmensgegenstand sei rein fiktiv und die Satzung wegen der fehlenden, aber gemäß § 23 Abs. 3 Nr. 2 AktG erforderlichen Angabe des Unternehmensgegenstandes nichtig. Die Annahme einer Vorratsgesellschaft wurde vom Registergericht damit begründet, dass dieselben Personen in dem Zeitraum von September 1989 bis Juli 1990 eine Vielzahl ähnlicher Aktiengesellschaften gegründet hatten, von denen jede dieselben Gründer, Aufsichtsratsmitglieder und denselben Alleinvorstand gehabt haben. Die Unternehmensgegenstände dieser Aktiengesellschaften seien allesamt wenig konkret und farblos gewesen. Daraus folgerte das Amtsgericht, dass eine ernsthafte, dem angegebenen Unternehmensgegenstand entsprechende Geschäftstätigkeit nicht vorgenommen werde, sondern es vielmehr Absicht der Gründer sei, Gesellschaften ins Leben zu rufen, über deren Verwendung erst im Bedarfsfall entschieden werden solle.

---

[202] Scholz/*Emmerich*, 8. A., § 3 Rn. 19 f. Diese Meinung gibt *Emmerich* in der 9. Auflage des Kommentars auf.
[203] OLG Stuttgart, Vorlagebeschluss v. 5.12.1991 – 8 W 73/91, DB 1992, 133.
[204] OLG Köln, Beschluss v. 11.3.1987 – 2 Wx 72/86, BB 1987, 711.
[205] BGH, Beschluss v. 16.3.1992 – II ZB 17/91, BGHZ 117, 323.
[206] BGH, Beschluss v. 16.3.1992 – II ZB 17/91, BGHZ 117, 323.

Weiterhin gab es in diesem Fall Probleme mit der Beschwerdebefugnis, die im Rahmen dieser Arbeit nicht interessieren und deshalb ausgeklammert bleiben.

Der BGH verwies in seinem Beschluss die Sache an das Registergericht zurück, damit es die notwendigen ergänzenden Feststellungen treffen könne. Er stellt jedoch fest, dass, wenn es sich bei der A-AG um eine offene Vorratsgründung handele, die Eintragung nicht unter dem Gesichtspunkt der Unzulässigkeit von Vorratsgründungen abzulehnen sei. In den Gründen des Beschlusses befasste sich der BGH ausführlich mit Vorratsgründungen und deren Zulässigkeit.

Zunächst erläutert der BGH den Begriff der Vorratsgesellschaft. Eine Vorratsgründung sei eine Gründung einer Kapitalgesellschaft, bei welcher der in der Satzung angegebene Gegenstand des Unternehmens nicht oder zumindest vorerst nicht verwirklicht werden soll. Willensrichtung der Gründer sei es, die Gesellschaft bei Bedarf, oft nach Erwerb der Geschäftsanteile durch andere Gesellschafter und unter Auswechselung der Organmitglieder sowie unter Änderung des Unternehmensgegenstandes und Sitzes in der Satzung, einer unternehmerischen Verwendung zuzuführen.

Danach setzt sich der BGH mit den gegen die Zulässigkeit von Vorratsgesellschaften bestehenden Bedenken auseinander und kommt zu dem Ergebnis, dass eine generelle Unzulässigkeit von Vorratsgesellschaften abzulehnen ist. Zu der Befürchtung, dass eine Verwendung einer Vorratsgesellschaft zu einer Umgehung der Gründungsvorschriften führen könnte, stellt er fest, dass sich daraus kein generelles, präventiv wirkendes Verbot von Vorratsgründungen herleiten lasse. Dies begründet der BGH damit, dass die Gründungsvorschriften in erster Linie dazu dienen, die reale Aufbringung des gesetzlich vorgeschriebenen Mindestkapitals sicherzustellen. Dieser Zweck ließe sich aber auch durch eine analoge Anwendung der Gründungsvorschriften bei der Verwendung der Vorratsgesellschaft erreichen. Die Erkennung der Verwendung einer Vorratsgesellschaft könne sich für das Registergericht nicht schwieriger gestalten als die Erkennung einer verdeckten Vorratsgründung bei der Erstanmeldung. Weiterhin bestehe durch die Dauer des Gründungsverfahrens ein großes praktisches Bedürfnis an Vorratsgesellschaften. Auch die Vermeidung der persönlichen Haftung wird dabei vom BGH als legitimer Wunsch eingestuft. Zur Begründung seiner Ansicht weist der BGH des Weiteren darauf hin, dass nach geltendem Recht keine befriedigende Möglichkeit bestehe, gegen vermögenslose Gesellschaftsmäntel einzuschreiten. Im Vergleich zu Mantelgesellschaften hätten Vorratsgesellschaften dagegen meist ein unberührtes Stammkapital, so dass sie als weniger gefährlich einzustufen seien.

Ferner befasst sich der BGH damit, welche Auswirkungen es hat, dass auch bei Vorratsgründungen bestimmte Gründungsvorschriften einzuhalten sind. Er kommt zu dem Ergebnis, dass auch bei Vorratsgründungen die gemäß § 23 Abs. 3 Nr. 2 AktG vorgeschriebene Angabe über den Unternehmensgegenstand zu machen ist. Entspricht dieser Unternehmensgegenstand nicht der Wahrheit, so etwa, wenn bei einer Vorratsgesellschaft nicht die Verwaltung eigenen Vermögens oder Ähnliches als

Unternehmensgegenstand genannt ist und die Gesellschafter nicht die Absicht haben, den angegebenen Unternehmensgegenstand tatsächlich zu verwirklichen, erfülle diese Angabe nicht die Anforderungen der Gründungsvorschriften. In einem solchen Fall sei dieser Teil der Satzung nichtig, was die Nichtigkeit der gesamten Satzung zur Folge habe. Liege dem Registergericht keine wirksame Satzung vor, könne die Gesellschaft nicht ins Handelsregister eingetragen werden. Ob sich die Nichtigkeit aus § 117 BGB oder aus § 134 BGB i.V.m. § 3 Abs. 1 Nr. 2 GmbHG oder § 3 Abs. 1 Nr. 2 GmbHG ergibt, lässt der BGH offen. Dementsprechend sei die Angabe über den Unternehmensgegenstand aber auch schon dann nichtig, wenn die Gründer nur vorerst nicht die Absicht hatten, in absehbarer Zeit einen dem satzungsmäßigen Unternehmensgegenstand entsprechenden Geschäftsbetrieb zu beginnen. Um diese Ansicht zu stützen führt der BGH Praktikabilitätsgesichtspunkte an. Die Überprüfung, ob der Unternehmensgegenstand denn tatsächlich irgendwann verwirklicht würde, gestalte sich für die Registergerichte als unmöglich. Sachlich sei weiterhin darauf hinzuweisen, dass eine Vorratsgesellschaft eben zunächst für nicht absehbare Dauer ihr eigenes Vermögen verwalte und keinen anderen Geschäftsbetrieb führe. Daraus zieht der Senat die Schlussfolgerung, dass eine Vorratsgesellschaft nur einen Anspruch auf Eintragung ins Handelsregister habe, wenn ihr Vorratscharakter offengelegt werden. Das könne dadurch geschehen, dass in der Satzung als Unternehmensgegenstand die Verwaltung eigenen Vermögens eingetragen werde. Durch eine derartige Handhabung werde zugleich die Erkennbarkeit bei einer späteren Verwendung des Gesellschaftsmantels gewährleistet, so dass das Gericht bei der Mantelverwendung die Aufbringung des erforderlichen Stammkapitals kontrollieren könne.

3. Auswirkungen der BGH-Entscheidung

Die Entscheidung des BGH wurde in Literatur und Rechtsprechung weit überwiegend positiv aufgenommen, die Unterscheidung zwischen unzulässigen verdeckten und zulässigen offenen Vorratsgesellschaften übernommen[207]. Abweichend von ihr wurde vereinzelt die Zulässigkeit von verdeckten Vorratsgründungen bejaht[208]. Auch die Frage, ob ein für später geplanter Geschäftsbetrieb schon bei Gründung der GmbH als Unternehmensgegenstand eingetragen werden dürfe, wurde auch nach der BGH-Entscheidung abweichend beurteilt[209]. Die BGH-Entscheidung behandelt zwar nur die

---

[207] BayObLG, Beschluss v. 7.6.2000 – 3 Z BR 26/00, NZG 2000, 987, 988; *Brandes*, WM 1994, 2177, 2178; G/H/E/K/*Hüffer*, § 275 Rn. 30; GroßKomm/*Röhricht*, § 23 Rn. 120 ff.; *Hüffer*, AktG, § 23 Rn. 27; L/H/*Lutter/Bayer*, § 3 Rn. 7; *Meyer*, ZIP 1994, 1661, 1668; *Roth/Altmeppen*, § 3 Rn. 11.

[208] *Kraft*, DStR 1993, 101 in Aufgabe von KK/*Kraft*, § 23 Rn. 56. Wohl auch Rowedder/*Rasner* 3. A., § 60 Rn. 7 und M/M/N/*Meyer-Landrut*, § 3 Rn. 15, der die Zulässigkeit von Gesellschaften bejaht, wenn eine Geschäftsaufnahme grundsätzlich beabsichtigt ist oder die Geschäftstätigkeit nur in der Verwaltung des gesellschaftseigenen Vermögens besteht.

[209] *Ebenroth/Müller*, DNotZ 1994, 75, 81 ff.

Zulässigkeit von Aktiengesellschaften. Dennoch wurden die Ergebnisse des BGH in Literatur und Rechtsprechung ohne weiteres auch ins GmbH-Recht übertragen[210].

Als die Nichtigkeit der verdeckten Vorratsgründung herbeiführende Norm wurde nach der BGH-Entscheidung des öfteren § 134 BGB i.V.m. § 3 Abs. 1 Nr. 2 GmbHG herangezogen[211]. Teilweise ließ man es dahinstehen, ob die Nichtigkeit der verdeckten Vorratsgründung aus § 134 BGB oder aus § 117 Abs. 1 BGB folge, teilweise wird die Nichtigkeit nach § 117 Abs. 1 BGB auch verneint und allein auf § 134 BGB abgestellt.

4. Stellungnahme

Die Ausführungen des BGH müssen einer genauen Prüfung unterzogen werden. Insbesondere muss untersucht werden, wie die Zulässigkeit der offenen Vorratsgründung und die Unzulässigkeit der verdeckten Vorratsgründung begründet werden können. Diese Frage lässt der BGH, der sich vorwiegend von praktischen Erwägungen leiten lässt, in seiner Entscheidung offen.

Eine Vorratsgründung ist unzulässig, wenn das Registergericht ihre Eintragung nach § 9c GmbHG ablehnen muss. Das Registergericht darf die Eintragung gemäß § 9c Abs. 1 S. 1 GmbHG nur ablehnen, wenn die Gesellschaft nicht ordnungsgemäß errichtet und angemeldet ist. Diese Bestimmung wird in § 9c Abs. 2 GmbHG dahingehend eingeschränkt, dass das Registergericht die Eintragung wegen einer mangelhaften, fehlenden oder nichtigen Bestimmung des Gesellschaftsvertrags nur ablehnen darf, soweit diese Bestimmung Tatsachen oder Rechtsverhältnisse betrifft, die nach § 3 Abs. 1 GmbHG in dem Gesellschaftsvertrag bestimmt sein müssen (§ 9c Abs. 2 Nr. 1 GmbHG) oder soweit sie die Nichtigkeit des Gesellschaftsvertrages zur Folge hat (§ 9c Abs. 2 Nr. 3 GmbHG). Daraus folgt, dass die Bestimmung des Unternehmensgegenstandes nicht nichtig, mangelhaft oder fehlend sein darf. Nach der Klärung der Bedeutung des Gesellschaftszwecks und des Unternehmensgegenstandes muss daher zunächst untersucht werden, ob die Bestimmung des Unternehmensgegenstandes bei Vorratsgesellschaften nichtig ist oder ob sie sonst mangelhaft sind.

Zur Feststellung der Zulässigkeit ist zwischen verschiedenen Fallgruppen zu unterscheiden. Zunächst sind die Fälle zu untersuchen, in denen irgendeine Tätigkeit als Unternehmensgegenstand angegeben ist, die aber nicht der späteren Tätigkeit des Unternehmens entspricht, weil etwa noch nicht klar ist, welches Unternehmen einmal durch die GmbH betrieben werden soll. In diese Fallgruppe sind auch die Sachverhalte

---

[210] Etwa BayObLG, Beschluss v. 24.3.1999 – 3 Z BR 295/98, BB 1999, 971; OLG Brandenburg, Urteil v. 19.8.1998 – 7 U 24/98, ZIP 1998, 2095; *Rowedder/Schmidt-Leithoff,* § 3 Rn. 13; Scholz/*Emmerich,* § 3 Rn. 20.

[211] So etwa *Kantak,* Mantelgründung, S. 55 ff.; KK/*Kraft,* § 23 Rn. 56; Scholz/*Emmerich,* § 3 Rn. 20; *Tieves,* Unternehmensgegenstand, S. 235 ff.

in den Entscheidungen des Kammergerichts einzuordnen[212]. Dieser Unterfall der Vorratsgründung wurde teilweise mit dem Begriff „Mantelgründung mit beliebigem Gegenstand" bezeichnet[213]. In der nächsten Fallgruppe geben die Gründer schon einen konkreten Unternehmensgegenstand an, den sie innerhalb einer absehbaren Zeit auch verwirklichen wollen. Diese Fallgruppe wurde zum Teil „Mantelgründung mit bestimmtem Gegenstand" genannt[214]. Bei beiden Gestaltungsmöglichkeiten handelt es sich um Unterfälle der verdeckten Vorratsgründung, da der Vorratscharakter dieser Gesellschaften in der Satzung nicht offengelegt wird. Beide vorgeschlagenen Begriffe erscheinen verwirrend. Sind nicht alle Unternehmensgegenstände bestimmt und andererseits auch beliebig ausgesucht? Abzustellen ist vielmehr darauf, ob der Gegenstand verwirklicht werden soll oder nicht. Vorzuziehen ist daher die Bezeichnung der Fallgruppen mit den Begriffen „Verdeckte Vorratsgründung ohne angestrebte Gegenstandsverwirklichung" und „Verdeckte Vorratsgründung mit angestrebter Gegenstandsverwirklichung". Die offenen Vorratsgründungen bilden die dritte Fallgruppe der Vorratsgründungen.

a) Bedeutung des Gesellschaftszweckes und Unternehmensgegenstandes

Konstituierend für jeden Verband ist der Gesellschaftszweck. Erforderlich ist daher ein gemeinsamer Zweck im Sinne eines gemeinsamen Ziels.[215] Fraglich ist, ob dieser gemeinsame Zweck bei einer Vorratsgesellschaft besteht. Teilweise wird an Vorratsgründungen bemängelt, sie hätten keinen greifbaren Gesellschaftszweck[216]. Diese Feststellung ist nicht richtig. Auch die Vorratshaltung, verbunden mit der Verwaltung des gesellschaftseigenen Vermögens, sei diese Tätigkeit auch noch so geringfügig, stellt einen Gesellschaftszweck dar[217]. Eine Vorratsgesellschaft hat den Zweck, für den Betrieb eines Unternehmens auf Abruf zur Verfügung zu stehen. Dazu muss sie ihr Vermögen verwalten. Auch darin liegt ein wirtschaftlicher Zweck der Gesellschaft, der sich kaum von dem Zweck einer operativ tätigen Gesellschaft unterscheidet. Einziger wesentlicher Unterschied ist, dass eine operativ tätige Gesellschaft im Gegensatz zur Vorratsgesellschaft auch nach Außen hin tätig wird. Es ist jedoch nicht einzusehen, warum es Voraussetzung für das Vorliegen eines Gesellschaftszweckes sein soll, eine nach Außen gerichtete Tätigkeit zu entfalten, insbesondere weil nach § 1 GmbHG Gesellschaften zu jedem gesetzlich zulässigen

---

[212] KG, Beschluss v. 5.4.1923 – 1 X 33/23, JFG 1, 200; KG, Beschluss v. 2.10.1924 – 1 X 347/24, JFG 3, 193.

[213] *Kantak,* Mantelgründung, S. 48; *Tieves,* Unternehmensgegenstand, S. 179.

[214] *Kantak,* Mantelgründung, S. 63; *Tieves,* Unternehmensgegenstand, S. 179.

[215] L/H/*Lutter/Bayer,* § 1 Rn. 3.

[216] So *Herchen,* DB 2003, 2211, 2213; *K. Schmidt,* GesR, S. 67. A.A. nunmehr auch k335 A.A. *Priester,* ZHR 168 (2004), 248, 253 f.; nunmehr auch *K. Schmidt,* NJW 2004, 1345, 1347.

[217] Vgl. *Priester,* ZHR 168 (2004), 248, 253.

Zweck errichtet werden können[218]. Daraus ergibt sich auch, dass es gleichgültig ist, ob der Zweck der Gesellschaft auf den Betrieb eines Unternehmens gerichtet ist oder nicht.[219] Dass die Verwaltung eigenen Vermögens ein zulässiger Gesellschaftszweck ist, ergibt sich seit dem Inkrafttreten des Handelsrechtsreformgesetzes 1998 auch aus dem Gesetz[220]. § 105 Abs. 2 HGB legt fest, dass auch solche Gesellschaften, die nur ihr eigenes Vermögen verwalten, offene Handelsgesellschaften sind, wenn die Firma des Unternehmens in das Handelsregister eingetragen ist. Gesellschaften mit dem Zweck der Verwaltung des eigenen Vermögens sind also ausdrücklich im Gesetz vorgesehen. Weiterhin verstößt die Vorratshaltung als Gesellschaftszweck nicht gegen die guten Sitten nach § 138 Abs. 1 BGB. Auch die Behauptung, der Bestand von Vorrats- und Mantelgesellschaften stelle eine Belastung des Rechtslebens dar[221], ist nicht nachvollziehbar. Die Inaktivität einer Gesellschaft führt nicht zu deren Nichtigkeit.[222] Die Aktivität einer Gesellschaft ist also nicht Voraussetzung für deren Existenzberechtigung. Vielmehr führen Vorratsgesellschaften zur Erleichterung des Rechtslebens bei Unternehmensgründungen, weil mit ihnen den Unternehmensgründern sofort ein haftungsbeschränkter Rechtsträger zur Verfügung steht. Es besteht daher ein berechtigtes Interesse an der Haltung von Vorratsgesellschaften. Mit ihrer Existenz geht folglich keine Belastung des Rechtslebens einher. Die Vorratshaltung ist ein legitimer Gesellschaftszweck[223].

Vom Gesellschaftszweck zu trennen ist nach richtiger und herrschender Meinung dem Gesetzeswortlaut zufolge[224] der Unternehmensgegenstand[225]. Beim Unternehmensgegenstand und nicht, wie von *K. Schmidt*[226] behauptet, beim Verbandszweck ist auch das Problem von Vorratsgesellschaften zu lokalisieren.[227] Der Unternehmensgegenstand hängt mit dem Gesellschaftszweck zwar eng zusammen, er ist die wichtigste Erkenntnisquelle für den Gesellschaftszweck.[228] Der Begriff des Unternehmensgegenstandes ist jedoch enger zu fassen. Durch ihn wird der Tätigkeitsrahmen der Gesellschaft abgesteckt.[229] Die Bedeutung des Unternehmensgegenstandes liegt darin, dass er im Innenverhältnis den Handlungsspielraum des

---

[218] Vgl. *Priester*, ZHR 168 (2004), 248, 253.

[219] *Ebenroth/Müller*, DNotZ 1994, 75, 78; *Kallmeyer*, DB 2003, 2583, 2584; *Kraft*, DStR 1993, 101, 103; *Kübler*, GesR, § 6 I 1. c); *K. Schmidt*, GesR, S. 985.

[220] Vgl. *Priester*, ZHR 168 (2004), 248, 254; *K. Schmidt*, NJW 2004, 1345, 1347.

[221] So *K. Schmidt*, GesR, S. 69.

[222] Vgl. § 2II.2.b).

[223] Zu diesem Ergebnis kommen auch *Ebenroth/Müller*, DNotZ 1994, 75, 78; *Kraft*, DStR 1993, 101, 102 f.; *Priester*, ZHR 168 (2004), 248, 253 f.; *K. Schmidt*, NJW 2004, 1345, 1347; *Tieves*, Unternehmensgegenstand, S. 187.

[224] Das Gesetz benutzt in § 1 und § 3 GmbHG unterschiedliche Begriffe.

[225] Beck-Hdb/*Schwaiger*, § 2 Rn. 60; Hachenburg/*Ulmer*, § 1 Rn. 4; *Kübler*, GesR, § 5; *Roth/Altmeppen*, § 1 Rn. 4; Scholz/*Emmerich*, § 3 Rn. 12; *Sina*, GmbHR 2001, 661.

[226] *K. Schmidt*, GesR, S. 67, 70.

[227] Vgl. *Meyer*, ZIP 1994, 1661, 1662 f.; *Tieves*, Unternehmensgegenstand, S. 173.

[228] MüKo AktG/*Pentz*, § 23 Rn. 70.

[229] Beck-Hdb/*Schwaiger*, § 2 Rn. 60; *Goette*, GmbH, § 1 Rn. 19; L/H/*Lutter/Bayer*, § 1 Rn. 2; *Meyer*, ZIP 1994, 1661, 1663.

Geschäftsführers begrenzt.[230] Außerdem kann der Unternehmensgegenstand als Maßstab für die Treuepflichten zwischen den Gesellschaftern fungieren. Durch den Unternehmensgegenstand wird weiterhin die mit der Gesellschaft in Beziehung tretende Öffentlichkeit über deren Tätigkeit informiert.[231] Der Unternehmensgegenstand ist gemäß § 3 Abs. 1 Nr. 2 GmbHG zwingender Bestandteil des Gesellschaftsvertrages. Aus ihm heraus soll deutlich werden, worin der Schwerpunkt der Geschäftstätigkeit der Gesellschaft liegt.[232] Ist die Bestimmung des Unternehmensgegenstandes nichtig, kann die Eintragung der GmbH gemäß § 9c Abs. 1 S. 1 GmbHG abgelehnt werden.

Bei Vorratsgesellschaften stellt sich also insbesondere die Frage, wie die Angabe des Unternehmensgegenstandes beschaffen sein muss, damit die Eintragung nicht durch das Registergericht abgelehnt werden kann.

b) Nichtigkeit gemäß § 3 Abs. 1 Nr. 2 GmbHG

Die Nichtigkeit von verdeckten Vorratsgesellschaften wird zum Teil schon aus § 3 Abs. 1 Nr. 2 GmbHG abgeleitet.[233] Fehle es an einer Angabe des § 3 Abs. 1 GmbHG oder ist diese Angabe unwirksam, sei der gesamte Gesellschaftsvertrag ungültig, was wiederum zu einem Eintragungshindernis nach § 9c Abs. 1 S. 1 GmbHG führt.[234] Ein Fehlen der in § 3 Abs. 1 Nr. 2 und 3 GmbHG genannten Angaben kann wiederum nach Eintragung eine Nichtigkeitsklage gemäß § 75 GmbHG begründen.

§ 3 Abs. 1 Nr. 2 GmbHG aber besagt nur, dass der Gesellschaftsvertrag den Gegenstand des Unternehmens enthalten muss. Die Nichtigkeit der Satzungsbestimmung, wenn der Unternehmensgegenstand rein fiktiv ist, lässt sich aus dem Wortlaut dieser Vorschrift nicht entnehmen. Es ist also bereits zweifelhaft, dass § 3 Abs. 1 Nr. 2 GmbHG die Angabe eines unzutreffenden Unternehmensgegenstandes verbietet.

Aus der rechtlichen Bedeutung des Unternehmensgegenstandes (s.o.) muss gefolgert werden, dass es Idealzustand ist, wenn der in der Satzung genannte Unternehmensgegenstand auch der tatsächlichen Tätigkeit der Gesellschaft entspricht. Nur so kann auch die Informationsfunktion des Unternehmensgegenstandes für Außenstehende gewährleistet sein, nur so kann das Registergericht überprüfen, ob erforderliche Konzessionen vorliegen. Es entspricht also den Funktionen der Angabe

---

[230] Beck-Hdb/*Schwaiger*, § 2 Rn. 60; *Goette*, GmbH, § 1 Rn. 19; Michalski/*Michalski*, § 3 Rn. 7.
[231] Beck-Hdb/*Schwaiger*, § 2 Rn. 60; *Goette*, GmbH, § 1 Rn. 19.
[232] *Goette*, GmbH, § 1 Rn. 19.
[233] *Meyer*, ZIP 1994, 1661, 1666; *Roth*/Altmeppen, § 3 Rn. 9. Diese Möglichkeit zieht auch der BGH, Beschluss v. 16.3.1992 – II ZB 17/91, BGHZ 117, 323, 334 in Erwägung für die Aktiengesellschaft.
[234] *Roth*/Altmeppen, § 3 Rn. 2.

des Unternehmensgegenstandes, dass die Beschreibung des Unternehmensgegenstandes im Gesellschaftsvertrag auch der tatsächlichen Tätigkeit der GmbH entspricht. Bei beiden Arten der verdeckten Vorratsgründung entspricht der Unternehmensgegenstand nicht der tatsächlich ausgeführten Tätigkeit. Angegebener Unternehmensgegenstand könnte etwa sein „An- und Verkauf von gebrauchten Fahrrädern", während in Wirklichkeit überhaupt keine oder vorerst keine Geschäftstätigkeit aufgenommen werden soll. Hierin liegt zumindest eine unzutreffende Beschreibung des Unternehmensgegenstandes. Dennoch lässt sich aus § 3 Abs. 1 Nr. 2 GmbHG schlecht ein Verbot herleiten. Der Wortlaut gibt ein entsprechendes Verbot gerade nicht wieder.

Selbst wenn man davon ausgeht, dass § 3 Abs. 1 Nr. 2 GmbHG verbietet, dass im Gesellschaftsvertrag ein unzutreffender Unternehmensgegenstand angegeben ist, müsste aus dem Verstoß gegen dieses Verbot noch die Nichtigkeit der Gesellschaft folgen. Die Nichtigkeit eines Rechtsgeschäftes wird im deutschen Recht bisher nur bejaht, wenn sie von einer Norm angeordnet ist. Für Normen, die nicht selbst eine Nichtigkeitsfolge anordnen, gibt es § 134 BGB, der bewusst die Nichtigkeit eines Rechtsgeschäfts, das gegen ein gesetzliches Verbot verstößt, noch unter die weitere Voraussetzung stellt, dass sich aus dem Gesetz nichts anderes ergeben darf. Wenn man die Nichtigkeit eines Rechtsgeschäfts allein aus einer Verbotsnorm herleiten könnte, verlöre der § 134 BGB seinen Anwendungsbereich. Die Nichtigkeit eines Rechtsgeschäfts wegen Verstoß gegen ein Verbotsgesetz, das nicht selbst die Nichtigkeit anordnet, kann deshalb nur aus § 134 BGB folgen.

Die Angabe eines unzutreffenden Unternehmensgegenstandes, wie auch bei der verdeckten Vorratsgründung, führt folglich nicht allein aus § 3 Abs. 1 Nr. 2 GmbHG zur Nichtigkeit der Satzungsbestimmung. Sie kann deshalb auch nicht zur Nichtigkeitsdrohung für die Gesellschaft nach § 75 GmbHG führen, wenn sich die Nichtigkeit der Bestimmung nicht schon aus anderen Vorschriften ergibt.

c) Nichtigkeit nach § 117 Abs. 1 BGB (Scheingeschäft)

Die Gründer einer GmbH müssen sich gemäß § 3 Abs. 1 Nr. 2 GmbHG bei der Anmeldung der GmbH zur Eintragung ins Handelsregister zu dem Unternehmensgegenstand erklären. Diese Erklärung darf, damit die GmbH wirksam zur Entstehung kommen kann, nicht wie oft angenommen[235] gemäß § 117 Abs. 1 GmbHG nichtig sein.

Voraussetzungen für die Nichtigkeit nach § 117 Abs. 1 BGB ist zunächst, dass es sich bei der Erklärung um eine empfangsbedürftige Willenserklärung handelt. Weiterhin müssen sich der Erklärende und der Erklärungsempfänger darüber einig sein, dass das

---

[235] *Ebenroth/Müller,* DNotZ 1994, 75, 78; L/H/*Lutter/Bayer,* § 3 Rn. 7; *Meller-Hannich,* ZIP 2000, 345, 346; *Meyer,* ZIP 1994, 1661, 1664; *K. Schmidt,* GesR, S. 69; Scholz/*Emmerich,* § 3 Rn. 20.

Geschäft nicht gelten soll und deshalb die damit verbundenen Rechtsfolgen nicht eintreten sollen.[236]

aa) Mehrpersonengesellschaft

Bei Mehrpersonengesellschaften sieht die Subsumtion unter § 117 Abs. 1 BGB nach der Argumentation der herrschenden Meinung auf den ersten Blick einfach aus. Die auf Abschluss des Gesellschaftsvertrages gerichteten Willenserklärungen der Gründer sind gegenüber den anderen Gesellschaftern abzugeben, und daher empfangsbedürftig. Weiterhin sind sich die Gründer darüber einig, dass die GmbH eine dem Unternehmensgegenstand entsprechende Tätigkeit nicht aufnehmen soll. Mit dieser Begründung wurde die Nichtigkeit der Bestimmung über den Unternehmensgegenstand im Gesellschaftsvertrag einer verdeckten Vorratsgründung gemäß § 117 Abs. 1 BGB häufig bejaht[237].

Tieves wendet gegen diese Begründung ein, die Feststellung des Gesellschaftsvertrages sei schon kein gegenseitiger Vertrag im eigentlichen Sinne. Es handele sich vielmehr um einen eine objektive Norm erzeugenden Organisationsvertrag, so dass die darauf gerichteten Erklärungen sich lediglich an die Urkundsperson richteten[238]. Diese Aussage ist zunächst dahingehend zu berichtigen, dass für die Anwendbarkeit von § 117 Abs. 1 BGB nicht das Vorliegen eines gegenseitigen Vertrages, sondern allein die Empfangsbedürftigkeit der Erklärung entscheidend ist. Für die Beantwortung der Frage, ob man § 117 Abs. 1 BGB bei Gesellschaftsverträgen anwenden kann, kommt es darauf an, welche Rechtsnatur man dem Gesellschaftsvertrag beimisst. Diesbezüglich werden drei Lösungsansätze vertreten. Nach der heute im Schrifttum herrschenden Vertragstheorie handelt es sich beim Gesellschaftsvertrag um einen Vertrag eigener Art, auf den folglich auch die Regelungen des BGB über das Rechtsgeschäft anzuwenden sind[239]. Nach der Normentheorie, der auch *Tieves* folgt, wird mit der Feststellung der Satzung kraft staatlicher Delegation objektives Recht geschaffen[240]. Das hat die Folge, dass die Regeln des Rechtsgeschäfts auf den Gesellschaftsvertrag nicht anzuwenden sind. Vermittelnd geht die modifizierte Normentheorie davon aus, dass der fertige Gesellschaftsvertrag mit der Eintragung der Gesellschaft ins Handelsregister wie ein

---

[236] Palandt/*Heinrichs*, § 117 Rn. 3.
[237] *Crisolli*, JW 1934, 936, 937; *Ebenroth/Müller*, DNotZ 1994, 75, 79; Scholz/*Emmerich*, § 3 Rn. 20; L/H/*Lutter/Bayer*, § 3 Rn. 7; *Meyer*, ZIP 1994, 1661, 1663 f.; *Raiser*, KapGes, § 26 Rn. 32; *K. Schmidt*, GesR, S. 69.
[238] *Tieves*, Unternehmensgegenstand, S. 235.
[239] *Flume*, Juristische Person, S. 315 ff.; Hachenburg/*Ulmer*, § 2 Rn. 4 f.; *Noack*, Gesellschaftervereinbarungen, S. 105 ff.; *Lutter*, ACP 180 (1980), 95; *Roth*/Altmeppen, § 2 Rn. 9; *K. Schmidt*, GesR, S. 77 f.; Scholz/*Emmerich*, § 2 Rn. 5.
[240] *V. Gierke*, Deutsches Privatrecht I, S. 142ff.; MüKo BGB/*Reuter*, § 25 Rn. 9.

Gesetz zu behandeln ist, er aber dennoch rechtsgeschäftlichen Regeln untersteht[241]. Ein Gesellschaftsvertrag hat einige Besonderheiten gegenüber gewöhnlichen gegenseitigen Verträgen: So etwa sind die § 320 ff. BGB nicht auf den Gesellschaftsvertrag anwendbar, der Gesellschaftsvertrag gilt auch für neu eintretende Gesellschafter[242] und der Gesellschaftsvertrag ist nach h. M. nur aus sich heraus auszulegen[243]. Hieraus ergibt sich, dass der Gesellschaftsvertrag eben kein gewöhnlicher gegenseitiger Vertrag ist[244]. Der Gesellschaftsvertrag hat wie ein Gesetz nicht nur Wirkung zwischen den Gesellschaftern, sondern ebenfalls nach Außen. Dennoch muss aus den Besonderheiten des Gesellschaftsvertrages nicht geschlossen werden, dass der Gesellschaftsvertrag ein objektives Gesetz ist.[245] Vielmehr sprechen der Wortlaut („Gesellschaftsvertrag") und die Regelungen in §§ 2, 3 GmbHG für eine Anwendung rechtsgeschäftlicher Regeln auf den Gesellschaftsvertrag. Auch für eine Delegation von Rechtssetzungsbefugnissen gibt es im Gesetz keine Anhaltspunkte[246]. Dem Gesellschaftsvertrag jeden Vertragscharakter absprechen zu wollen, entbehrt daher einer Grundlage. Die Regeln über das Rechtsgeschäft und damit § 117 Abs. 1 BGB müssen folglich beim Gesellschaftsvertrag angewendet werden.

Teilweise wird die auf § 117 Abs. 1 BGB beruhende Nichtigkeit auch verneint mit der Begründung, der mit dem Abschluss des Gesellschaftsvertrages und damit auch der mit der Erklärung über den Unternehmensgegenstand verfolgte Zweck sei, eine Gesellschaft mit dem in der Satzung genannten Unternehmensgegenstand zu gründen[247]. Genau diesen Zweck würden die Gründer einer verdeckten Vorratsgesellschaft anstreben. Weiterhin sei die rechtliche Verpflichtung zur tatsächlichen Aufnahme des in der Satzung genannten Unternehmensgegenstandes vom Gesetz nicht als Voraussetzung der Gründung gefordert[248], weshalb man der Angabe des Unternehmensgegenstandes im Gesellschaftsvertrag keine dementsprechende, nur zum Schein abgegebene Willenserklärung entnehmen könne[249]. Diese Ansicht überzeugt. Kennzeichnend für ein Scheingeschäft i.S.d. § 117 Abs. 1 BGB ist ein den Parteien fehlender Rechtsbindungswille.[250] Voraussetzung des § 117 Abs. 1 BGB ist, dass sowohl Erklärender als auch Erklärungsempfänger die Rechtsfolge der Erklärung in Wirklichkeit nicht eintreten

---

[241] RG, Urteil v. 29.10.1949 – VII 33/40, RGZ 165, 140, 143 f.; BGH, Urteil v. 4.10. 1956 – II ZR 121/55, BGHZ 21, 370, 373 ff.; BGH, Urteil v. 6.3.1967 – II ZR 231/64, BGHZ 47, 172, 179 f.; L/H/*Lutter/Bayer*, § 2 Rn. 12; Staudinger 13. A./*Weick*, § 25 Rn. 15 ff.

[242] Vgl. Scholz/*Emmerich*, § 2 Rn. 3.

[243] Vgl. MüKo BGB/*Reuter*, § 25 Rn. 14.

[244] Vgl. MüKo BGB/*Reuter*, § 25 Rn. 12.

[245] Vgl. MüKo BGB/*Reuter*, § 25 Rn. 11; Scholz/*Emmerich*, § 2 Rn. 5.

[246] Vgl. Scholz/*Emmerich*, § 2 Rn. 5.

[247] Großkomm 3. A./*Barz*, § 23 Anm. 13; *Kantak*, Mantelgründung, S. 46; *Kraft*, DStR 1993, 101, 103.

[248] Großkomm 3. A./*Barz*, § 23 Anm. 13; Hachenburg/*Schilling*, GmbHG, 6. A., § 3 Anm. 12a; Scholz/*Winter*, 6.A., § 3 Rn. 11; *Kantak*, Mantelgründung S. 42 ff.; *Löbenstein*, Mantelgründung, S. 14.

[249] *Kraft*, DStR 1993, 101, 103; *Löbenstein*, Mantelgründung, S. 14.

[250] BGH, Urteil v. 25.10.1961 – V ZR 103/ 60, BGHZ 36, 84, 87 f.; Staudinger 12. A./*Dilcher*, § 117 Rn. 5.

lassen wollen.[251] Die Gründer einer verdeckten Vorratsgesellschaft wollen jedoch genau, was sie auch erklären. Sie wollen eine Gesellschaft mit dem im Gesellschaftsvertrag genannten Unternehmensgegenstand gründen. Sie wollen dabei nur nicht oder jedenfalls nicht sofort die im Unternehmensgegenstand genannte Tätigkeit aufnehmen. Sie wollen auch die Rechtsfolgen der Angabe des Unternehmensgegenstandes in Kauf nehmen, etwa die Beschränkung der Vertretungsmacht der Geschäftsführer im Innenverhältnis und das Wettbewerbsverbot. Es liegt nicht im Sinn und Zweck der Angabe des Unternehmensgegenstandes eine Auskunft darüber zu geben, inwieweit eine Unternehmenstätigkeit ausgeführt wird.[252] Von jedem operativen Unternehmensgegenstand umfasst ist auch die Tätigkeit, die Vorratsgesellschaften ausführen, nämlich die Verwaltung eigenen Vermögens, so dass die Gesellschaft, auch wenn sie nur ihr eigenes Vermögen verwaltet, eine Tätigkeit ausführt, die im Tätigkeitsbereich jeder unternehmerisch tätigen Gesellschaft liegt. Es wird also auch keine völlig andere Tätigkeit angestrebt. Eine Pflicht zur Aufnahme der als Unternehmensgegenstand genannten Tätigkeit besteht nicht. Allein die Entstehung einer Gesellschaft mit dem im Gesellschaftsvertrag genannten Gegenstand mit der damit verbundenen Einschränkung der Vertretungsmacht für die Geschäftsführer im Innenverhältnis und der Auswirkungen für die Bestimmungen des Wettbewerbsverbots ist die einzige Rechtsfolge, die mit der Abgabe der Erklärung über den Unternehmensgegenstand verbunden ist. Die Erklärung der Gesellschafter über den Unternehmensgegenstand bei einer verdeckten Vorratsgründung ist daher ernstlich gemeint[253]. Auch die Aufnahme der im Gesellschaftsvertrag genannten Tätigkeit ist keine von den Gründern übereinstimmend nicht gewollte Rechtsfolge des Vertragsschlusses, da die Gesellschafter nicht dazu verpflichtet sind, die im Gesellschaftsvertrag als Unternehmensgegenstand genannte Tätigkeit tatsächlich aufzunehmen[254]. Das ergibt sich aus den Funktionen des § 3 Abs. 1 Nr. 2 GmbHG. § 117 Abs. 1 BGB führt die Nichtigkeit von solchen Rechtsgeschäften herbei, deren Rechtsfolgen nicht gewollt sind. § 117 Abs. 1 BGB wirkt sich dagegen nicht auf die Wirksamkeit einer unrichtigen Erklärung aus.[255] Dass durch die Erklärung eine Gesellschaft mit einem Unternehmensgegenstand entsteht, der nicht verwirklicht werden soll, ist kein Problem des § 117 Abs. 1 BGB.

Dieses Ergebnis wird auch gestützt durch einen Blick auf die allgemeine Meinung zu Umgehungsgeschäften. Auch Umgehungsgeschäfte unterfallen nach allgemeiner Meinung nicht der Nichtigkeitsfolge des § 117 Abs. 1 BGB.[256] Wie bei verdeckten

---

[251] BGH, Urteil v. 25.10.1961 – V ZR 103/ 60, BGHZ 36, 84, 87 f.; *Preuß*, Jura 2002, 815, 819.

[252] Vgl. *Kantak*, Mantelgründung, S. 43.

[253] Vgl. M/M/N/*Meyer-Landrut*, § 3 Rn. 15, der mit dieser Argumentation zum Ergebnis kommst, dass jedenfalls verdeckte Vorratsgründungen mit angestrebter Gegenstandsverwirklichung und offenen Vorratsgründungen zulässig sein sollten. So argumentiert auch gegen die Nichtigkeit von Strohmanngründungen nach § 117 BGB *o. Kuhn*, Strohmanngründung, S. 236.

[254] *Kraft*, DStR 1993, 101, 103.

[255] *Kraft*, DStR 1993, 101, 103; Staudinger 12. A./*Dilcher*, § 117 Rn. 9.

[256] Erman/*Palm*, § 117 Rn. 14; MüKo BGB/*Kramer*, § 117 Rn. 15; *Preuß*, Jura 2002, 815, 819; Soergel/*Hefermehl*, § 117 Rn. 1; Staudinger 12. A./*Dilcher*, § 117 Rn. 32 f.

Vorratsgründungen ist bei Umgehungsgeschäften der angestrebte Erfolg tatsächlich gewollt. Die Parteien nutzen nur eine rechtsgeschäftliche Gestaltungsmöglichkeit, um einen erstrebten wirtschaftlichen Erfolg zu erzielen. Ganz ähnlich ist es bei verdeckten Vorratsgründungen. Die Gründer nutzen die Möglichkeit der Gründung einer Gesellschaft mit einem Unternehmensgegenstand, den sie nicht zu verwirklichen planen, um nicht offen legen zu müssen, dass ihre Gesellschaft nur auf Vorrat gehalten wird. Beim Umgehungsgeschäft ist man sich darüber einig, dass kein Fall des § 117 Abs. 1 BGB vorliegt, sondern vielmehr im Einzelfall zu überprüfen ist, ob die Parteien in zulässiger Weise von ihrer rechtsgeschäftlichen Gestaltungsfreiheit Gebrauch gemacht haben oder ob ungeachtet der von ihnen gewählten rechtlichen Konstruktion die Rechtsfolgen eintreten sollen, die sie gerade vermeiden wollen.[257] Dasselbe muss wegen der vergleichbaren Situation auch für verdeckte Vorratsgesellschaften gelten. Mithin ist der Gesellschaftsvertrag bei einer verdeckten Vorratsgründung nicht gemäß § 117 Abs. 1 BGB nichtig.

bb) Einpersonengesellschaft

Der Gesellschafts"vertrag" gemäß § 2 GmbHG bei der Einpersonengründung kommt durch einseitige, nicht empfangsbedürftige Erklärung des alleinigen Gründers beim Notar zustande.[258] Bei streng einseitigen Willenserklärungen ist § 117 Abs. 1 BGB nicht anwendbar.[259] Selbst wenn man den Notar als Erklärungsempfänger ansieht, kann nicht davon ausgegangen werden, dass er mit dem Erklärenden übereinstimmend davon ausgeht, dass die Rechtsfolgen der Erklärung nicht eintreten sollen. Die Voraussetzungen des § 117 Abs. 1 BGB sind bei einer Einpersonengründung auch schon deshalb nicht gegeben, weil die Erklärung des Gründers nicht empfangsbedürftig ist.[260]

cc) Zusammenfassung

Nach diesen Überlegungen zur Nichtigkeit der verdeckten Vorratsgründung ohne angestrebter Gegenstandsverwirklichung können erst recht nicht die verdeckte Vorratsgründung mit angestrebter Gegenstandsverwirklichung oder die offene Vorratsgründung gemäß § 117 Abs. 1 BGB nichtig sein. Die Bestimmung über den

---

[257] *Preuß*, Jura 2002, 815, 819.

[258] BayObLG, Beschluss v. 30.12.1982 – 3 Z 93/82, DB 1983, 604, 605; OLG Frankfurt, Beschluss v. 10. September 1982 – 20 W 567/82, WM 1983, 405, 406; OLG Hamm, DB 1993, 2679; B/H/*Hueck/Fastrich;* § 2 Rn. 9; *Roth/Altmeppen,* § 1 Rn. 40; *K. Schmidt,* GesR, S. 1247.

[259] BayObLG, Beschluss vom 12. 5.1976 – 1 Z 109/75, FamRZ 1977, 347; OLG Frankfurt/Main, Urteil v. 8.2.1993 – 27 U 124/91. OLGZ 1993, 461, 467; Palandt/*Heinrichs,* § 117 Rn. 2.

[260] Vgl. *Meyer,* ZIP 1994, 1661, 1664.

Unternehmensgegenstand bei Vorratsgründungen sind daher mangels Vorliegen der Voraussetzungen des § 117 Abs. 1 BGB als Scheingeschäft nicht nichtig.

d) Nichtigkeit gemäß § 138 Abs. 1 BGB

Auch bei der Vorratsgesellschaft wurde eine Nichtigkeit der Erklärung nach § 138 Abs. 1 BGB in Erwägung gezogen[261]. Ein Verstoß gegen die guten Sitten ist bei einer Vorratsgründung ebenso wenig wie bei der Mantelverwendung festzustellen, weil allein eine eventuelle Umgehungsabsicht bei späterer Verwendung der Vorratsgesellschaft nicht generell deren Sittenwidrigkeit begründen kann. Nur die Tatsache, dass eine Vorratsgesellschaft später dazu dienen könnte, Gründungsvorschriften zu umgehen, kann nicht zu einer Sittenwidrigkeit führen.

e) Nichtigkeit nach § 134 BGB i.V.m. § 3 Abs. 1 Nr. 2 GmbHG

Alternativ zu § 117 Abs. 1 BGB wurde als nichtigkeitsbegründende Norm oft § 134 BGB i.V.m. § 3 Abs. 1 Nr. 2 GmbHG herangezogen[262].

Voraussetzung für die Nichtigkeit nach § 134 BGB ist, dass das Rechtsgeschäft gegen ein Verbotsgesetz verstößt und sich aus dem Gesetz nichts anderes ergibt.

Als Verbotsgesetz bei Vorratsgründungen kommt nur § 3 Abs. 1 Nr. 2 GmbHG in Betracht. Es stellt sich die Frage, ob dieser Norm ein Verbot zu entnehmen ist und die Nichtigkeitssanktion ihrem Sinn und Zweck entspricht[263].

Entscheidend ist also, inwieweit § 3 Abs. 1 Nr. 2 GmbHG verbietet einen Unternehmensgegenstand in der Satzung anzugeben, der den Vorratscharakter einer Vorratsgesellschaft nicht offen legt. Aus dem Wortlaut der Norm ergibt sich zunächst kein Verbot von unzutreffenden Unternehmensgegenständen. Nach den oben getätigten Überlegungen soll der angegebene Unternehmensgegenstand auch die tatsächliche Unternehmenstätigkeit widerspiegeln. Aber selbst wenn man in dieser Norm ein Verbot i.S.d. § 134 Abs. 1 BGB von unwahren Gegenständen erkennen will[264], muss gemäß § 134 BGB die Nichtigkeit als Rechtsfolge dem Sinn und Zweck des § 3 Abs. 1 Nr. 2 GmbHG entsprechen.

Die Rechtsfolgen der Angabe eines nicht zutreffenden Unternehmensgegenstandes kann mangels gesetzlicher Regelung nicht ohne weiteres bestimmt werden. In Betracht

---

261 KG, Beschluss v. 5.4.1923 – 1 X 33/23, JFG 1, 200, 203; *Crisolli*, JW 1934, 936, 937.

262 Scholz/*Emmerich*, § 3 Rn. 20.

263 MüKo BGB/*Sack*, § 134 Rn. 86; Staudinger/*Sack*, § 134 Rn. 34.

264 So etwa *Kantak*, Mantelgründung, S. 55 ff.; KK/*Kraft*, § 23 Rn. 56; Scholz/*Emmerich*, § 3 Rn. 20; *Tieves*, Unternehmensgegenstand, S. 235 ff.

kommt einerseits die Nichtigkeit der betreffenden Satzungsbestimmung[265], andererseits kann in der Unwahrheit des Unternehmensgegenstandes ein reiner Ordnungsmangel gesehen werden, der eine Ablehnung der Eintragung rechtfertigt[266].

Gegen die Nichtigkeit nach § 134 BGB i.V.m. § 3 Abs. 1 Nr. 2 GmbHG spricht der Zusammenhang, in dem § 3 Abs. 1 Nr. 2 GmbHG steht. Zwingend müssen noch die Firma und der Sitz der Gesellschaft, der Betrag des Stammkapitals und die Höhe der Stammeinlagen im Gesellschaftsvertrag angegeben sein. Zu keiner anderen notwendigen Bestimmung wird die Nichtigkeit erwogen, wenn die Angabe im Gesellschaftsvertrag nicht wahrheitsgemäß ist. Auch bei den anderen „Pflichtbestimmungen" wird den Gesellschaftern ein gewisser Spielraum zugebilligt[267]. Hier folgt ebenfalls aus einer falschen Angabe nicht gleich die Nichtigkeit der Bestimmungen im Gesellschaftsvertrag.

Für die Nichtigkeit der Bestimmung über den Unternehmensgegenstand wird weiterhin argumentiert, dass die Registergerichte sonst keine Handhabe gegen Gesellschaften mit falschem Unternehmensgegenstand hätten[268]. Dieses Argument ist formal richtig. Es täuscht jedoch darüber hinweg, dass von der Festlegung des Unternehmensgegenstands noch andere Rechtsfolgen abhängen als eine etwaige Nichtigerklärung durch das Gericht. Wie bereits erwähnt, wirkt der statutarische Unternehmensgegenstand beschränkend auf die Geschäftsführungsbefugnisse der Geschäftsführer im Innenverhältnis. Weiterhin ist der Unternehmensgegenstand relevant für die Bestimmung der Reichweite des sich aus der Treuepflicht ergebenden Wettbewerbsverbots der Geschäftsführer und der herrschenden Gesellschafter.[269] Darüber hinaus kann eine unrichtige Angabe des Unternehmensgegenstandes zur Umgehung eines Genehmigungserfordernisses bei Anmeldung der Gesellschaft zur Eintragung dazu führen, dass Gesellschafter und der Geschäftsführer der Gesellschaft nach § 9a GmbHG haften[270]. Insofern haben sowohl Gesellschafter als auch Geschäftsführer ein Interesse daran, dass der satzungsmäßige Unternehmensgegenstand der Wahrheit entspricht. Die Nichtigkeitsdrohung nach § 75 GmbHG ist nicht erforderlich, um einen Anreiz dafür zu schaffen, dass die Angabe des Unternehmensgegenstandes wahrheitsgemäß gemacht wird. Die Ablehnung der Eintragung nach § 9c GmbHG wegen des unzutreffenden Unternehmensgegenstand ist außerdem ausreichend, um zu vermeiden, dass die Gesellschaften bei der Anmeldung einen falschen Unternehmensgegenstand angeben. Die Nichtigkeitsfolge ist demnach nicht erforderlich.

---

[265] Für eine Nichtigkeit jedenfalls, wenn die Aufnahme des angegebenen Geschäftsbetriebs nicht konkret beabsichtigt ist KK 1.A./*Kraft*, § 275 Rn. 15.

[266] Vgl. *Heerma*, Mantelverwendung, S. 28 f.; Michalski/*Michalski*, § 3 Rn. 14; *Roth*/Altmeppen, § 3 Rn. 9.

[267] Etwa bei der Bestimmung des Sitzes nach § 4a GmbHG (vgl. *Roth*/Altmeppen, § 3 Rn.4) oder der Stammeinlagen nach § 5 GmbHG (vgl. Scholz/*Emmerich*, § 3 Rn. 27).

[268] Hachenburg/*Ulmer*, § 3 Rn. 26.

[269] BGH, Urteil v. 5.12.1983- II ZR 242/82, BGHZ 89, 162, 170; B/H/*Zöllner*, § 35 Rn. 22 f; *Röhricht*, Wpg 1992, 766, 769; *Scholz*/U. H. Schneider, § 43, Rn. 127.

[270] Vgl. *Roth/Altmeppen*, § 9a Rn. 4.

Weiterhin ist es nur sehr schwer festzustellen, ob ein Unternehmensgegenstand fiktiv ist. Fiktiv ist ein Gegenstand, wenn die im Unternehmensgegenstand bezeichnete Tätigkeit nicht innerhalb der üblichen Vorlaufszeiten aufgenommen werden soll oder wird. Eine so schwer festzustellende Tatsache kann nicht für eine so gravierende Rechtsfolge wie die Nichtigkeit verantwortlich sein. Auch später ist eine Nichtigkeitsklage gemäß § 75 GmbHG nur vorgesehen, wenn die Angabe über den Unternehmensgegenstand ganz fehlt. Nur in diesem Fall geht das Gesetz selbst definitiv von einer Nichtigkeit aus.

Es ist also vom Gesetz nicht vorgesehen, dass die unzutreffende Angabe des Unternehmensgegenstandes per se zur Nichtigkeit des Gesellschaftsvertrags aus § 134 BGB i.V.m. § 3 Abs. 1 Nr. 2 GmbHG. Eine Nichtigkeit von Vorratsgründungen ergibt sich demzufolge nicht aus § 134 BGB i.V.m. § 3 Abs. 1 Nr. 2 GmbH[271].

f) Eintragungshindernis § 9c GmbHG

Wenn nach eben Gesagtem weder bei offenen noch bei verdeckten Vorratsgesellschaften eine Unwirksamkeit des Gesellschaftsvertrages gegeben ist, so kann dennoch ein Eintragungshindernis vorliegen.

Gemäß § 9c Abs. 1 S. 1 GmbHG hat das Registergericht die Eintragung der GmbH abzulehnen, wenn sie nicht ordnungsgemäß errichtet und angemeldet ist. Das Gericht prüft die Ordnungsmäßigkeit der Errichtung in formeller und materieller Hinsicht, was bedeutet, dass es sowohl die formelle Einhaltung der gesetzlichen Gründungvorschriften überprüft als auch die inhaltliche Richtigkeit der gemachten Angaben.[272] Dazu gehört jedenfalls auch die Überprüfung der Wirksamkeit des Gesellschaftsvertrags.[273] Bei Vorratsgesellschaften ist der Gesellschaftsvertrag, wenn nicht weitere Umstände hinzutreten, wirksam.[274]

Die Frage inwiefern das Registergericht die Einhaltung der Kapitalaufbringungsvorschriften überprüfen muss, kann erst nach ausführlicher Diskussion im nächsten Kapitel beantwortet werden.

Zu dem richterlichen Prüfungsrecht gemäß § 9c Abs. 1 1 GmbHG gehört auch die Überprüfung des Unternehmensgegenstandes.[275] In der Literatur findet man bislang kaum eine Stellungnahme dazu, ob zum richterlichen Prüfungsrecht auch die Frage gehört, ob der Unternehmensgegenstand die tatsächliche Unternehmenstätigkeit

---

[271] Zu diesem Ergebnis kommen auch *Kraft*, DStR 1993, 101, 104.
[272] Vgl. *Roth*/Altmeppen, § 9c Rn. 2; Scholz/*Winter*, § 9c Rn. 8, 12, 20.
[273] B/H/*Hueck/Fastrich*, § 9c Rn. 3.
[274] S.o.
[275] Michalski/*Heyder*, § 9c Rn. 8.

wiedergibt[276]. Man ist sich aber weitgehend einig, dass jedenfalls eine fehlende Individualisierung des Unternehmensgegenstandes zur Ablehnung der Eintragung nach § 9c Abs. 1 GmbHG führt.[277] Die Überprüfung der Richtigkeit durch das Registergericht des Unternehmensgegenstandes ist schon deshalb erforderlich, weil sich das Registergericht davon überzeugen muss, dass eventuell erforderliche gewerbliche Konzessionen vorliegen[278]. Ohne die Angabe des zutreffenden Unternehmensgegenstandes kann das Registergericht keine Kenntnis der tatsächlichen Tätigkeit der Gesellschaft erlangen und so nicht deren Genehmigungsbedürftigkeit beurteilen. Das Gesetz nennt neben fehlenden und nichtigen Bestimmungen aber auch die mangelhaften Bestimmungen. Mit dem Merkmal der Mangelhaftigkeit kann daher weder Fehlerhaftigkeit noch Nichtigkeit gemeint sein, sonst wäre die zusätzliche Nennung der Mangelhaftigkeit überflüssig. Mit „Mangelhaft" in § 9c Abs. 2 Nr. 1 GmbHG kann deshalb nur der Fall der Unrichtigkeit einer Satzungsbestimmung gemeint sein. Die übrigen Voraussetzungen des § 9c Abs. 2 Nr. 1 GmbHG liegen vor. Das Registergericht kann und muss demnach gemäß § 9c Abs. 1 Nr. 1 GmbHG überprüfen, ob der im Gesellschaftsvertrag angegebene Satzungsgegenstand inhaltlich zutreffend ist. Ist der Satzungsgegenstand unzutreffend, muss das Registergericht die Eintragung ablehnen. Nun stellt sich die Frage, in welchen Fällen der Satzungsgegenstand unzutreffend ist.

aa) Offene Vorratsgründung

Zutreffend ist der Unternehmensgegenstand jedenfalls bei offenen Vorratsgründungen, also wenn der Vorratscharakter der Gesellschaft im Gesellschaftsvertrag offengelegt wird, so dass bei offenen Vorratsgründungen kein Eintragungshindernis besteht.[279] Wie die Formulierung des Unternehmensgegenstandes dann aussehen muss, ist umstritten.

Nach der Rechtsprechung[280] und der herrschenden Meinung in der Literatur[281] liegt eine offene Vorratsgründung vor, wenn als Unternehmensgegenstand die „Verwaltung

---

[276] *Meyer*, ZIP 1994, 1661, 1664 geht kurz mit Hinweis auf KG, JFG 1, 200 darauf ein, dass die Eintragung einer verdeckten Vorratsgründung schon wegen der Angabe eines falschen Unternehmensgegenstandes abgelehnt werden müsse.

[277] B/H/*Hueck/Fastrich*, § 3 Rn. 12; L/H/*Lutter/Bayer*, § 3 Rn. 6; *Roth*/Altmeppen, § 3 Rn. 9; Scholz/*Emmerich*, § 3 Rn. 11.

[278] Vgl. § 8 I Nr. 6; B/H/*Hueck/Fastrich*, § 9c Rn. 3.

[279] Vgl. im Ergebnis *Meyer*, ZIP 1994, 1661, 1662; *Tieves*, Unternehmensgegenstand, S. 184.

[280] BGH, Beschluss v. 16.3.1992 – II ZB 17/91, BGHZ 117, 323;

[281] *Ebenroth/Müller*, DNotZ 1994, 75, 81; GroßKomm/*Röhricht*, § 23 Rn. § 23 Rn. 121; *Kantak*, Mantelgründung, S. 68; *Kraft*, DStR 1993, 101, 105; *Priester*, DB 1983, 2291, 2298; *Priester*, EWiR 1992, 113, 114; *Werner*, NZG 1999, 146, 147.

eigenen Vermögens“ angegeben wird. Dieser Auffassung widerspricht *Tieves*[282], der die von der herrschenden Meinung vorgeschlagene Gegenstandsformulierung für unzureichend hält, da es sich bei dieser Formulierung auch um eine Gesellschaft mit auf dauerhafte Vermögensverwaltung gerichteter Geschäftstätigkeit handeln könne. In der Tat wurde sogar schon in zwei Entscheidungen des OLG Düsseldorfs über Sachverhalte entschieden, in denen eine Gesellschaft, ohne Vorratsgesellschaft zu sein, ihren Unternehmensgegenstand in „Verwaltung eigenen Vermögens“ änderte ohne Vorratsgesellschaft zu sein[283]. Er schlägt als Gegenstandsformulierung vor:

> „Gegenstand des Unternehmens ist die auf seine Erhaltung gerichtete Verwaltung des Gesellschaftsvermögens zum Zwecke der späteren Aufnahme eines noch zu bestimmenden Geschäftsbetriebes.“

Vorgabe des § 9c GmbHG ist nur, dass die Bestimmung des Unternehmensgegenstandes nicht mangelhaft sein darf. Mangelhaft ist sie nur dann, wenn sie unzutreffend oder zu wenig konkret ist. Zwar ist es für das Registergericht eventuell vorteilhaft, wenn sich aus dem Unternehmensgegenstand der Vorratscharakter einer Gesellschaft ergibt, jedoch ist das nicht die Aufgabe des Unternehmensgegenstandes. Auch bei unternehmenslosen Mantelgesellschaften wird nicht erwartet, dass ihr Unternehmensgegenstand so geändert wird, dass sich daraus zweifelsfrei ihr Charakter als Mantelgesellschaft ergibt. Aus der Angabe des Unternehmensgegenstandes mit „Verwaltung eigenen Vermögens“ ergibt sich die Tätigkeit der GmbH. Mehr muss der Unternehmensgegenstand auch nicht leisten. Eine offene Vorratsgründung liegt folglich schon dann vor, wenn der Unternehmensgegenstand mit „Verwaltung eigenen Vermögens“ bezeichnet ist. Darin liegt eine mangelfreie Bestimmung im Sinne des § 9c GmbHG, so dass das Registergericht nicht aus diesem Grunde die Eintragung der Gesellschaft in das Handelsregister ablehnen kann.

bb) Verdeckte Vorratsgründung ohne angestrebte Gegenstandsverwirklichung

Ebenso eindeutig liegt der Fall bei verdeckten Vorratsgründungen ohne angestrebte Gegenstandsverwirklichung. Da der Unternehmensgegenstand bei ihnen rein fiktiv und eine Verwirklichung nicht geplant und, wenn sie doch eintritt, rein zufällig ist, ist die Bestimmung des Unternehmensgegenstandes mangelhaft. Die Voraussetzungen für die Ablehnung der Eintragung nach § 9c GmbHG liegen vor. Das Registergericht

---

[282] *Tieves*, Unternehmensgegenstand, S. 189; ebenfalls mit Bedenken gegen die von der herrschenden Meinung vorgeschlagenen Gegenstandsformulierung, aber ohne entsprechende Konsquenzen zu ziehen B/H/*Hueck/Fastrich*, § 3 Rn. 13.

[283] Etwa OLG Düsseldorf, Beschluss v. 13.1.1970 – 3 W 331/69; NJW 1970, 815; OLG Düsseldorf, Urteil v. 9.12.1993 – 6 U 2/93, WM 1994, 337.

muss die Eintragung einer verdeckten Vorratsgesellschaft ohne angestrebter Gegenstandsverwirklichung ablehnen.

cc) Verdeckte Vorratsgründung mit angestrebter Gegenstandsverwirklichung

Einen umstrittenen Grenzfall bildet die verdeckte Vorratsgründung mit angestrebter Gegenstandsverwirklichung, bei der die Gesellschaft zunächst auf Vorrat gegründet, der angegebene operative Unternehmensgegenstand aber später einmal verwirklicht werden soll. Der BGH, in eben dargestelltem Beschluss, und einige Stimmen in der Literatur setzten die verdeckte Vorratsgründung mit angestrebter Gegenstandsverwirklichung mit der verdeckten Vorratsgründung ohne angestrebter Gegenstandsverwirklichung gleich, wobei die üblichen An- und Vorlaufszeiten außer Betracht zu bleiben haben[284]. Diese Ansicht wird damit begründet, dass es nur vom Zufall abhänge, ob der genannte Gegenstand einmal verwirklicht werde oder nicht[285]. Für die Registergerichte müsse erkennbar sein, ob es sich bei der Gründung um eine Vorratsgesellschaft handele. Andernfalls fehle es an einem brauchbaren Abgrenzungskriterium.[286] Die Gegenansicht hält die Angabe einer Tätigkeit als Unternehmensgegenstand, die erst in näherer oder weiterer Zukunft verwirklicht werden soll, für ausreichend[287]. Die Bezeichnung des Unternehmensgegenstandes habe keine weitere Bedeutung als den Rahmen der Betätigung abzustecken; insbesondere bleibe offen, zu welchem Zeitpunkt die Gesellschaft ihre Tätigkeit aufnehme, weshalb der sofortige Beginn der Tätigkeit nicht verlangt werden könne.[288] Außerdem sei eine Gesellschaft, bei der die Gesellschafter die Aufnahme einer Tätigkeit erst in ungewisser Zeit planen, zunächst genauso auf Vorrat gegründet, wie solche Gesellschaften, bei denen die Gesellschafter von vorne herein keinen konkreten Geschäftsbetrieb im Auge haben.[289] Deshalb müsse die Zulässigkeit von solchen verdeckten Vorratsgründungen mit geplanter Gegenstandsverwirklichung auch rechtlich bewertet werden, wie verdeckte Vorratsgründungen ohne geplante Gegenstandsverwirklichung. Entscheidend ist jedoch, dass bei verdeckten Vorratsgründungen mit geplanter Gegenstandsverwirklichung im Zeitpunkt der Eintragung noch nicht feststeht, ob der geplante Gegenstand tatsächlich verwirklicht wird. Nach hier vertretener Ansicht, hat die Angabe eines falschen Gegenstands nicht

---

[284] BGH, Beschluss v. 16.3.1992 – II ZB 17/91, BGHZ 117, 323; GroßKomm/*Röhricht*, § 23 Rn. 124; *Meller-Hannich*, ZIP 2000, 345, 346; *Tieves*, Unternehmensgegenstand, S. 183.
[285] *Tieves*, Unternehmensgegenstand, S. 183.
[286] BGH, Beschluss v. 16.3.1992 – II ZB 17/91, BGHZ 117, 323, 335.
[287] *Meyer*, ZIP 1994, 1661, 1667 hält eine verdeckte Vorratsgründung auch bei zumindest zunächst nicht verfolgtem Unternehmensgegenstand für zulässig, wenn es sich dabei um eine wirklich und ernsthaft gewollte Tätigkeit auf einem bestimmten Gebiet, seien es auch nur die Vorbereitungshandlungen, handelt.
[288] OLG Stuttgart, Vorlagebeschluss v. 5.12.1991 – 8 W 73/91, DB 1992, 133, 134 f.
[289] BGH, Beschluss v. 16.3.1992 – II ZB 17/91, BGHZ 117, 323, 335.

die Nichtigkeit der Gesellschaft zur Folge. Deshalb kann von Seiten des Registergerichts auch nach Eintragung nicht mehr etwa nach § 75 GmbHG gegen den falschen Gegenstand vorgegangen werden. Es muss daher zumindest gewährleistet sein, dass bei der Eintragung der Gesellschaft die Angabe des Unternehmensgegenstandes zutreffend ist. Das entspricht auch dem hier vertretenen Verständnis von § 9c GmbHG. Ob eine mangelhafte Satzungsbestimmung vorliegt, muss objektiv festgestellt werden können und kann nicht von den Absichten der Gründer abhängen, in nächster Zeit einen entsprechenden Geschäftsbetrieb aufzunehmen. Der herrschenden Ansicht ist in diesem Punkte zu folgen. Auch bei einer verdeckten Vorratsgründung mit angestrebter Gegenstandsverwirklichung muss das Registergericht die Eintragung ablehnen.

5. Zusammenfassung

Weder bei offenen noch bei verdeckten Vorratsgesellschaften ist der Gesellschaftsvertrag unwirksam. Eine Nichtigkeit ergibt sich insbesondere nicht schon aus der unzutreffenden Angabe des Unternehmensgegenstandes. Die Nichtigkeitsfolge allein wegen unzutreffender Angabe des Unternehmensgegenstandes ist nicht angemessen. Eine Nichtigkeit ergibt sich mangels Vorliegen der Tatbestandsvoraussetzungen auch nicht aus § 117 Abs. 1 BGB. Ähnlich wie bei der Mantelverwertung kann auch bei einer Vorratsgründung kein Verstoß gegen die guten Sitten festgestellt werden, sodass auch durch § 138 Abs. 1 BGB keine Nichtigkeit begründet wird. Ebenso wenig lässt sich eine Nichtigkeit der Gesellschaftsverträge von Vorratsgründungen mit § 134 BGB i.V.m. § 3 Abs. 1 Nr. 2 GmbHG begründen, da zumindest die Nichtigkeitsfolge nicht dem Sinn und Zweck des § 3 Abs. 1 Nr. 2 GmbHG entspricht.

Die Eintragung beider Arten von verdeckten Vorratsgründungen sind aber trotz der Wirksamkeit ihrer Satzungen wegen ihres unzutreffenden Unternehmensgegenstandes gemäß § 9c Abs. 1 S. 1 GmbHG vom Registergericht abzulehnen und damit unzulässig[290]. Offene Vorratsgründungen sind dagegen zulässig. Eine GmbH kann nicht alleine wegen ihres unzutreffenden Unternehmensgegenstandes für nichtig erklärt werden.

---

[290] Eine Lösung allein über § 9c GmbHG befürwortet andeutungsweise auch *Kraft*, DStR 1993, 101, 105, wenn er feststellt, dass ein Verstoß gegen zwingende Gründungsvorschriften allenfalls das Recht und die Pflicht des Registerrichters, die Eintragung abzulehnen, dagegen nicht die Nichtigkeit der entsprechenden Satzungsbestimmung begründen kann.

§ 3 Anwendbarkeit der Gründungsvorschriften

Um den Bedenken, die gegen Vorrats- und Mantelgesellschaften bestehen[291], entgegenzutreten, wird eine analoge Anwendung der Gründungsvorschriften des GmbHG insbesondere der Kapitalaufbringungsvorschriften bei ihrer Verwendung in Erwägung gezogen. Mit der analogen Anwendung soll gewährleistet werden, dass Vorrats- und Mantelgesellschaften wie rechtlich neugegründete Gesellschaften mit einem gewissen Haftungsfonds ausgestattet werden.

Zur analogen Anwendung der Gründungsvorschriften hat der BGH in naher Vergangenheit gleich zwei Mal Stellung genommen: zunächst in einem Fall, der eine Vorratsgesellschaft betraf[292] und kurze Zeit später mit ausführlicher Begründung über einen Sachverhalt, in dem es um die Verwendung einer Mantelgesellschaft ging[293]. Von diesen beiden aktuellen BGH-Entscheidungen gehen auch die Überlegungen im folgenden Kapitel aus. Nach einer Darstellung des bisherigen Meinungsstandes folgt eine Auswertung der Urteile und der folgenden Stellungnahmen in der Literatur. Danach sollen die BGH-Entscheidungen und damit die analoge Anwendung der Gründungsvorschriften kritisch beleuchtet werden.

I. Meinungsstand

Zur analogen Anwendung der Kapitalaufbringungsvorschriften bei Vorrats- und Mantelgesellschaften lassen sich im Groben drei Meinungsgruppen unterscheiden:

Die Meinungsgruppe, die bisher meist als herrschende Meinung bezeichnet wurde, wendet die Regeln über das Mindeststammkapital und die Mindeststammeinlage wie die Vorschriften über die Erbringung von Sacheinlagen analog an.

Die zweite Meinung, der sich nun auch der BGH in seinen jüngsten Entscheidungen angeschlossen hat[294], hält die Gründungsvorschriften ebenfalls für analog anwendbar, aber das satzungsmäßige Stammkapital für die Einzahlungspflichten der Verwender dabei für maßgeblich.

Die Vertreter der dritten Meinung lehnen die analoge Anwendung der Gründungsvorschriften komplett ab.

---

[291] S.o. *Ebenroth/Müller,* DNotZ 1994

[292] BGH, Beschluss v. 9.12.2002 – II ZB 12/02, BGHZ 153, 158.

[293] BGH, Beschluss v. 7.7.2003 – II ZB 4/02, BGHZ 155, 318.

[294] BGH, Beschluss v. 9.12.2002 – II ZB 12/02, BGHZ 153, 158; BGH, Beschluss v. 7.7.2003 – II ZB 4/02, BGHZ 155, 318.

Diese Meinungsgruppen lassen sich nicht klar abtrennen, da teilweise eine unterschiedliche Behandlung von Vorrats- und Mantelgesellschaften befürwortet wird. So gibt es einige Autoren, die die Gründungsvorschriften bei Mantelgesellschaften analog anwenden wollen, dies bei Vorratsgesellschaften jedoch nicht für erforderlich halten[295]. Und auch die umgekehrte Lösung, analoge Anwendung der Gründungsvorschriften bei Vorratsgesellschaften, nicht aber bei Mantelgesellschaften wurde insbesondere nach der BGH-Entscheidung vom 9.12.2002[296] vertreten[297]. Oft wurde das Problem der analogen Anwendung der Gründungsvorschriften ausschließlich in Zusammenhang mit der Verwendung von Mantelgesellschaften diskutiert.[298] Da in dieser Arbeit, wie noch zu erläutern sein wird, davon ausgegangen wird, dass Vorrats- und Mantelgesellschaften gleich zu behandeln sind, werden im Folgenden die drei oben genannten Meinungsgruppen für Vorrats- und Mantelgesellschaften gemeinsam dargestellt.

1. Analoge Anwendung der Regeln über das Mindeststammkapital und der Regeln über die Sacheinlagen

Die vor der letzten BGH-Entscheidung noch herrschende Meinung[299] möchte den Bedenken, mit denen Vorrats- und Mantelgesellschaften konfrontiert sind, entgegentreten, indem sie die Gründungsvorschriften für rechtliche Neugründungen auf wirtschaftliche Neugründungen analog anwendet. Dabei befindet sie es für ausreichend, vom gesetzlichen Mindeststammkapital auszugehen und die Mindesteinlagen aufzubringen. Man ist sich also darüber einig, dass man die § 5 Abs. 1, § 7 Abs. 2 S. 1 und 2, Abs. 3 GmbHG entsprechend anwendet. Weiterhin soll der Geschäftsführer nach § 8 Abs. 2 GmbHG analog eine Erklärung dazu abgeben,

---

[295] *Göz/Gehlich,* ZIP 1999, 1653, 1657 f.; GroßKomm/*Röhricht,* § 23 Rn. 134; Michalski/*Michalski,* § 3 Rn. 25; *Raiser,* KapGes, § 26 Rn. 34; *Rawert,* EWiR 1998, 223, 224.
[296] BGH, Beschluss v. 9.12.2002 – II ZB 12/02, BGHZ 153, 158.
[297] *Altmeppen* NZG 2003, 145.
[298] Etwa *Keller,* DZWir, 1998, 230, 232.
[299] OLG Schleswig-Holstein, Beschluss v. 27.6.2002 – 2 W 87/02, GmbHR 2002, 1135; OLG Brandenburg, Vorlagebeschluss v. 28.1.2002 – 8 Wx 60/01, NJW-RR 2002, 971; OLG Stuttgart, Urteil v. 2.12.1998 – 3 U 44/98, GmbHR 1999, 610, 611; AG Duisburg, Beschluss v. 8.8.1997 – 8 AR 159/97, NZG 1998, 194; AG Erfurt, Beschluss v. 27.6.1996 – 11 b AR 700/95, GmbHR 1997, 74; Hachenburg/*Ulmer,* § 3 Rn. 39; *Heerma,* Mantelverwendung, S. 91 ff.; *Hüffer,* AktG, § 23 Rn. 27; *Keil,* EWiR 1999, 359, 360; *Keller,* DZWir, 1998, 230, 232 (für Mantelkauf); *Mennicke,* NZG 1998, 196 (ohne Stellungnahme, ob nun das Mindeststammkapital oder das statutarische Stammkapital aufzubringen ist); *Priester,* DB 1983, 2291, 2295; *Priester,* FS-GmbHG, S. 186 (analoge Anwendung wohl nur für Mantelgesellschaften, Vorratsgesellschaften sollen nach Priester unbedenklich sein); *Priester,* ZHR 168 (2004), 248, 260; *Rawert,* EWiR 1998, 223, 224 (wohl nur für Mantelgesellschaften, nicht für Vorratsgesellschaften); GroßKomm/*Röhricht,* § 23 Rn. 134, 136 (nur für Mantelgesellschaften, nicht für Vorratsgesellschaften); *K. Schmidt,* GesR, S. 72 ff., der diese Ansicht ausdrücklich in *K. Schmidt,* NJW 2004, 1345aufgibt; Scholz/*Emmerich,* 8. A., § 3 Rn. 22; *Ulmer,* BB 1983, 1123, 1126; *Ulmer,* GmbHR 1984, 256, 258.

dass die Leistungen auf die Stammeinlage bewirkt sind und endgültig zu seiner freien Verfügung stehen. Es bestehen jedoch in dieser Meinungsgruppe unterschiedliche Auffassungen darüber, ob man auch die Rechtsfolgen der Handelndenhaftung gemäß § 11 Abs. 2 GmbHG eintreten lassen soll.

Die Vertreter dieser vor allem von *Priester*[300] und *Ulmer*[301] eingeführten Ansicht berufen sich darauf, dass die Vermögenseinlage als Preis für die Haftungsbeschränkung eines Unternehmens zu sehen ist, weshalb jedes Mal, wenn von einem Unternehmen eine Haftungsbeschränkung erlangt würde, dieser Preis zu zahlen sei[302]. Es läge des weiteren eine planwidrige Regelungslücke bezüglich der Verwendung von Gesellschaftsmänteln vor. Ebenso seien die Interessenlagen bei rechtlicher und wirtschaftlicher Neugründung vergleichbar, so dass eine analoge Anwendung der Gründungsvorschriften gerechtfertigt sei[303]. Es könne keinen Unterschied machen, ob die Aufnahme einer Tätigkeit in einer haftungsbeschränkten Rechtsform durch die Neuschaffung eines Rechtsträgers geschehe oder dadurch, dass eine bereits bestehende aber unternehmenslose juristische Person als „Behälter" für das neue Unternehmen verwendet werde[304]. Außerdem erscheine es verfehlt, die bewusste Umgehung der gesetzlichen Kapitalaufbringungsvorschriften zu belohnen und gleichzeitig das Grundprinzip des deutschen GmbHG, den Gläubigerschutz durch Aufbringung des gesetzlichen Mindestkapitals, zu missachten[305]. Die Beschränkung der Einlagepflicht auf die gesetzlich vorgeschriebene Mindesteinlage wird damit begründet, dass bei einer wirtschaftlichen Neugründung ebenso wie bei einer rechtlichen Neugründung die Gesellschaftsgläubiger nicht darauf vertrauen könnten, dass noch Gesellschaftsvermögen in Höhe des nominellen Stammkapitals vorhanden sei[306]. Weiterhin, so wird argumentiert, müssten die Gesellschafter, weil die Gesellschaft nicht zum ersten Mal die Vorschriften über die Kapitalgründung einhalten müssen, nur haften, als hätten sie irgendeine GmbH gegründet[307]. Das Gesetz schreibe in § 5 GmbHG bei Neugründungen auch nur die Ausstattung mit dem Mindeststammkapital vor[308]. Durch die analoge Anwendung der Gründungsvorschriften sollten auch lediglich die Umgehung des zwingenden Mindestkapitaleinsatzes verhindert werden, weshalb die Auffüllung des Mindeststammkapitals diesem Zweck vollkommen gerecht werde[309].

---

[300] *Priester*, DB 1983, 2291.
[301] *Ulmer*, GmbHR 1984, 256.
[302] *Keller*, DZWir, 1998, 230, 232; *Priester*, DB 1983, 2291, 2295; *Priester*, FS-GmbHG, S. 186; *Steding*, WiR 1993, 1993, 200, 201.
[303] *Priester*, DB 1983, 2291, 2295.
[304] *Priester*, DB 1983, 2291, 2295.
[305] *Keller*, DZWir, 1998, 230, 232; *K. Schmidt*, GesR, S. 72 f.
[306] *Priester*, DB 1983, 2291, 2295; *Ulmer*, BB 1983, 1123, 1126.
[307] *Keller*, DZWir, 1998, 230, 232; *K. Schmidt*, GesR, S. 73.
[308] *K. Schmidt*, GesR, S. 73.
[309] *Keil*, EWiR 1999, 359, 360; *K. Schmidt*, GesR, S. 73.

2. Maßgeblichkeit des satzungsmäßigen Stammkapitals

Nach der zweiten Ansicht[310], der sich nun auch der 2. Senat des BGH[311] angeschlossen hat, werden bei einer wirtschaftlichen Neugründung ebenfalls die Gründungsvorschriften analog angewendet. Im Gegensatz zur eben aufgezeigten Meinung soll aber nicht die Ausstattung des Gesellschaftsmantels mit dem gesetzlichen Mindeststammkapital reichen. Vielmehr soll maßgeblicher Betrag für die Einlage die in der Satzung genannte Kapitalziffer sein.

Diese Ansicht wird vor allem damit begründet, dass der Anknüpfungspunkt für die Analogie gerade der Umstand ist, dass eine wirtschaftliche Neugründung vorliegt. Nur konsequent sei es dann aber, sie auch wirklich einer rechtlichen Neugründung mit entsprechendem satzungsmäßigen Stammkapital gleichzusetzen[312]. Darüber hinaus könne beim Erwerb einer Vorratsgesellschaft mit einem das gesetzliche Mindeststammkapital überschreitendem Stammkapital davon ausgegangen werden, dass der Erwerber sich auch, wenn er die Gesellschaft neu gegründet hätte, für das höhere Stammkapital entschieden hätte[313].

3. Keine analoge Anwendung der Gründungsvorschriften

Die Vertreter einer dritten Ansicht lehnen eine analoge Anwendung der Gründungsvorschriften ab[314]. Das hat zur Folge, dass derjenige, der eine Vorrats- oder Mantelgesellschaft verwendet, weder die Mindesteinlage und erst recht nicht das satzungsmäßige Stammkapital einbringen noch eine Erklärung nach § 8 Abs. 2 GmbHG abgeben muss. Die Verwendung von Vorrats- und

---

[310] OLG Frankfurt a.M., Urteil v. 4.11.1998 – 21 U 264/97, GmbHR 1999, 32; AG Duisburg, Beschluss v. 27.11.1996 – 8 AR 71/96, Rpfleger 1997, 219; *Grooterhorst*, NZG 2001, 145, 147 (es liegt bei Nichteinzahlung des satzungsmäßigen Stammkapitals zwar kein Eintragungshindernis vor, dennoch werden die neuen Gesellschafter Schuldner der Gesellschaft); GroßKomm/*Henze*, § 23 Rn. 36, 38; *Gummert*, WiB 1997, 364; *Hennrichs*, ZHR 159 (1995), 593, 605 f.; *Ihrig*, BB 1988, 1197, 1202 Fn. 71; L/H/*Lutter/Bayer*, § 3 Rn. 10, 19; MüKo AktG/*Pentz*, § 23 Rn. 101; *Peters*, GmbH-Mantel, S. 73 (nur für Mantelgesellschaften); Soergel/*Huber*, § 433 Rn. 62; *Schick*, GmbHR 1997, 982, 984.

[311] BGH, Beschluss v. 7.7.2003 – II ZB 4/02, BGHZ 155, 318.

[312] *Peters*, GmbH-Mantel, S. 73.

[313] *Peters*, GmbH-Mantel, S. 73.

[314] BayObLG, Beschluss v. 24.3.1999 – 3 Z BR 295/98, BB 1999, 971; OLG Frankfurt/Main, Beschluss v. 14.5.1991 – 20 W 419/90, GmbHR 1992, 456; *Banerjea*, GmbHR 1998, 814; *Banerjea*, NZG 1999, 817; *Bärwaldt/Schabacker*, GmbHR 1998, 1005; *Bommert*, GmbHR 1983, 209, 212; *Heublein*, EWiR 1999, 647, 648 (nur für Vorratsgesellschaften); *Kantak*, Mantelgründung, S. 75 ff.; *Kober*, Mantelkauf, S. 145; *Kübler*, Ges R, § 22 II 4.; *Lutter/Hommelhoff*, 15. Aufl., § 3 Rn. 8; *Mayer*, NJW 2000, 175, 178; *Meller-Hannich*, ZIP 2000, 345; *Meyding*, Mantel-GmbH, S. 107 f.; M/M/N/*Meyer-Landrut*, § 3 Rn. 17; *Raiser*, KapGes, § 26 Rn. 33; *Roth/Altmeppen*, § 3 Rn. 14; *K. Schmidt*, NJW 2004, 1345; *Stein*, FS Lutter, S. 751 f.

Mantelgesellschaften wäre damit ohne Einschränkungen möglich. Es ergäben sich gegenüber anderen Satzungsänderungen und Umstrukturierungen keine Besonderheiten.

Die Vertreter dieser Ansicht lehnen die Begründung der analogen Anwendung, insbesondere die Hauptargumente der Umgehung und der wirtschaftlichen Neugründung ab. Die Anwendung einer Vorschrift wegen ihrer Umgehung sei heute in der juristischen Methodenlehre überholt[315]. Das Argument der h. M., es liege ein Neugründung vor, sei ein bloßes „Schlagwortargument", dass rechtlich nicht fundiert begründet werden könne. Die rechtliche Gleichbehandlung von wirtschaftlicher und rechtlicher Neugründung wird als unberechtigt verworfen[316]. Weiterhin gebe es kein Vertrauen des Rechtsverkehrs auf die Unversehrtheit des Stammkapitals[317]. Die Voraussetzungen einer Analogie werden verneint[318]. Es liege weder eine Regelungslücke vor noch gäbe es eine vergleichbare Interessenlage[319]. Eine Analogie scheitere ferner daran, dass die Gründungsvorschriften immer im Zusammenhang mit den im Gesetz vorgesehenen Strafvorschriften für falsche Angaben oder für das Verschweigen erheblicher Umstände (§ 82 Abs. 1 GmbHG) gesehen werden müssen, die wegen des strafrechtlichen Analogieverbotes nicht in anderen als den gesetzlich geregelten Fällen angewendet werden dürfen[320]. Sehr oft wurden auch Praktikabilitätserwägungen zur Begründung dieser Meinung herangezogen: Das Registergericht sei mit der Feststellung, ob die Voraussetzungen für eine analoge Anwendung vorlägen, in vielen Fällen überfordert[321], Abgrenzungsprobleme von wirtschaftlichen Neugründungen zu anderen Umstrukturierungsmaßnahmen seien vorprogrammiert[322], die Tatbestandsmerkmale einer wirtschaftlichen Neugründung seien alles andere als geklärt[323]. Die Gegner der analogen Anwendung der Gründungsvorschriften halten den Gläubigerschutz bei der Verwendung von Vorrats- und Mantelgesellschaften durch §§ 30, 31 GmbHG und die Haftung wegen materieller Unterkapitalisierung für ausreichend[324].

---

[315] *Bärwaldt/Schabacker,* GmbHR 1998, 1005, 1009.
[316] BayObLG, Beschluss v. 24.3.1999 – 3 Z BR 295/98, BB 1999, 971, 972.
[317] BayObLG, Beschluss v. 24.3.1999 – 3 Z BR 295/98, BB 1999, 971, 972; *Bommert,* GmbHR 1983, 209, 213; *Mayer,* NJW 2000, 175, 178; *Raiser,* KapGes, § 26 Rn. 33.
[318] *Bärwaldt/Schabacker,* GmbHR 1998, 1005, 1010.
[319] BayObLG, Beschluss v. 24.3.1999 – 3 Z BR 295/98, BB 1999, 971.
[320] OLG Frankfurt/M., Beschluss v. 14.5.1991 – 20 W 419/90, MittRhNotK 1991, 319, 320; *Bärwaldt/Schabacker,* GmbHR 1998, 1005, 1010;
[321] OLG Frankfurt/M., Beschluss v. 14.5.1991 – 20 W 419/90, MittRhNot 1991, 319, 320; *Bommert,* GmbHR 1983, 209, 212; M/M/N/*Meyer-Landrut,* § 3 Rn. 17.
[322] *Bommert,* GmbHR 1983, 209, 212.
[323] *Bommert,* GmbHR 1983, 209, 212.
[324] BayObLG, Beschluss v. 24.3.1999 – 3 Z BR 295/98, BB 1999, 971; *Banerjea,* GmbHR 1998, 814, 817; *Banerjea,* NZG 1999, 817, 818; *Meller-Hannich,* ZIP 2000, 345, 348, 350; *Meyding,* Mantel-GmbH, S. 106.

II. Die aktuelle BGH-Rechtsprechung

Der BGH hat durch sein obiter dictum schon zu der Frage der rechtlichen Behandlung von Vorratsgesellschaften in seinem Beschluss vom 16.3.1992 die Richtung aufgezeigt, in welcher Weise er die Verwendung von Vorrats- und Mantelgesellschaften behandelt sehen wollte. Zu weitreichenden Stellungnahmen kam es aber erst in seinem Beschluss vom 9.12.2002 in Bezug auf Vorratsgesellschaften und in seinem Beschluss vom 7.7.2003 auch in Bezug auf Mantelgesellschaften. Diese grundlegenden Entscheidungen müssen im Zusammenhang mit der Fragestellung nach der analogen Anwendbarkeit der Gründungsvorschriften analysiert und die Reaktionen in der Literatur ausgewertet werden. In Zukunft werden diese beiden Entscheidungen des BGH für die Handhabung von Vorrats- und Mantelgesellschaften in der Praxis die Grundlage bilden.

1. Der Beschluss des BGH vom 9.12.2002

In seinem Beschluss vom 9.12.2002 befasste sich der BGH[325] mit folgendem Sachverhalt.

a) Sachverhalt und Entscheidungsgründe

Die V-GmbH wurde mit einem Stammkapital in Höhe von 25.000 € gegründet. Unternehmensgegenstand der V-GmbH war die Verwaltung eigener Vermögenswerte. Der Alleingesellschafter B übertrug die GmbH 2 ½ Monate später in zwei Anteilen, von 24.500 € und 500 € an die beiden neuen Gesellschafter T und E. Noch am selben Tag wurde eine Gesellschafterversammlung durchgeführt, in der E zur alleinvertretungsberechtigten Geschäftsführerin bestellt und Sitz, Firma und Unternehmensgegenstand der Gesellschaft sowie weitere Bestimmungen des Gesellschaftsvertrags geändert wurden. Neuer Unternehmensgegenstand wurde der Betrieb eines Partyservices. Diese Änderungen meldete die neuen Gesellschafter beim zuständigen Amtsgericht an, ohne eine Versicherung nach § 8 Abs. 2 GmbHG beizufügen. Das Amtsgericht beanstandete, dass ihm kein Nachweis über das Vorhandensein des Stammkapitals vorliege, woraufhin die E eine beglaubigte Kopie verschiedener Kontoauszüge vorlegte. Aus den Kontoauszügen ergab sich, dass die Gesellschaft kurz nach dem Gesellschafterwechsel über ein Guthaben von 24.987,32 € verfügte. Das Amtsgericht lehnte den Eintragungsantrag dennoch ab, mit der Begründung, es handele sich um einen Mantelkauf, auf den die Gründungsvorschriften entsprechend anzuwenden seien, so dass die nach § 8 Abs. 2 GmbHG abzugebende Erklärung fehle. Dagegen richtete sich die Beschwerde der Antragstellerin.

---

[325] BGH, Beschluss v. 9.12.2002 – II ZB 12/02, BGHZ 153, 158.

Der BGH stimmte der Auffassung des Amtsgerichtes zu. Der Senat sieht in der Verwendung einer Vorratsgesellschaft durch Ausstattung der Vorratsgesellschaft mit einem Unternehmen und erstmaliger Aufnahme eines Geschäftsbetriebs eine wirtschaftliche Neugründung. Einer Umgehung der Gründungsvorschriften im Rahmen einer wirtschaftlichen Neugründung müsse mit einer entsprechenden Anwendung der Vorschriften über die Kapitalausstattung und die Überprüfung durch das Registergericht entgegengewirkt werden. Der BGH bekräftigt damit seine für Vorrats-AGs gemachten Ausführungen und erklärt die Problematik bei Vorrats-GmbHs für gleichgelagert, so dass diese sich ebenso bei ihrer Verwendung einer erneuten registergerichtlichen Prüfung unterziehen müssen. Ausdrücklich erwähnt der Senat, dass das Registergericht bei Verwendung einer Vorrats-GmbH entsprechend § 9c GmbHG i.V.m. § 12 FGG in eine registergerichtliche Prüfung einzutreten habe, die sich zumindest auf die Erbringung der Mindeststammeinlagen und im Falle von Sacheinlagen auf deren Werthaltigkeit zu beziehen habe. Der Geschäftsführer habe demnach gemäß § 8 Abs. 2 GmbHG zu versichern, dass die in § 7 Abs. 2 und 3 bezeichneten Leistungen auf die Stammeinlagen bewirkt seien und dass der Gegenstand der Leistungen sich endgültig in der freien Verfügung der Geschäftsführer befinde. In die Prüfung, ob die GmbH im Zeitpunkt der Anmeldung der Mantelverwendung nicht bereits eine Unterbilanz aufweise, dürfe und müsse das Registergericht nur einsteigen, wenn zureichende Anhaltspunkte dafür bestünden, dass dies entgegen der Versicherung nicht der Fall sei.

Die Argumente der Gegenmeinung, insbesondere bezüglich der Begrenztheit der Erkenntnismöglichkeiten des Registerrichters und die Schwierigkeiten bei der Abgrenzung der wirtschaftlichen Neugründung zur Umorganisation, hält der BGH für nicht durchgreifend. Vielmehr sei die registergerichtliche Prüfung bei der wirtschaftlichen Neugründung einer Vorratsgesellschaft grundsätzlich nicht schwieriger als bei einer rechtlichen Neugründung. Neufassung der Firma, Verlegung des Gesellschaftssitzes und/oder Neubestimmung der Organmitglieder wären hinreichende Indizien für das Vorliegen einer wirtschaftlichen Neugründung. Von Abgrenzungsschwierigkeiten könne gerade bei Vorratsgesellschaften im Gegensatz zu Mantelgesellschaften nicht die Rede sein, da sie in der Regel an der Bezeichnung ihres Unternehmensgegenstandes mit „Verwaltung eigener Vermögenswerte" zu erkennen seien. Eine Überprüfung der Ausstattung mit dem Mindestkapital sei aber erforderlich, obwohl die Gesellschaft bisher noch keine Geschäftstätigkeit ausgeführt habe. Es sei nämlich nicht auszuschließen, dass die Gesellschaft, etwa durch eine vorzeitige Geschäftsaufnahme unter dem neuen Unternehmensgegenstand, zum Zeitpunkt der Anmeldung bereits Verluste erlitten habe oder das ursprünglich eingezahlte Kapital wieder entnommen worden sei. Letztendlich lehnt der BGH noch die Argumentation ab, bei der Versicherung nach § 8 Abs. 2 GmbHG handele es sich um eine bloße „Formalie", denn dann sei kein Grund ersichtlich, warum die Erklärung nicht umgehend abgegeben werden könne.

b) Reaktionen auf den Beschluss

Dieser BGH-Beschluss ist in der Literatur zum Teil mit Zustimmung[326], zum Teil auch sehr kritisch betrachtet worden[327].

Uneinigkeit darüber bestand auch darin, welche Konsequenzen aus dem vorliegenden Beschluss für Mantelgesellschaften zu ziehen seien. Überwiegend ging man in einem Erst-Recht-Schluss davon aus, dass der BGH dazu tendieren würde, auch bei Mantelgesellschaften die Gründungsvorschriften analog anzuwenden[328]. Die Gläubiger einer Mantelgesellschaft seien erst recht schutzbedürftig, da ja bereits ein Geschäft betrieben wurde, weshalb das Stammkapital bereits aufgezehrt sein könne[329]. Andere zogen auch den Schluss, die Gründungsvorschriften seien auf Mantelgründungen dennoch nicht anzuwenden[330]. Diese Auffassung wurde damit begründet, dass es bei Mantelgesellschaften anders als bei Vorratsgesellschaften eben nicht um die erstmalige Aufnahme eines Geschäftsbetriebs ginge[331]. Außerdem würde bei einer Mantelgesellschaft, da diese bereits ein Unternehmen betrieben habe, kein Gläubiger davon ausgehen, dass das Stammkapital noch unversehrt sei[332]. Weiterhin wurde auch darüber diskutiert, ob das gesetzliche Mindestkapital[333] oder das satzungsmäßige Stammkapital[334] maßgeblich sei. Es wurde überwiegend angenommen, dass der BGH die Grundsätze der Unterbilanzhaftung für anwendbar erklären würde[335]. Vielfach wurde nach dem Beschluss auch behauptet, dass hierin das Ende der Vorratsgesellschaft zu sehen sei, weil sie wegen der durch den BGH aufgestellten Grundsätze für die Verwender zu risikobehaftet werde[336]. Ebenso wird nach der BGH-Entscheidung die Wettbewerbsfähigkeit der deutschen GmbH gegenüber den anderen europäischen Gesellschaften in Frage gestellt[337].

---

[326] *Altmeppen* NZG 2003, 145, 146; *Goette,* DStR 2003, 300, 301; *Keil,* EWiR 2003, 327, 328; *Noack,* LMK 2003, 65; L/H/*Lutter/Bayer,* § 3 Rn. 10, 19.
[327] Etwa *Kallmeyer,* GmbHR 2003, 322; *Schaub,* NJW 2003, 2125, 2126; *Schulz,* BuW 2003, 331; *Seibt,* NJW-Spezial 2004, 75, 76; *Thaeter/Meyer,* DB 2003, 539, 541.
[328] *Auernhammer* RNotZ 2003, 195, 196; *Bredow/Schumacher,* DStR 2003, 1032, 1035; *Heidinger,* ZNotP 2003 82, 85; *Keil,* EWiR 2003, 327, 328; *Nolting,* ZIP 2003, 651, 655; *Sailer,* NotBZ 2003, 157; *Schaub,* DNotZ 2003, 447, 450; *Schaub,* NJW 2003, 2125, 2128; *Thaeter/Meyer,* DB 2003, 539.
[329] BGH, Beschluss v. 7.7.2003 – II ZB 4/02, BGHZ 155, 318, 322; OLG Brandenburg, Vorlagebeschluss v. 28.1.2002 – 8 Wx 60/01, NJW-RR 2002, 971; *Thaeter/Meyer,* DB 2003, 539.
[330] *Altmeppen* NZG 2003, 145, 149; *Noack,* LMK 2003, 65, 66.
[331] *Meilicke,* 2003, 857, 858.
[332] *Noack,* LMK 2003, 65, 66.
[333] *Peetz,* GmbHR 2003, 229, 231; *Pflüger,* Gestaltende Steuerberatung 2003, 286, 288.
[334] *Lamb/Schluck-Amend,* Der Syndikus 2003, 25.
[335] *Nolting,* ZIP 2003, 651, 653; *Schaub,* DNotZ 2003, 447, 451;*Thaeter/Meyer,* DB 2003, 539, 540.
[336] *Keil,* EWiR 2003, 327, 328; *Schaub,* NJW 2003, 2125, 2130; *Thaeter/Meyer,* DB 2003, 539, 540; a.A. *Bärwaldt/Balda,* GmbHR 2004, 50, 53; *Heins,* notar 2003, 43; *Meilicke,* 2003, 857, 859.
[337] *Schaub,* NJW 2003, 2125, 2130.

2. Beschluss des BGH vom 7.7.2003

In seiner Entscheidung vom 7.7.2003[338] befestigte und konkretisierte der BGH das, wozu er in seinen beiden vorhergehenden Beschlüsse schon die Grundsteine gelegt hatte.

a) Sachverhalt und Entscheidungsgründe

Dem Beschluss lag ein Sachverhalt zugrunde, nach dem die F-AG zunächst Alleingesellschafterin der in Frage stehenden U-GmbH war. Der Unternehmensgegenstand lautete: „Soziale Einrichtung der Firma F-AG. Ausschließlicher Zweck: freiwillige, einmalige, wiederholte oder laufende Unterstützung von Betriebsangehörigen und ehemaligen Betriebsangehörigen sowie deren Angehörigen bei Hilfsbedürftigkeit, Krankheit, Invalidität, Berufsunfähigkeit, Arbeitslosigkeit und im Alter.“ Nachdem über das Vermögen der F-AG ein Konkursverfahren eröffnet wurde, veräußerte der Konkursverwalter die Anteile der U-GmbH zum Kaufpreis von insgesamt 5.000 DM an zwei neue Gesellschafter. Diese beriefen sodann die bisherigen Geschäftsführer ab und bestellten S zum neuen Geschäftsführer, sie verlegten den Sitz der Gesellschaft, änderten die Firma in „Z. Metallbau GmbH“ und den Unternehmensgegenstand in „industrielle Herstellung von Zäunen, Toren, Türen, Geländersystemen, Schweißkonstruktionen, Hundezwingern, Pferdeboxen, Treppenanlage etc. aus Stahl, Metall und Holz sowie deren Vertrieb und Montage. Das zuständige Amtsgericht, bei dem diese Änderungen angemeldete wurden, machte die Änderungen u.a. von der Abgabe einer Versicherung nach § 8 Abs. 2 GmbHG abhängig mit der Begründung, es liege eine wirtschaftliche Neugründung in Form einer Mantelverwendung vor. Hiergegen richtete sich auch die weitere Beschwerde der Antragstellerin.

In seiner Entscheidung erklärt der BGH erneut die Gründungsvorschriften und § 8 Abs. 2 GmbHG bei wirtschaftlichen Neugründungen für anwendbar. Das gelte auch für die Verwendung von bereits gebrauchten GmbH-Mänteln. Er bestätigt die in seiner Entscheidung vom 9.12.2002 entwickelten Grundsätze und überträgt sie auch auf die Mantelverwendung. Dies begründet er damit, dass es keinen Unterschied mache, ob die Unternehmenslosigkeit von Anfang an vorgelegen habe oder ob ein früherer Unternehmensgegenstand eingestellt wurde. Die Problematik sei in beiden Fällen dieselbe. Die Gläubiger seien im Fall der Mantelverwendung sogar schutzbedürftiger, weil dort regelmäßig das Stammkapital nicht mehr in voller Höhe vorhanden sei, während es bei Vorratsgesellschaften abgesehen von Steuern und Kontoführungsgebühren normalerweise noch unversehrt sei. Über die Erkenntnisse des vorangegangenen Beschlusses hinaus führt der 2. Senat nun auch die Pflicht ein, dass die Wiederverwendung eines zwischenzeitlich unternehmenslosen

[338] BGH, Beschluss vom 7.7.2003 – II ZB 4/02, BGHZ 155, 318.

Gesellschaftsmantels gegenüber dem Registergericht offen zu legen sei. Diese Offenlegung sei mit der Versicherung nach § 8 Abs. 2 GmbHG zu verbinden. Zur Abgrenzung der wirtschaftlichen Neugründung von der Umorganisation oder Sanierung führt der BGH aus, es handele sich um eine Umorganisation oder Sanierung, wenn die Gesellschaft noch ein aktives Unternehmen betriebe, an das die Fortführung des Geschäftsbetriebs in irgendeiner wirtschaftlich noch gewichtbaren Weise anknüpft. Damit sei auch das von der Gegenmeinung immer wieder als Argument aufgeworfene Problem der Abgrenzungsschwierigkeit in den meisten Fällen ausgeräumt. Im Übrigen könne die Geltung der Kapitalaufbringungsvorschriften nicht von etwaigen Abgrenzungsschwierigkeiten abhängig gemacht werden, die ja auch in anderen Bereichen nichts Außergewöhnliches darstellten. Auch das Argument, dass das Registergericht nur begrenzte Möglichkeiten habe, das Vorliegen einer wirtschaftlichen Neugründung zu erkennen, sei mit der nun eingeführten Pflicht zur Offenlegung einer wirtschaftlichen Neugründung entkräftet. Weiterhin entschied der BGH, dass sich die Versicherung gemäß § 8 Abs. 2 GmbHG am satzungsmäßigen Stammkapital orientieren müsse, da sich dies aus der konsequenten Umsetzung der für die rechtliche Neugründung geltenden Grundsätze ergebe. Es werde eben nicht irgendeine Gesellschaft gegründet, sondern diese konkrete mit ihrem in der Satzung festgelegten Stammkapital. Auch beziehe sich das zu schützende Vertrauen des Rechtsverkehrs auf das satzungsmäßige Stammkapital. Ohne dazu einen Anlass zu haben, bejaht der BGH ferner die Anwendbarkeit von ihm entwickelten Grundsätze der Unterbilanzhaftung und der Handelndenhaftung nach § 11 Abs. 2 GmbHG. Als relevanten Zeitpunkt für die Unterbilanzhaftung legt der Senat die Offenlegung der wirtschaftlichen Neugründung gegenüber dem Handelsregister fest, weil eine Gewährleistung der Unversehrtheit des Stammkapitals über diesen Zeitpunkt hinaus bei der wirtschaftlichen Neugründung nicht veranlasst sei.

b) Reaktionen auf den Beschluss

Der BGH hat für die Ausweitung seiner Rechtsprechung auf Mantelgesellschaften und die weiteren Konkretisierungen im Bereich der Gesellschafterhaftung in seinem Beschluss zum Teil Lob erhalten[339]. Die Entscheidungen des BGH werden als förderlich für die Rechtssicherheit eingestuft, was als zuträglich für die Beliebtheit von Vorratsgesellschaften gewertet wird[340]. Vor allem bleibe der Vorteil der Vorratsgesellschaften, nämlich die erheblich früher eintretende Haftungsbeschränkung (zum Zeitpunkt der Anmeldung nicht erst zum Zeitpunkt der Eintragung) erhalten[341]. Die anderen vom BGH aufgestellten Hürden seien rein formaler Natur[342]. Anders wird die Auswirkung für die Attraktivität für Mantelgesellschaften beurteilt: Die Haftungsrisiken für die neuen Gesellschafter bei einer Mantelverwendung seien durch

---

[339] *Herchen,* DB 2003, 2211, 2212; *Keil,* EWiR 2003, 967, 968; *Kesseler,* ZIP 2003, 1790.

[340] *Keil,* EWiR 2003, 967, 968; *Kesseler,* ZIP 2003, 1790, 1793.

[341] *Gronstedt,* BB 2003, 2082, 2083; *Kesseler,* ZIP 2003, 1790, 1793.

[342] *Kesseler,* ZIP 2003, 1790, 1793.

die Rechtsprechung in einem Maße verschärft worden, dass die Gefahr einer Haftung die Verwendung von Gesellschaftsmänteln unattraktiv macht[343]. Auch die Widersacher des BGH haben sich nach der Entscheidung zu Wort gemeldet und gegen die Begründung des BGH argumentiert[344]. Die Begründung des BGH wird als nicht stichhaltig abgetan und die Durchführbarkeit der neuen Rechtsfortbildung bezweifelt.

Das OLG Jena entschied am 1.9.2004 über einen Fall, den es als Mantelverwendung qualifizierte[345]. Hierin griff es die BGH-Rechtsprechung auf und füllte sie aus[346]. Es betont, dass es für die Abgrenzung einer wirtschaftlichen Neugründung von einer unbedenklichen Umorganisation allein darauf ankomme, dass keine aktive Unternehmenstätigkeit. Insbesondere seien weder die Vermögenslosigkeit des Mantels noch die Änderung des Unternehmensgegenstandes noch eine Neufassung der Firma, eine Sitzverlegung oder ein Gesellschafterwechsel erforderlich. Bei Bareinlagen genüge es, wenn 12.500 € zur freien Verfügung der Geschäftsführer ständen. Wenn das nach § 7 Abs. 2 und 3 GmbHG erforderliche Stammkapital zum Zeitpunkt der Offenlegung nicht vorhanden sei, unterlägen die Gesellschafter der Vorbelastungshaftung. Ein Vertrauensschutz für wirtschaftliche Neugründung, die vor den BGH-Entscheidung vom 9.12.2002 und vom 7.7.2003 stattgefunden haben, sei jedenfalls in Bezug auf die Vorbelastungshaftung nicht angebracht.

III. Stellungnahme

Im Folgenden soll überprüft werden, ob der BGH sich für eine dogmatisch fundierte und sachgerechte Lösung entschieden hat, indem er das Analogiekonzept der Literatur sowohl bei der Verwendung von Vorratsgesellschaften als auch bei der Verwendung von Mantelgesellschafen für anwendbar erklärt hat. Dazu soll zunächst aufgezeigt werden, dass die Verwendung von Vorrats- und Mantelgesellschaften sich so ähnlich sind, dass sie dieselbe rechtliche Behandlung erfahren müssen. In der folgenden Argumentation soll für Vorrats- und Mantelgesellschaften überprüft werden, ob das Analogiekonzept des BGH haltbar ist.

---

[343] *Kesseler,* ZIP 2003, 1790, 1793; *Keil,* EWiR 2003, 967.

[344] *Altmeppen,* DB 2003, 2050; *Heidenhain,* NZG 2003, 1051; *Herchen,* DB 2003, 2211, 2216; *Kallmeyer,* DB 2003, 2583; *Ulrich,* WM 2004, 915, 920.

[345] OLG Jena, Urteil v. 1.9.2004 – 4 U 37/04, NZG 2004, 1114.

[346] Zur Ausfüllung der BGH-Rechtsprechung s. ausführlich unter § 5.

1. Gleichheit der Rechtsfolgen bei der Verwendung von Vorrats- oder Mantelgesellschaften

Um zu entscheiden, ob die Diskussion über die Rechtsfolgen der Verwendung von Vorrats- und Mantelgesellschaften für beide Rechtsgebilde zusammen geführt werden kann, muss festgestellt werden, ob diese beiden Rechtsgebilde sich soweit wesentlich ähneln, dass sie nur dieselben Rechtsfolgen nach sich ziehen können oder ob ihre Unterschiede eine unterschiedliche rechtliche Behandlungen gebieten.

Dazu kann man zunächst von den o.g.[347] Begriffsbestimmungen ausgehen. Demnach ist eine Vorratsgesellschaft eine nur durch ihre Geschäftsanteile verkörperte Kapitalgesellschaft ohne vergangene oder gegenwärtige aktive unternehmerische Tätigkeit, deren Tätigkeit sich zunächst auf die Verwaltung des gesellschaftseigenen Vermögens beschränken soll. Demgegenüber sind Mantelgesellschaften nur noch durch ihre Geschäftsanteile verkörperte Kapitalgesellschaften, die ihren bisherigen Geschäftsbetrieb eingestellt haben und mangels Löschung im Handelsregister noch als juristische Person bestehen. Diesen Begriffsbestimmungen zufolge sind also sowohl Vorrats- als auch Mantelgesellschaften Kapitalgesellschaften ohne unternehmerische Tätigkeit, deren Tätigkeit sich auf die Verwaltung des gesellschaftseigenen Vermögens beschränkt. Eine Vorratsgesellschaft entfaltete aber im Gegensatz zur Mantelgesellschaft bisher keinen Geschäftsbetrieb, während eine Mantelgesellschaft ihren Geschäftsbetrieb eingestellt hat. Über die Begriffsbestimmung hinaus schlägt sich die unterschiedliche Vergangenheit der beiden Gesellschaftsmäntel oft im Gesellschaftsvermögen nieder. Während bei den Vorratsgesellschaften mangels vorangegangener unternehmerischer Tätigkeit meistens das Mindestkapital noch praktisch unversehrt vorhanden ist, wurde bei den Mantelgesellschaften das Gesellschaftsvermögen oft nahezu oder vollständig aufgebraucht.

Hintergrund der Diskussion um die analoge Anwendung der Gründungsvorschriften ist das ungute Gefühl, das viele dabei verspüren, wenn jemand für ein Unternehmen eine haftungsbeschränkte Rechtsform verwendet, ohne das Gründungsverfahren, mit dem die Aufbringung des gesetzlichen Mindestkapitalsverbunden ist, unmittelbar vorher zu durchlaufen. Vor diesem Hintergrund sind Vorrats- und Mantelgesellschaften jedoch in gleicher Weise bedenklich. In beiden Fällen wird ein Unternehmensbetrieb ohne zeitlich unmittelbar vorhergehende Beachtung der Gründungsvorschriften in einer beschränkten Rechtsform begonnen. Der einzige Unterschied im Hinblick auf dieses Problem ist rein tatsächlicher Art, nämlich dass im Normalfall bei Vorratsgesellschaften das gesetzliche Mindestkapital noch vorhanden ist und bei Mantelgesellschaften im Normalfall kaum noch Kapital vorhanden ist[348]. Da es sich

[347] Vgl. § 1II.

[348] Mit dieser Argumentation gehen *Peters*, GmbH-Mantel, S. 6 und *Priester*, FS-GmbHG, S. 186 davon aus, dass eine analoge Anwendung der Gründungsvorschriften für Vorratsgesellschaften nicht in Frage kommt, während sie die analoge Anwendung der Gründungsvorschriften für Mantelgesellschaften bejahen. Dieses Argument nennt auch *Sailer*, NotBZ 2003, 157.

hierbei aber nur um den jeweiligen „Normalfall" handelt, muss davon nicht zwingend ausgegangen werden. Bei Vorratsgesellschaften können, obwohl die Tätigkeit der Gesellschaft sich ausschließlich auf die Verwaltung des gesellschaftseigenen Vermögens beschränkte, Kosten entstehen. Typischerweise handelt es sich dabei um Kontoführungsgebühren oder zu zahlende Steuern. Das bei der rechtlichen Neugründung aufgebrachte Stammkapital kann sehr schnell aufgebraucht werden, wenn es für Spekulationsgeschäfte eingesetzt wird[349]. Häufig ist auch eine Konstellation, die dazu führt, dass überhaupt kein Kapital mehr zur freien Verfügung des Geschäftsführers steht[350]. Der Gründer der Vorratsgesellschaft stattet die Gesellschaft für die Gründung mit ihrem Stammkapital aus. Nachdem die Gesellschaft im Handelsregister eingetragen worden ist, zahlt die Gesellschaft dem Gründer das Kapital als Kredit aus. So kann der Gründer das Kapital für die Gründung von mehreren Vorratsgesellschaften verwenden. In einem solchen Fall steht der Gesellschaft zwar ein Rückgewähranspruch aus § 31 Abs. 1 GmbHG zu, dieser ist aber nur werthaltig, wenn der Gesellschafter auch solvent ist. Entsprechende Sachverhalte lagen mehreren obergerichtlichen Entscheidungen zugrunde[351]. Es gibt also genug Möglichkeiten für eine Vorratsgesellschaft, ihres Kapitals verlustig zu werden. Je länger der Zeitraum zwischen der Gründung der Vorratsgesellschaft und ihrer Verwendung andauert, desto höher ist die Wahrscheinlichkeit, dass sich das Kapital der Gesellschaft in dieser Zeit verringert hat[352]. Bei Mantelgesellschaften ist es mit einiger Sicherheit der Normalfall, dass das Gesellschaftsvermögen nahezu vollständig durch die vorangegangene wirtschaftliche Betätigung aufgezehrt ist. Dennoch sind Sachverhalte denkbar, in denen noch beträchtliches Vermögen als Gesellschaftsvermögen vorhanden ist. Ein Beispiel wäre etwa eine Gesellschaft, die zwar ihre wirtschaftliche Betätigung eingestellt hat, aber noch ein Betriebsgrundstück hat. Es gibt einen Interessenten, der sich sowohl für die Gesellschaft als auch ein Betriebsgrundstück interessiert und beides kauft, um Gesellschaft und Grundstück für seine eigene unternehmerische Tätigkeit zu verwenden[353]. Da es folglich neben den Normalfällen auch eine große Zahl von Ausnahmefällen gibt, kann man aus deren Unterschiedlichkeit noch nicht den Schluss ziehen, dass Mantelgesellschaften und Vorratsgesellschaften grundlegend unterschiedlich sind. Im Gegenteil ist aus der Tatsache, dass sowohl Mantelgesellschaften als auch Vorratsgesellschaften ein aufgezehrtes oder ein unversehrtes Stammkapital haben können, zu folgern, dass sie grundsätzlich mangels relevanter Unterschiede rechtlich gleich zu behandeln sind[354].

---

[349] *Goette,* DStR 2004, 461, 463.

[350] Vgl. *Kallmeyer,* GmbHR 2003, 322 f.

[351] OLG Hamburg, Urteil v. 19.11.2004 – 11 U 45/04, GmbHR 2005, 164; OLG Jena, Urteil v. 1.9.2004 – 4 U 37/04, NZG 2004, 1114; OLG Schleswig, Urteil v. 27.5.2004 – 5 U 143/03, NZG 2004, 969; OLG Schleswig, Urteil v. 3.4.2003 – 5 U 168/01, GmbHR 2003, 1058; OLG Schleswig, Urteil v. 20.7.2000 – 5 U 2/00, DZWIR 2000, 510.

[352] Vgl. BayObLG, Beschluss v. 24.3.1999 – 3 Z BR 295/98, BB 1999, 971, 972.

[353] Vgl. mit einem ähnlichen Beispiel *Breit,* JW 1924, 635, 639.

[354] So im Ergebnis auch die herrschende Meinung, wenn sie, ohne diese Frage vorher zu erörtern, das Problem der analogen Anwendung der Gründungsvorschriften bei Vorrats- und Mantelgesellschaften gleichzeitig erörtern. Ausdrücklich LG Dresden, Beschluss. v. 14.3.2000 – 44 T 0052/99, NJW-RR

2. Argument der „wirtschaftlichen Neugründung“

Ein wichtiges Argument der Rechtsprechung und zugleich deren Anknüpfungspunkt für die analoge Anwendung der Gründungsvorschriften ist, dass es sich bei der Verwendung einer Vorrats- oder Mantelgesellschaft wirtschaftlich gesehen um eine Neugründung handele, so dass sie auch in rechtlicher Hinsicht wie eine rechtliche Neugründung behandelt werden müsse.

Das Argument der „wirtschaftlichen Neugründung“ ist sehr schwach. Selbst wenn man die Verwendung einer Vorrats- oder Mantelgesellschaft wirklich mit Recht eine wirtschaftliche Neugründung nennen könnte, ist damit noch immer nicht begründet, warum auf diese wirtschaftliche Neugründung die Gründungsvorschriften Anwendung finden sollen. Vielmehr regeln die Gründungsvorschriften unmittelbar nur die Fälle der rechtlichen Neugründungen, d.h. also nur Fälle, in denen die juristische Person zum ersten Mal ins Leben tritt[355]. Aus der Feststellung, es handele sich um eine wirtschaftliche Neugründung, kann also auf keinen Fall unmittelbar der Schluss gezogen werden, die Gründungsvorschriften müssten analog herangezogen werden. Wenn etwa die Rechtsprechung ohne Umschweife wegen des Vorliegens einer wirtschaftlichen Neugründung die Anwendung der Gründungsvorschriften bejaht, spielt wohl vor allem die Überlegung eine Rolle, dass wirtschaftliche und rechtliche Neugründungen vergleichbar sind. Dieser Schluss darf aber nicht nur deshalb erfolgen, weil für beide Sachverhalte ein ähnlicher Begriff gefunden wurde. Die Feststellung, ob die Interessenlagen vergleichbar sind, muss im Rahmen der Analogieprüfung erfolgen. Im Ergebnis führt daher das Vorliegen einer wirtschaftlichen Neugründung nicht zu einer analogen Anwendung der Gründungsvorschriften.

Es stellt sich weiterhin die Frage, ob es überhaupt berechtigt ist, die Verwendung von Mantel- und Vorratsgesellschaften als wirtschaftliche Neugründung zu bezeichnen. Dem wird in der Literatur zum Teil widersprochen[356]. Die Bezeichnung „wirtschaftliche Neugründung“ ist gerechtfertigt, wenn man damit wirtschaftlich dasselbe Ergebnis erreicht wie mit einer rechtlichen Neugründung. Das ist nicht der Fall[357]. Das wirtschaftliche Ergebnis einer rechtlichen Neugründung ist die Entstehung einer vorher noch nicht existenten juristischen Person durch ihre Eintragung ins Handelsregister. Dabei ist es, wie sich aus der Zulässigkeit von Vorratsgesellschaften

---

2001, 823; BayObLG, Beschluss v. 24.3.1999 – 3 Z BR 295/98, BB 1999, 971, 972; *Henze*, Hdb GmbHR, Rn. 54; *Jacobs*, DZWIR 2004, 309, 311; *K. Schmidt*, NJW 2004, 1345, 1346; *Thaeter*, DB 2003, 2112, 2114; *Ulrich*, WM 2004, 915, 920; A.A. *Keller*, DZWIR 2005, 133, 136; *Peters*, GmbH-Mantel, S. 6; *Rawert*, EWiR 1998, 223, 224; *Priester*, FS-GmbHG, S. 186; *Schulz*, BuW 2003, 331, 336.

[355] *Seibt*, NJW-Spezial 2004, 75, 76.

[356] Vgl. *Meller-Hannich*, ZIP 2000, 345, 349; *Wilhelmi*, DZWIR 2004, 177, 180. In dieser Art argumentiert auch *Banerjea*, NZG 1999, 817, wenn er sagt, die Verwendung einer Vorratsgesellschaft habe mit der Neugründung einer Gesellschaft und der Umgehung des Gründungsrecht nichts zu tun. Ähnlich auch bei *Bärwaldt/Schabacker*, GmbHR 1998, 1005, 1010.

[357] *Wilhelmi*, DZWIR 2004, 177, 180. So aber OLG Brandenburg, Vorlagebeschluss v. 28.1.2002 – 8 Wx 60/01, NJW-RR 2002, 971, 973.

ergibt, irrelevant, ob diese neue Gesellschaft sofort einen Geschäftsbetrieb beginnt oder nicht. Das wirtschaftliche Ergebnis einer rechtlichen Neugründung ist daher allein die Entstehung einer Kapitalgesellschaft. Bei der Verwendung einer Vorrats- oder Mantelgesellschaft dagegen wird ein Geschäftsbetrieb in einer vormals inaktiven Gesellschaft aufgenommen. Das wirtschaftliche Ergebnis ist deshalb die Aufnahme eines Geschäftsbetriebs in einer haftungsbeschränkten Rechtsform. Es geht also ein Mal um die Entstehung eines Rechtsträgers und das andere Mal um die Aufnahme einer Geschäftstätigkeit. Die wirtschaftlichen Ergebnisse der sog. wirtschaftlichen Neugründung und der rechtlichen Neugründung sind daher vollkommen unterschiedlich.

Der BGH und die ihm folgenden Stimmen gehen weitergehend davon aus, dass nach der Grundidee des GmbH-Gesetzes von der GmbH-Gründung die Entstehung der juristischen Person und die Aufnahme des Geschäftsbetriebs zusammenfallen. Die Konsequenz dieses Gedankens wird sodann folgerichtig genannt: die Rechtsperson beginne erst mit der Aufnahme des Geschäftsbetriebs. In der Aufnahme des Geschäftsbetriebs sei die „Vollendung der Gründung" zu sehen[358]. Schon der Ausgangspunkt dieser Argumentation ist verfehlt. Zwar muss es als Normalfall angesehen werden, dass die Aufnahme des Geschäftsbetriebs zeitnah nach der Eintragung der GmbH erfolgt, davon ist wohl auch der Gesetzgeber ausgegangen. Dennoch setzt das Gesetz nicht voraus, dass die Gründung der GmbH immer mit der Aufnahme des Geschäftsbetriebs zusammenfällt. Im Gegenteil kann eine GmbH gemäß § 1 GmbHG zu jedem gesetzlichen Zweck errichtet werden. In dieser Regelung offenbart sich, dass der Gesetzgeber nicht davon ausging, dass die Entstehung einer GmbH zwingend mit der Aufnahme eines Geschäftsbetriebs verbunden sein muss. Diese Tatsache erkennen auch der BGH und seine Anhänger an, wenn sie die offene Vorratsgesellschaft für zulässig halten[359]. Das Gesetz geht also gerade nicht davon aus, dass die Aufnahme des Geschäftsbetriebes zur Gründung gehört. Wenn man die Annahme der Gegenmeinung weiterdenkt, kommt man zu einem absurden Ergebnis: Würde die Gründung erst mit Aufnahme des Geschäftsbetriebs vollendet, müsste das Registergericht erst dann die Aufbringung des Stammkapitals (erstmalig) prüfen. Erst wenn das Stammkapital vom Registergericht überprüft wäre, könnte die GmbH eingetragen werden und damit gemäß § 11 I GmbHG als juristische Person entstehen. Das würde wiederum heißen, dass eine GmbH nur bei Aufnahme eines Geschäftsbetriebs zur Entstehung kommen könnte. Ein solches Ergebnis widerspräche klar § 1 GmbHG, nach dem eine GmbH zu jedem gesetzlich zulässigen Zweck errichtet werden kann. Das zeigt, dass die Aufnahme eines Geschäftsbetriebs nicht als zwingender Bestandteil der Gründung einer GmbH angesehen werden kann. Die Gründung ist mit Entstehung der juristischen Person also mit ihrer Eintragung als vollendet anzusehen.

---

[358] Zuerst *Goette,* DStR 2003, 300; ihm folgend *Krafka,* ZGR 2003, 577, 290; diesen Gedanken aufgreifend *Priester,* ZHR 168 (2004), 248, 251.

[359] Vgl. BGH, Beschluss v. 16.3.1992 – II ZB 17/91, BGHZ 117, 323 und die zustimmende Literatur.

Man kann deshalb weder vom Vorliegen einer wirtschaftlichen Neugründung auf die analoge Anwendbarkeit der Gründungsvorschriften schließen noch ist die Bezeichnung der Verwendung eines Gesellschaftsmantels mit wirtschaftlicher Neugründung berechtigt. Weiterhin kann man nicht, wovon aber der BGH implizit ausgeht, die Ausstattung mit einem Geschäftsbetrieb als Teil der GmbH-Gründung ansehen. Die Stimmen, die in der Aufnahme eines Geschäftsbetriebs die „Vollendung" der Gründung sehen, sind abzulehnen. Das Argument der „wirtschaftlichen Neugründung" greift damit nicht durch.

3. Umgehung der Gründungsvorschriften

Ein wichtiges Argument für den BGH und die herrschende Meinung in der Literatur und Rechtsprechung ist das sog. Umgehungsargument[360]. Demzufolge werden bei einer wirtschaftlichen Neugründung die Gründungsvorschriften umgangen und sind deshalb analog anzuwenden. Dieses Argument ist aus mehreren Gründen nicht stichhaltig. Der Begriff Umgehung wird im allgemeinen so charakterisiert: Bei einem Umgehungsgeschäft wird ein Rechtsgeschäft so konstruiert, dass das Vorliegen der Tatbestandsmerkmale einer hinderlichen gesetzlichen Regelung vermieden wird[361]. Erstens setzt der Begriff der Umgehung voraus, dass die Vorschriften ohne die Umgehung Anwendung fänden. Ohne die Mantelverwendung bleibt als einziges der Beginn der wirtschaftlichen Tätigkeit übrig. Die Anwendung der Gründungsvorschriften ist aber immer an die Gründung einer Kapitalgesellschaft, nie aber an die Gründung eines Unternehmens geknüpft[362]. Ebenso wenig gibt es im Kapitalgesellschaftsrecht eine Regel, die besagt, dass man die Gründungsvorschriften einhalten muss, wenn man eigentlich eine neue Gesellschaft hätte gründen müssen, dies aber nicht getan hat[363]. Zweitens entspricht es heute der herrschenden Meinung, dass eine Umgehung von Vorschriften in der Weise, dass die Vorschrift weder direkt noch analog anzuwenden ist, es nicht rechtfertigt, dass diese dennoch angewendet werden[364]. Dafür spricht vor allem, dass es den Parteien eines Rechtsgeschäfts unbenommen ist, welche vom Gesetz eröffneten Gestaltungsmöglichkeiten sie zu der Erreichung des von ihnen gewünschten Erfolges nutzen wollen[365]. Wenn der Gesetzgeber in bestimmten Bereichen bei einer Umgehung die umgangenen Vorschriften trotzdem angewendet sehen möchte, regelt er das ausdrücklich. So etwa

---

[360] BGH, Beschluss v. 9.12.2002 – II ZB 12/02, BGHZ 153, 158, 161; OLG Brandenburg, Vorlagebeschluss v. 28.1.2002 – 8 Wx 60/01, NJW-RR 2002, 971, 974; OLG Frankfurt a.M., Urteil v. 4.11.1998 – 21 U 264/97, GmbHR 1999, 32; LG Dresden, Urteil v. 18.7.2000 – 9 O 0699/00, ZIP 2000, 1834, 1835; AG Duisburg, Beschluss v. 8.8.1997 – 8 AR 159/97, Rpfleger 1998, 115; AG Duisburg, Beschluss v. 27.11.1996 – 8 AR 71/96, Rpfleger 1997, 219.

[361] MüKo BGB/*Kramer*, § 117 Rn. 15.

[362] Dazu ausführlich unter § 3III.8.e).

[363] *K. Schmidt*, NJW 2004, 1345, 1351.

[364] *Bärwaldt/Schabacker*, GmbHR 1998, 1005, 1009; *Peters*, GmbH-Mantel, S. 23.

[365] Vgl. Soergel/*Hefermehl*, § 134 Rn. 37; mit ausführlicher Begründung: *Heerma*, Mantelverwendung, S. 97 f.

in den Vorschriften § 306a BGB im Bereich der AGB-Kontrolle, § 75d S. 2 HGB zu den Vorschriften des Handlungsgehilfen, oder § 42 AO im Steuerrecht. Daraus folgt, dass umgangene Vorschriften nur angewendet werden können, wenn der Sinn und Zweck der Norm ergibt, dass diese Norm auch auf Umgehungsgeschäfte angewendet werden muss.[366] Dann liegt aber streng genommen kein Fall der Anwendung wegen Umgehung der Norm vor, sondern ein Fall einer einfachen Normanwendung. Eine Umgehung kann daher kein Argument dafür sein, eine Norm anzuwenden, obwohl sie auch nach Auslegung nicht anwendbar ist[367]. Wie schon gezeigt wurde, fällt die Verwendung einer Mantel- oder Vorratsgesellschaft nicht in den Anwendungsbereich der Gründungsvorschriften. Das Umgehungsargument kann aber auch keine analoge Anwendung der Gründungvorschriften rechtfertigen[368].

4. Abgrenzbarkeit des Tatbestandes „wirtschaftliche Neugründung"

Ein häufig genanntes Argument gegen eine analoge Anwendung der Gründungsvorschriften ist, dass die Abgrenzung einer wirtschaftlichen Neugründung zur unbedenklichen Umorganisation oder Sanierung schwierig zu treffen ist[369]. Man könne zwar Kriterien finden, jede Abgrenzung erscheine aber willkürlich[370]. Solche Einwände sind berechtigt[371].

Zum einen ist vom BGH immer noch nicht festgelegt worden, unter welchen Umständen überhaupt eine wirtschaftliche Neugründung vorliegt. In seinen beiden neuen Beschlüssen macht er zwar deutlich, dass sowohl bei Verwendung einer Mantelgesellschaft als auch bei Verwendung einer Vorratsgesellschaft eine wirtschaftliche Neugründung vorliege. Eine genaue Festlegung, welche Tatbestandsvoraussetzungen bei einer Vorrats- oder Mantelgesellschaft vorliegen müssen, fehlt jedoch in beiden Entscheidungen. Er stellt zwar klar, dass eine Mantelverwendung voraussetzt, dass die GmbH im Rahmen ihres früheren Unternehmensgegenstandes tätig gewesen aber inzwischen unternehmenslos geworden sein muss. Offen bleiben aber immer noch viele Fragen, etwa wie lange die Unternehmenslosigkeit angedauert haben muss, was unter Unternehmenslosigkeit zu verstehen ist, ob es einen Gesellschafterwechsel gegeben haben muss oder ob die Gesellschaft komplett vermögenslos sein muss. Ähnlich problematisch sind die Voraussetzungen für das Vorliegen der Verwendung einer Vorratsgesellschaft. Der BGH definiert sie so: Ausstattung der Vorratsgesellschaft mit einem Unternehmen und erstmalige Aufnahme ihres Geschäftsbetriebes. Auch bei der Abgrenzung einer

[366] So MüKo BGB/*Kramer,* § 117 Rn. 15; Soergel/*Hefermehl,* § 134 Rn. 37.
[367] Vgl. *Heerma,* GmbHR 1999, 640, 642 f.
[368] Im Ergebnis auch *Wilhemi,* DZWIR 2004, 178, 179.
[369] *Bommert,* GmbHR 1983, 209, 212; *Herchen,* DB 2003, 2211, 2213; *Mayer,* NJW 2000, 175, 178.
[370] *Heidenhain,* NZG 2003, 1051, 1052.
[371] *Schumacher,* DStR 2003, 1884, 1885 findet die vom BGH herausgearbeiteten Abgrenzungskriterien dagegen praktikabel.

Vorratsgesellschaft stellt sich die Frage, ob ein Gesellschafterwechsel notwendig ist. Unklar ist auch hier, wie viel Zeit zwischen der Eintragung der Gesellschaft und der Aufnahme des Geschäftsbetriebs verstrichen sein muss, damit die Verwendung einer Vorratsgesellschaft und damit eine wirtschaftliche Verwendung vorliegt. Abgrenzungen, die der BGH trifft, sind alles andere als vollständig.

Trotz seiner formalen Richtigkeit ist diesem Argument entgegenzuhalten, dass die Bewältigung von Abgrenzungsproblemen zum täglichen Brot eines jeden Juristen gehören. Bei jeder Begriffsbestimmung gibt es Grenzfälle, bei denen es Probleme bereitet, sie zuzuordnen. Auch hierbei handelt es sich um bloße Praktikabilitätserwägungen, die nicht als ausschlaggebendes Argument für oder gegen die Richtigkeit einer Rechtsauffassung herangezogen werden können.

5. Möglichkeiten des Registergerichtes zur Feststellung einer wirtschaftlichen Neugründung

Einwendungen gegen die Rechtsprechung des BGH wurden auch bezüglich der Erkennbarkeit der wirtschaftlichen Neugründung durch das Registergericht erhoben[372]. Bei offenen Vorratsgesellschaften jedenfalls dürfte das zuständige Registergericht keine Probleme haben, eine wirtschaftliche Neugründung an der Bezeichnung des Unternehmensgegenstandes oder ihrer Firma (z.B. „Fünfundzwanzigste Verwaltungsgesellschaft mbH“[373]) zu erkennen. Das gilt allerdings nur, wenn Satzungsänderungen zur Eintragung im Handelsregister angemeldet werden. Bei verdeckten Vorratsgründungen und Mantelgesellschaften kann das Registergericht seine Untersuchung nur auf Indizien, etwa die Kumulation von Änderungen des Unternehmensgegenstandes, der Firma oder der Geschäftsführer stützen[374]. Ferner hat der BGH eine Pflicht zur Offenlegung von Mantelverwendungen statuiert[375], so dass auch in den Fällen, in denen keine Satzungsänderungen erforderlich sind, das Registergericht von der Mantelverwendung Kenntnis erlangt. Ohne eine solche Pflicht wäre es dem Registergericht nicht möglich, eine Mantelverwendung, die nicht mit Satzungsänderungen einhergeht zu erkennen. Das Gericht kann nach § 9c GmbHG, § 12 FGG in weitere Nachforschungen einsteigen.[376] Es gibt dennoch schwierige Grenzfälle. Diese Probleme veranschaulicht folgendes Beispiel: Eine GmbH hat bislang eine Fahrradfabrik betrieben. Dem entsprach auch ihr Unternehmensgegenstand. Der Geschäftsführer dieser GmbH meldet nun beim Registergericht die Änderung des Unternehmensgegenstandes in die Fabrikation von

[372] BayObLG, Beschluss v. 24.3.1999 – 3 Z BR 295/98, BB 1999, 971.
[373] So hieß die Vorratsgesellschaft im Fall BGH, Beschluss v. 9.12.2002 – II ZB 12/02, BGHZ 153, 158.
[374] Vgl. *Meller-Hannich*, ZIP 2000, 345, 348.
[375] BGH, Beschluss v. 7.7.2003 – II ZB 4/02, BGHZ 155, 318, 323.
[376] *Mayer*, NJW 2000, 175, 178.

Motorrädern an. Die Feststellung, ob es sich hier um eine wirtschaftliche Neugründung handelt, ohne dass der Geschäftsführer sie offen legt, wird sich für das Registergericht als schwierig erweisen.

Die vom BGH eingeführte Offenlegungspflicht ist bedenklich. Sie entbehrt jeglicher Rechtsgrundlage[377]. Nur wenn man die wirtschaftliche Neugründung als eintragungspflichtige Tatsache anerkennt, lässt sich diese Pflicht erklären[378].

Jedoch kann aus diesen Praktikabilitätserwägungen nicht der Schluss gezogen werden, dass eine analoge Anwendung der Gründungsvorschriften per se nicht möglich ist. Kontrollschwierigkeiten gibt es bei der Durchsetzung der meisten Gebots- und Verbotsnormen. Daraus kann sich aber kein Argument für die Richtigkeit oder Unrichtigkeit einer Rechtsauffassung ergeben[379].

6. Notwendigkeit des Gläubigerschutzes durch analoge Anwendung der Gründungsvorschriften

Der wichtigste Grund dafür, dass die Rechtsprechung und große Teile der Literatur eine analoge Anwendung der Gründungsvorschriften befürworten, liegt im Bereich des Gläubigerschutzes. Es entspricht dem gängigen Rechtsempfinden, dass, wenn schon die Haftung der GmbH-Gesellschafter beschränkt ist, sie zumindest zur Einlage eines Mindeststammkapitals verpflichtet sein sollen. Aus diesem Rechtsempfinden heraus kann man wohl auch zu der Annahme kommen, dass diese Kapitalausstattung bei jeder Aufnahme eines neuen Geschäftsbetriebs in einer haftungsbeschränkten Rechtsform geschehen müsse, um die Gläubiger hinreichend zu schützen. Dennoch ist es für eine GmbH nach allgemeiner Meinung ohne weiteres möglich, ihren Unternehmensgegenstand durch Gesellschafterbeschluss zu ändern und damit auch ein ganz anderes Unternehmen zu betreiben, ohne dass es zu einer wiederholten Anwendung der Gründungsvorschriften kommt[380]. Bei der Verwendung eines Gesellschaftsmantels muss die GmbH nach Auffassung des BGH vor der Verwendung eine Zeit lang unternehmenslos gewesen sein. Warum die Gläubiger aber schützenswerter sein sollen, wenn seit der vorangegangenen Geschäftstätigkeit der Gesellschaft schon einige Zeit verstrichen ist, ist nicht zu erklären. Ebenso wenig ist einsichtig, warum in dem Fall einer Kumulation von Änderungen des Unternehmensgegenstandes, der Firma, der Gesellschafter oder der Geschäftsführer die Gläubiger

---

[377] Vgl. *Priester*, ZHR 168 (2004), 248, 262.
[378] Dazu unten § 5II.7.b).
[379] Zu diesem Ergebnis kommt auch LG Dresden, Beschluss. v. 14.3.2000 – 44 T 0052/99, NJW-RR 2001, 823, 824; *Ihrig*, BB 1988, 1197, 1202.
[380] L/H/*Lutter/Bayer*, § 1 Rn. 20.

schützenswerter sein sollen, als wenn eine dieser Änderungen einzeln vorliegt.[381] Es liegt vielmehr nahe, alle Fälle gleich zu behandeln.

Zwar wird behauptet, dass für die Gläubiger einer offenen Vorratsgesellschaft, deren eingezahltes Stammkapital bereits verbraucht ist, das Risiko größer ist als für die Gläubiger einer werbend tätigen Gesellschaft[382], doch muss dem widersprochen werden. Eine Vorratsgesellschaft ist für Geldabfluss ohne Gegenwert nicht mehr und nicht weniger gefährdet als jede andere Gesellschaft[383].

Der Gläubigerschutz nach Eintragung der Kapitalgesellschaft wird außerdem nach §§ 30, 31 GmbHG gewährleistet. Es stellt sich also die Frage, ob mit diesen Vorschriften auch im Falle der Verwendung einer Vorrats- oder Mantelgesellschaft dem Gläubigerschutz genüge getan ist. In § 30 GmbHG verbietet das Gesetz den Gesellschaftern, sich Aktivvermögen der Gesellschaft zukommen zu lassen, wenn dadurch eine Unterbilanz herbeigeführt oder vertieft wird[384]. Wird gegen dieses Verbot verstoßen, ist der Gesellschafter, der die Leistungen empfangen hat, gemäß § 31 Abs. 1 GmbHG dazu verpflichtet, das Empfangene an die Gesellschaft zurückzuzahlen. Durch dieses System wird der Gläubiger davor geschützt, dass das Stammkapital nach der Eintragung der Gesellschaft einfach wieder an die Gesellschafter zurückgezahlt wird. Er wird dagegen nicht davor geschützt, dass das Gesellschaftskapital durch die Kosten, die in der Gesellschaft entstehen, gemindert wird. Diesen Schutz sieht das GmbH-Gesetz aber als ausreichend an, wenn die Mindesteinlagen ein Mal, nämlich bei Gründung der GmbH, erbracht worden sind. Einen weitergehenden Schutz sieht das GmbHG auch bei anderen unternehmensbetreibenden GmbHs nicht vor[385]. Es entspricht dem Konzept des Gläubigerschutzes im GmbHG, dass das Stammkapital nur ein Mal vom Registergericht überprüft und danach durch die §§ 30, 31 GmbHG vor dem Zugriff der Gesellschafter geschützt wird[386]. Auch im Falle der Verwendung einer Vorrats- und Mantelgesellschaft besteht kein Grund von dieser Konzeption des GmbHG abzuweichen. Die Gläubiger werden durch dieses Konzept ausreichend geschützt.[387]

Liegt ein grobes Missverhältnis zwischen real vorhandenem und tatsächlich erforderlichem Kapital vor, greifen außerdem die Regeln der Haftung wegen materieller Unterkapitalisierung ein[388]. Darauf wird später noch näher eingegangen[389].

---

[381] Vgl. *Meller-Hannich,* ZIP 2000, 345, 350.

[382] OLG Celle, Beschluss v. 30.4.2002 – 9 W 47/02, FGPrax 2002, 183, 184.

[383] Vgl. BayObLG, Beschluss v. 24.3.1999 – 3 Z BR 295/98, BB 1999, 971, 972.

[384] Vgl. L/H/*Lutter/Hommelhoff,* § 30 Rn. 2.

[385] Vgl. *Roth/Altmeppen,* § 3 Rn. 14.

[386] BayObLG, Beschluss v. 24.3.1999 – 3 Z BR 295/98, BB 1999, 971, 972.

[387] Zu diesem Ergebnis kommt auch BayObLG, Beschluss v. 24.3.1999 – 3 Z BR 295/98, BB 1999, 971, 972; *Banerjea,* GmbHR 1998, 814, 817; *Banerjea,* NZG 1999, 817, 818.

[388] *Banerjea,* NZG 1999, 817, 818.

[389] Vgl. § 4III.6.

7. Vergleich der „wirtschaftlichen Neugründung“ mit ähnlichen Vorgängen

Dass die Gründungsvorschriften bei der Verwendung von Mantelgesellschaften nicht analog anzuwenden sind, zeigt auch ein Blick in das Umwandlungsgesetz. In dessen §§ 2 ff. ist die Verschmelzung geregelt[390]. Dabei kann z.B. eine Personengesellschaft auf eine Kapitalgesellschaft verschmolzen werden. Bei diesem Vorgang kann also ohne weiteres ein Unternehmen in eine Kapitalgesellschaft eingebracht werden. Wie bei der Verwendung eines Gesellschaftsmantels wird auch in diesen Verschmelzungsfällen eine Unternehmenstätigkeit in einer haftungsbeschränkten Rechtsform aufgenommen. In diesen Fällen ist vom Gesetz ebenso wenig wie in den hier zur Diskussion stehenden Fällen eine erneute Kapitalaufbringung vorgesehen. In diesem Fall wird sie aber auch von niemandem vertreten.

Auch ein Vergleich mit dem Formwechsel einer AG in eine GmbH führt zu einem ähnlichen Ergebnis[391]. Der Formwechsel einer AG in eine GmbH führt, wie sich aus § 245 Abs. 4 UmwG ergibt, nicht zur Anwendung aller Kapitalaufbringungsvorschriften. Ein Sachgründungsbericht gemäß § 5 IV 2 GmbHG ist demnach nicht erforderlich. § 245 Abs. 4 UmwG bildet damit eine Ausnahme zu der Regelung in § 197 S. 1 UmwG[392], nach dem auf den Formwechsel die für die neue Rechtsform geltenden Gründungsvorschriften anzuwenden sind. Es wird deshalb auch vertreten, dass der Formwechsel auch bei Vorliegen einer Unterbilanz möglich ist[393]. Weitgehende Einigkeit besteht jedenfalls darüber, dass mangels der Erstellung eines Sachgründungsberichts die Gründerhaftung nach § 9a GmbHG nicht eintreten kann[394]. Auch im Fall des Formwechsels einer AG in eine GmbH wird eine GmbH zum ersten Mal mit einem Unternehmen ausgestattet. Das Vermögen der AG kann aber genauso gut wie bei einer GmbH aufgezehrt sein. Die Gläubigergefährdung ist mit der bei der Verwendung einer Vorrats- oder Mantelgesellschaft vergleichbar. Es ist daher nicht zu erklären, warum die Verwendung eines Gesellschaftsmantels zu strengeren Rechtsfolgen führen soll als der Formwechsel einer AG in eine GmbH.

In einem weiteren Fall ist man sich einig, dass trotz Einbringung eines Unternehmens in eine Kapitalgesellschaft keine wiederholte Kontrolle der Kapitalaufbringung zu erfolgen hat: wenn nämlich ein Unternehmen im Wege der Sacheinlage in eine Kapitalgesellschaft eingebracht wird[395]. Wird ein Unternehmen als Sacheinlage in eine Kapitalgesellschaft eingebracht, gibt es keine Ansicht, die sich für eine analoge Anwendung der Gründungsvorschriften ausspricht. So entspricht es dem Konzept des GmbH-Gesetzes.

---

[390] Vgl. zu dieser Argumentation *Banerjea,* GmbHR 1998, 814, 816; *Banerjea,* NZG 1999, 817.
[391] Vgl. dazu *Kallmeyer,* DB 2003, 2583.
[392] Lutter/*Happ,* UmwG, § 245 Rn. 5, 24; Schmitt/Hörtnagl/*Stratz,* UmwG, § 245 Rn. 5.
[393] So Semler/Stengel/*Scheel,* UmwG, § 245, Rn. 46.
[394] Lutter/*Happ,* UmwG, § 245 Rn. 24; Schmitt/Hörtnagl/*Stratz,* UmwG, § 245 Rn. 5.
[395] Vgl. *Banerjea,* GmbHR 1998, 814, 816.

8. Analogievoraussetzungen

Zentral für Überlegungen über die Richtigkeit der vom BGH vertretenen Auffassung ist die Überprüfung des Analogieschlusses. Eine Begründung der Analogie ist in keiner der BGH-Entscheidungen zu finden. Die Begründung des BGH für die analoge Anwendung beschränkt sich auf die Feststellung, die Verwendung eines GmbH-Mantels sei eine wirtschaftliche Neugründung, was die analoge Anwendung der Gründungsvorschriften rechtfertige[396]. Eine Prüfung der Analogievoraussetzungen darf aber nicht unterbleiben. Damit eine analoge Anwendung der Gründungsvorschriften gerechtfertigt ist, muss zunächst eine Regelungslücke bezüglich der Verwendung einer Mantelgesellschaft bestehen, diese Regelungslücke muss weiterhin planwidrig und die Interessenlage bei einer rechtlichen Neugründung und bei Verwendung eines Gesellschaftsmantels vergleichbar sein[397].

a) Regelungslücke

Eine Regelungslücke liegt vor, wenn der Fall im Gesetz nicht geregelt ist[398]. Spezialnormen zur Verwendung von Vorrats- und Mantelgesellschaften gibt es nicht. Möglich aber ist, dass dieser Fall bereits unmittelbar durch die Vorschriften des GmbHG, namentlich der Gründungsvorschriften, mitgeregelt ist. Der Begriff „Gründungsvorschriften" ist kein feststehender Ausdruck. Aus der Wahl des Begriffes kann aber entnommen werden, dass nur solche Vorschriften des GmbHG gemeint sein sollen, die die Gründung einer GmbH regeln. Vorschriften über die Gründung der GmbH sind vor allem im ersten Abschnitt des GmbHG enthalten. Dieser Abschnitt trägt den Titel „Errichtung einer Gesellschaft". Daraus kann entnommen werden, dass die in diesem Abschnitt enthaltenen Vorschriften den Fall der erstmaligen Entstehung einer Gesellschaft regeln sollen. Dieser Schluss lässt sich auch aus den Regelungen des ersten Abschnitts ziehen. In ihnen wird durchgehend von dem Fall ausgegangen, dass die Gesellschaft zum ersten Mal ins Leben gerufen wird. Das zeigt sich am besten in § 7 Abs. 1 GmbHG, in dem es um die Anmeldung der Gesellschaft zur Eintragung ins Handelsregister geht. An dieser Vorschrift zeigt sich deutlich, dass der Fall der Verwendung einer Mantel- oder Vorratsgesellschaft hier nicht berücksichtigt ist, denn hierbei gibt es keine Anmeldung einer Gesellschaft, sondern allenfalls noch die Anmeldung von Satzungsänderungen ins Handelsregister. Die Verwendung von Vorrats- und Mantelgesellschaften ist daher nicht direkt im Gesetz geregelt. Es besteht also diesbezüglich eine Regelungslücke[399].

---

[396] BGH, Beschluss v. 7.7.2003 – II ZB 4/02, BGHZ 155, 318.

[397] Vergleiche zu den Analogievoraussetzungen *Loeser*, VerwR I; § 8 Rn. 70.

[398] *Larenz/Canaris*, Methodenlehre, S. 191.

[399] So im Ergebnis auch *Noack*, LMK 2003, 65.

b) Planwidrigkeit der Regelungslücke

Weitere Voraussetzung für einen Analogieschluss ist die Planwidrigkeit der Regelungslücke[400]. Planwidrig ist die Regelungslücke dann, wenn der Gesetzgeber den nicht geregelten Fall, hier die Verwendung von Vorrats- und Mantelgesellschaften, nicht gesehen oder ausreichend bedacht hat. Keine planwidrige Lücke läge etwa vor, wenn der Gesetzgeber diesen Fall bewusst nicht geregelt hat[401]. Zwar ist die Verwendung von Mantel- und Vorratsgesellschaften im Gesetz nicht geregelt (s.o.), es erscheint aber durchaus möglich, dass der Gesetzgeber sie nicht geregelt hat, weil er sie nicht für einen Sonderfall hielt, so dass er wollte, dass die allgemeinen Regeln Anwendung fänden. Für Letzteres spricht vor allem, dass die Diskussion über Vorrats- und Mantelgesellschaften schon sehr alt ist, der Gesetzgeber aber trotzdem keine Anstalten gemacht hat, diesen Bereich gesetzlich zu regeln[402], während die anderen Kapitalaufbringungspflichten sehr detailliert und differenziert geregelt wurden[403]. Diese Tatsache kann allerdings genauso gut darauf zurückzuführen sein, dass der Gesetzgeber sich an die Regelung dieser Materie nicht herangetraut hat. In Literatur und Rechtssprechung war der Problemkreis der Vorrats- und Mantelgesellschaften, wie schon gezeigt, seit den 20er-Jahren heftig umstritten. Was in der Diskussion gänzlich fehlte, war der Vorschlag einer überzeugenden gesetzlichen Regelungsmöglichkeit, die sowohl den Gläubigerinteressen als auch den Interessen des Rechtsverkehrs gerecht wurde. Der Gesetzgeber hatte somit nur die Alternative, alles beim Alten zu belassen und so der Rechtsprechung die Entscheidung darüber zu überlassen, welcher Literaturansicht sie folgen würde. Hätte der Gesetzgeber sich einer Ansicht anschließen wollen, hätte er dies einfach mit einer gesetzlichen Regelung klarstellen können, etwa mit der Formulierung „An die Verwendung von Vorrats- und Mantelgesellschaften sind keine besonderen Rechtsfolgen geknüpft“ oder „Bei der Verwendung einer Vorrats- oder Mantelgesellschaft sind die Gründungsvorschriften entsprechend anzuwenden“. Auch von einer Regelung hat der Gesetzgeber Abstand genommen, obwohl er dazu etwa im Rahmen der GmbH-Novelle 1980[404] oder in einer der vielen folgenden kleineren Änderungen[405] Möglichkeit gehabt hätte. Aus der Nichtregelung kann also nicht geschlossen werden, dass der Gesetzgeber nicht wollte, dass der Fall der Verwendung von Vorrats- oder Mantelgesellschaften wie jeder andere Fall der Umorganisation also ohne eine wiederholte Kapitalaufbringung behandelt würde. Vielmehr ist davon auszugehen, dass der Gesetzgeber das Problem bewusst ungelöst gelassen hat, um die Entscheidung über die rechtliche Behandlung

---

[400] *Larenz/Canaris,* Methodenlehre, S. 194.

[401] *Larenz/Canaris,* Methodenlehre, S. 199 f.

[402] Vgl. *Mayer,* NJW 2000, 175, 178.

[403] BayObLG, Beschluss v. 24.3.1999 – 3 Z BR 295/98, BB 1999, 971, 972; *Meller-Hannich,* ZIP 2000, 345, 347 f.

[404] BGBl. I 1980, 836.

[405] Etwa die Änderungen durch das Handelsrechtsreformgesetz (Gesetz zur Neuregelung des Kaufmanns- und Firmenrechts und zur Änderung anderer handels- und gesellschaftsrechtlicher Vorschriften vom 22.6.1998 (BGBl I, 1474) oder durch die Reform des Insolvenzrechts.

von Vorrats- und Mantelgesellschaften der Rechtsprechung und der Literatur zu überlassen[406], was einer Planwidrigkeit der Regelungslücke gleichsteht[407].

c) Ausschluss der Analogie wegen Strafbewehrtheit einiger Gründungsvorschriften

Gegen die analoge Anwendung der Gründungsvorschriften könnte sprechen das einige von ihnen strafbewehrt sind. In § 82 GmbHG werden bestimmte falsche Angaben des Gesellschafters oder Geschäftsführers bezüglich der Kapitalaufbringung oder –verwendung im Zusammenhang mit der Gründung der GmbH unter Strafe gestellt. Das OLG Frankfurt argumentiert, dass diese Vorschriften in untrennbarem Zusammenhang mit den Gründungsvorschriften stehen[408]. Wegen des strafrechtlichen Analogieverbotes des Art. 103 Abs. 2 GG darf § 82 GmbHG als Strafvorschrift nicht analog angewendet werden[409]. Die Gründungsvorschriften können aber auch ohne die strafrechtlichen Sanktionen in § 82 GmbHG analog angewendet werden[410]. Die Gründungsvorschriften und § 82 GmbHG stehen nicht in einem so engen Zusammenhang, dass sie untrennbar erscheinen, weil sie für sich alleine betrachtet keinen Sinn ergäben. Zwar verringert sich der Druck zur Einhaltung der Gründungsvorschriften, wenn bei einer analogen Anwendung die Drohung der strafrechtlichen Folgen nicht angewendet werden kann, es fehlt aber nicht vollkommen an Durchsetzungsmitteln. Es bestände trotzdem die zivilrechtliche Sanktion nach § 9a GmbHG in Form der Gründerhaftung für falsche Angaben zum Zwecke der Errichtung der Gesellschaft[411]. Auch die Durchsetzbarkeit dieser Rechtsfortbildung kann deshalb nicht in Frage gestellt werden. Einer analogen Anwendung der Gründungsvorschriften steht daher nicht entgegen, dass § 82 GmbHG wegen des strafrechtlichen Analogieverbotes nicht auch der analogen Anwendung unterliegt[412].

---

406 Vgl. im Ergebnis OLG Celle, Beschluss v. 30.4.2002 – 9 W 47/02, FGPrax 2002, 183; LG Dresden, Beschluss. v. 14.3.2000 – 44 T 0052/99, NJW-RR 2001, 823; a.A. BayObLG, Beschluss v. 24.3.1999 – 3 Z BR 295/98, BB 1999, 971, 972; *Banerjea,* NZG 1999, 817.

407 *Larenz/Canaris,* Methodenlehre, S. 199 f.

408 OLG Frankfurt/M., Beschluss v. 14.5.1991 – 20 W 419/90, MittRhNotK 1991, 319, 320.

409 Vgl. *Haunhorst/Schmidt,* INF 2004, 112, 114; *Heidinger/Meyding,* NZG 2003, 1129, 1132; *Heidinger,* ZGR 2005, 101, 108; *Krafka,* ZGR 2003, 577, 584.

410 Vgl. AG Duisburg, Beschluss v. 8.8.1997 – 8 AR 159/97, Rpfleger 1998, 115, 116; AG Duisburg, Beschluss v. 27.11.1996 – 8 AR 71/96, Rpfleger 1997, 219.

411 Vgl. AG Duisburg, Beschluss v. 8.8.1997 – 8 AR 159/97, Rpfleger 1998, 115, 116.

412 Vgl. AG Duisburg, Beschluss v. 8.8.1997 – 8 AR 159/97, Rpfleger 1998, 115, 116.

d) Verfassungsmäßigkeit der Rechtsfortbildung

Altmeppen bezweifelt die Verfassungsmäßigkeit der Rechtsfortbildung des BGH in dessen Beschluss vom 7.7.2003[413]. Seine Zweifel knüpft *Altmeppen* vor allem an der Ausweitung der Gründerhaftung nach § 9a GmbHG an. Im Ergebnis scheint er aber die gesamte Analogie für verfassungswidrig zu halten. Art. 20 Abs. 3 GG begrenze die Zulässigkeit von Rechtsfortbildung. Die Schaffung neuen Rechts sei Sache des Gesetzgebers. Der Gesetzgeber habe eben nicht angeordnet, dass bei einer Änderung des Unternehmensgegenstandes oder bei Wiederaufnahme eines stillgelegten Unternehmens jeweils eine erneute registergerichtliche Überprüfung stattzufinden habe. Die Rechtsfortbildung führe dazu, dass sowohl Gesellschafter als auch Geschäftsführer einer irgendwann einmal insolventen GmbH „unendlich lange" unbeschränkt haften müssen, ohne davon zu wissen, nur weil die GmbH nach Unterbrechung ihrer Unternehmenstätigkeit ein neues Unternehmen aufgenommen hat. Diese Haftung trete auch bei ansonsten ausreichender Kapitalisierung der GmbH ein. Ein Gericht dürfe aber aus verfassungsrechtlicher Sicht eine unbeschränkte Haftung, die vom Gesetz in § 13 Abs. 2 GmbHG ausgeschlossen ist, nicht alleine davon abhängig machen, dass eine Gerichtsentscheidung, nämlich der Beschluss vom 7.7.2003 nicht beachtet werde. Eine solche Haftung sei dogmatisch nicht einzuordnen und deshalb verfassungswidrig.

Zur Überprüfung dieser Auffassung ist es zunächst erforderlich, festzustellen, unter welchen Voraussetzungen richterliche Rechtsfortbildungen durch Analogie überhaupt verfassungsmäßig sind. Im Anschluss daran muss anhand der so entwickelten Grundsätze die Verfassungsmäßigkeit der Analogiebildung durch den BGH im konkreten Fall untersucht werden.

aa) Verfassungsmäßigkeit von Rechtsfortbildungen im Allgemeinen

Bei der Durchsicht von Entscheidungen des BVerfG zum Thema der Verfassungsmäßigkeit von richterlichen Rechtsfortbildungen stellt man fest, dass die beiden Senate des BVerfG zu unterschiedlichen Ergebnissen gekommen sind. In einer grundlegenden Entscheidung mit dem Leitsatz „Zur verfassungsrechtlichen Zulässigkeit analoger Rechtsanwendung", in dem es um die Verfassungsmäßigkeit der analogen Anwendung einer mietrechtlichen Vorschrift durch das Landgericht ging, kam der erste Senat des Bundesverfassungsgerichtes noch zu dem Ergebnis, dass die analoge Anwendung einfachgesetzlicher Vorschriften von verfassungswegen grundsätzlich nicht zu beanstanden ist[414]. Verfassungsrechtliche Schranken ergäben sich nur aus dem in Art. 20 Abs. 3 GG angeordneten Vorrang des Gesetzes, was dazu führe, dass ein Richter, wenn der Gesetzgeber eine eindeutige Entscheidung getroffen habe, diese

[413] *Altmeppen*, NZG 2003, 2050 ff.
[414] BVerfG, Beschluss v. 3.4.1990 – 1 BvR 1186/89, BVerfGE 82, 8, 11 ff.

nicht aufgrund eigener rechtspolitischer Vorstellungen verändern oder durch eine judikative Lösung ersetzen könne, die im Parlament so nicht durchzusetzen war. Eine Analogie stelle aber nicht die Äußerung einer unzulässigen richterlichen Eigenmacht dar, durch die der erkennbare gesetzgeberische Wille beiseite geschoben werde. Vielmehr ergebe sich das Ergebnis einer Analogie aus den Wertungen des Gesetzes, so dass gegen eine Analogiebildung im Wege der richterlichen Rechtsfortbildung grundsätzlich keine verfassungsrechtlichen Bedenken bestünden[415]. Mit dieser Ansicht stimmt auch der überwiegende Teil der Literatur überein[416].

Der zweite Senat des BVerfG kam in seinem Beschluss vom 14.8.1996 zu einem anderen Ergebnis[417]. In dem zu entscheidenden Fall erklärte die Gerichtskasse einem Gefangenen gegenüber die Aufrechnung von offenen Gerichtskosten für das Verfahren nach § 109 ff. StVollzG mit dem Taschengeldanspruch des Gefangenen. Als Ermächtigungsgrundlage für die Aufrechung wurde § 121 V StVollzG analog herangezogen. Der zweite Senat hält in diesem Fall die Ausweitung der Eingriffsnorm durch Analogie von der Gerichtskasse für verfassungswidrig. In der Aufrechnung der Gerichtskasse des Taschengeldanspruchs mit den Verfahrenskosten liege ein hoheitlicher Eingriff in die Rechtssphäre eines Bürgers, der nach dem Grundsatz der Gesetzmäßigkeit der Verwaltung einer gesetzlichen Grundlage bedürfe. Eine solche gesetzliche Grundlage könne eine Verwaltungsbehörde aber nicht selbst herstellen, indem sie eine Norm analog anwende.

Betrachtet man diese beiden ergebnisverschiedenen Entscheidungen des Bundesverfassungsgerichtes, springen einem schnell die Besonderheiten der beiden Entscheidungen ins Auge: In der Entscheidung des ersten Senats ging es um eine privatrechtlichen Norm, die ein Zivilgericht in einer mietrechtlichen Entscheidung analog anwendete. In der genannten Entscheidung des zweiten Senats ging es um eine öffentlichrechtliche Norm, die eine Behörde in einer analogen Anwendung als Ermächtigungsgrundlage heranzog.

Es stellt sich die Frage, ob diese Unterschiede der Sachverhalte tatsächlich auch eine unterschiedliche rechtliche Behandlung rechtfertigen. Zentrale Norm für die Beantwortung dieser Frage ist Art. 20 Abs. 3 GG. Danach sind die vollziehende Gewalt und die Rechtsprechung an Gesetz und Recht gebunden. In dieser Formulierung stehen die vollziehende Gewalt und die Rechtsprechung gleichwertig nebeneinander, so dass man daraus nicht entnehmen kann, dass die Rechtsprechung stärker an das Gesetz gebunden ist als die Verwaltung. Vielmehr müssen sich sowohl Verwaltung als auch Rechtsprechung an Gesetz und Recht halten. Das heißt aber nicht, dass Analogieschlüsse nicht möglich sind. Analogieschlüsse müssen in beiden Bereichen zulässig sein, weil der Gesetzgeber nicht jeden einzelnen Fall von Anfang

---

[415] Von einer grundsätzlichen verfassungsrechtlichen Unbedenklichkeit der Analogie geht auch BVerfG, Beschluss v. 19.12.1962 – 1 BvR 163/56, BVerfGE 15, 226, 233 aus.
[416] *Badura*, Staatsrecht, D Rn. 60; *Sachs*, GG, Art. 20 Rn. 120; *Schwabe*, DVBl 1997, 352; *Stern*, Staatrecht III.2, S. 436; a. A. *Bleckmann*, Staatsrecht II, § 12 Rn. 60; *Loeser*, VerwR I; § 8 Rn. 55.
[417] BVerfG, Beschluss v. 14.8.1996 – 2 BvR 2088/93, DVBl 1997, 351.

an überblicken und regeln kann. Es ist unserem Rechtssystem immanent, dass das Gesetz Lücken hat[418]. Lücken können ferner dadurch entstehen, dass sich der Bereich, den die Norm regelt, tatsächlich so gravierend geändert hat, dass die Norm in ihrem bisherigen Wortlaut nicht mehr passt. Das BVerfG stellt sehr treffend fest, „dass Gesetze einem Alterungsprozess unterworfen sind", so dass sich mit dem Wandel ihres Umfelds sozialer Verhältnisse und gesellschaftspolitischer Anschauungen auch der Norminhalt ändern könne[419]. Gerichte und Verwaltung müssen deshalb die Befugnis haben so entstehende Lücken im Gesetz zu schließen. Wenn eine solche Lückenschließung durch die analoge Anwendung einer Norm geschieht, liegt darin regelmäßig kein Verstoß gegen Art. 20 Abs. 3 GG. Durch eine Analogie wird ähnlich wie bei der Auslegung geltendes Recht konkretisiert. Bei unbestimmten Rechtsbegriffen oder generalklauselartigen Bestimmungen werden oftmals noch nicht einmal konkrete Rechtsfolgen vorgeschrieben[420]. Durch einen Analogieschluss wird geltendes Gesetzesrecht auf gleichgelagerte Fälle übertragen. Die dadurch entstehende Regelung basiert auf einer durch den Gesetzgeber geschaffenen Norm. Die Grenzen des Art. 20 Abs. 3 GG werden erst dann durchbrochen, wenn der Richter oder die Behörde sich über den klaren Willen des Gesetzgebers hinwegsetzt und die Entscheidung nur noch autark vom Richter oder von der Behörde getroffen wird[421]. Die Flexibilität der Rechtsanwendung, die durch die Möglichkeiten von Analogieschlüssen ermöglicht wird, muss Behörden und Richtern, im öffentlichen Recht wie im Privatrecht gleichermaßen offen stehen. Das öffentliche Recht kann keine Sonderstellung begründen, nur weil es Eingriffscharakter hat. Vielmehr geht es bei analogen Anwendungen um das gute Funktionieren der Rechtsordnung auch in planwidrig nicht von Gesetzen geregelten Bereichen. Die Regelung dieser Bereiche ist in beiden Rechtsgebieten erforderlich, so dass die oben entwickelten Grundsätze in beiden Rechtsgebieten Anwendung finden. Das ergibt sich auch in einem Umkehrschluss aus Art. 103 Abs. 2 GG. Er verbietet die Analogie nur im Strafrecht. Im Zivilrecht und im öffentlichen Recht muss sie deshalb zulässig sein. Dieses Ergebnis ist nicht verwunderlich, wenn man bedenkt, dass sich in beiden Rechtsgebieten Analogieschlüsse etabliert haben, deren Verfassungsmäßigkeit nie in Zweifel gezogen wurde (so etwa die Anspruchsgrundlage für positive Vertragsverletzung nach §§ 280, 286, 325, 326 BGB a.F. analog vor der Schuldrechtsmodernisierung im Privatrecht oder ein Beispiel aus dem öffentlichen Recht aus dem Bereich der Eingriffsverwaltung: Liegen die Tatbestandsvoraussetzungen des § 49 VwVfG für einen Widerruf eines Verwaltungsaktes vor, kann auch ein rechtswidriger Verwaltungsakt analog § 49 VwVfG zurückgenommen werden). Ob analoge Anwendungen bestimmter Normen zum ersten Mal von einer Behörde oder von einem Gericht durchgeführt werden, ist dabei irrelevant, weil es sich jedes Mal nur um die erstmalige Formulierung des ohnehin geltenden Rechtes handelt. Die vom 2. Senat vertretene Auffassung in seiner Entscheidung vom 14.8.1996 ist deshalb

---

[418] Vgl. *Badura,* Staatsrecht, D Rn. 60, der daran erinnert, dass eine „lückenlose Ordnung" des Soziallebens durch das Gesetz nicht vorstellbar ist.

[419] BVerfG, Beschluss v. 3.4.1990 – 1 BvR 1186/89, BVerfGE 82, 8, 12.

[420] Vgl. *Badura,* Staatsrecht, D Rn. 60.

[421] *Badura,* Staatsrecht, D Rn. 60.

abzulehnen. Eine analoge Anwendung durch Richter oder Behörden ist grundsätzlich verfassungsmäßig, es sei denn, es stehen Gesetze entgegen oder es gibt eine abschließende gesetzliche Regelung, die keine der Ausfüllung durch Richterrecht zugängliche Regelungslücke vorweist[422]. Ihre Grenze findet die Analogie dort, wo sie sich als unzulässige Eigenmacht darstellen würde, die dem erkennbaren Willen des Gesetzgebers entgegenläuft, der durch eine autark getroffene Abwägung der Interessen ersetzt wird[423].

bb) Verfassungsmäßigkeit der Analogiebildung durch den BGH

Nun bleibt zu untersuchen, ob bei diesen Vorgaben die Analogiebildung des BGH verfassungsmäßig ist. Eine Analogiebildung ist grundsätzlich verfassungsmäßig, es sei denn, es stehen Gesetze entgegen oder es gibt eine abschließende gesetzliche Regelung. Zwar bietet das GmbHG ein differenziertes System für die Kapitalaufbringung, dennoch kann mangels Klarstellung durch den Gesetzgeber nicht davon ausgegangen werden, dass der Gesetzgeber den Sachverhalt der Verwendung von Gesellschaftsmänteln in einer bestimmten Weise geregelt haben wollte. Vielmehr lässt sich aus der Entwicklung der Diskussion entnehmen, dass der Gesetzgeber es der Rechtsprechung überlassen wollte, wie zukünftig Vorrats- und Mantelgesellschaften behandelt werden sollen.[424] Da es keine Vorschrift gibt, die besagt, wie die Kapitalaufbringung bei Vorrats- und Mantelgesellschaften geregelt sein soll, gibt es auch keine entgegenstehende Vorschrift. Deshalb läuft die analoge Anwendung der Gründungsvorschriften durch den BGH nicht dem Willen des Gesetzgebers entgegen.

Ein Verstoß gegen Art. 20 Abs. 3 GG liegt daher nicht vor. Die durch den BGH gebildete Analogie ist deshalb nicht pauschal wegen eines Verstoßes gegen Art. 20 Abs. 3 GG verfassungswidrig[425]. Es muss also weiter geprüft werden, ob die Analogievoraussetzungen vorliegen.

e) Gleichheit der Interessenlage

Weitere Voraussetzung einer analogen Anwendung ist, dass im gesetzlich geregelten Fall, und im ungeregelten Fall die Interessenlage wesentlich gleich ist und der Normzweck der analog anzuwendenden Norm auch den nicht geregelten Fall

---

[422] Vgl. BVerfG, Beschluss v. 3.4.1990 – 1 BvR 1186/89, BVerfGE 82, 8, 12 f.; *Sachs*, GG, Art. 20 Rn. 120.
[423] Vgl. BVerfG, Beschluss v. 3.4.1990 – 1 BvR 1186/89, BVerfGE 82, 8, 12 f.; *Badura*, Staatsrecht, D Rn. 60; *Sachs*, GG, Art. 20 Rn. 120; *Stern*, Staatsrecht III.2, S. 436.
[424] Vgl. § 3III.8.b).
[425] Vgl. *K. Schmidt*, NJW 2004, 1345, 1352.

umfasst[426] Die Gründungsvorschriften könnten also dann analog bei einer wirtschaftlichen Neugründung angewendet werden, wenn die Interessenlage bei rechtlicher und wirtschaftlicher Neugründung wesentlich gleich ist und die wirtschaftliche Neugründung deshalb auch vom Normzweck der Gründungsvorschriften erfasst wäre. Da ein Analogieschluss ein Anwendungsfall des Gleichheitssatzes ist, wonach Ungleiches ungleich zu behandeln ist, müsste aber auch der Fall der wirtschaftlichen Neugründung ungleich gegenüber den Fällen sein, die nicht den Gründungsvorschriften unterliegen[427].

Um den Normzweck der Gründungsvorschriften zu untersuchen, muss zunächst eingegrenzt werden, welche Vorschriften damit potentiell gemeint sein könnten, d.h. welche Vorschriften überhaupt zu einer analogen Anwendung bei der Verwendung von Mantel- und Vorratsgesellschaften in Betracht kommen. Als Gründungsvorschriften nennt der BGH die § 5 Abs. 1, § 7 Abs. 2 und 3, § 5 Abs. 1 und 4 GmbHG.

Zweck dieser Vorschriften ist die Sicherung der Kapitalaufbringung und die Festlegung der Mindesthöhe des Stammkapitals[428]. Mit dem gesetzlich vorgeschriebenen Stammkapital soll den Gläubigern der GmbH zumindest ein bestimmter Haftungsfonds zur Verfügung stehen, wenn die GmbH ins Leben tritt[429]. Für die Gläubiger soll das Stammkapital zumindest auch einen Ausgleich dafür darstellen, dass ansonsten die Gesellschafter nicht haften, die GmbH also nur mit ihrem eigenen Vermögen haftet.[430] Die Zahlung des Stammkapitals stellt eine Art Gegenleistung für die Erlangung der Haftungsbeschränkung dar[431]. Durch § 7 Abs. 3 GmbHG soll weiterhin die Kontrolle der Sacheinlage durch das Registergericht erleichtert werden.[432] Das Stammkapital hat dabei vor allem die Funktion, eine Aussage über das im Gründungszeitpunkt vorhandene Gesellschaftsvermögen zu machen und durch die Registerpublizität außenstehende Dritte, insbesondere künftige Gläubiger der Gesellschaft, über den finanziellen Status der neuerrichteten Gesellschaft zu informieren.[433] Es stellt sich also die Frage, ob unter Berücksichtigung dieses Zwecks die Interessenlagen bei der geregelten rechtlichen Neugründung und bei der wirtschaftlichen Neugründung vergleichbar sind.

Entscheidend ist dabei die Frage, ob das gesetzliche Mindestkapital nur aufgebracht werden muss, wenn der haftungsbeschränkte Rechtsträger zum ersten Mal neu ins Leben tritt[434] oder ob das Mindestkapital jedes Mal aufzubringen ist, wenn eine

[426] *Larenz/Canaris,* Methodenlehre, S. 202.
[427] *Zippelius,* Methodenlehre, S. 69.
[428] Hachenburg/*Ulmer,* § 5 Rn. 1.
[429] Vgl. B/H/*Hueck/Fastrich,* § 5 Rn. 2; Hachenburg/*Ulmer,* § 7 Rn. 2; L/H/*Lutter/Bayer,* § 5 Rn. 1.
[430] Hachenburg/*Ulmer,* § 5 Rn. 6; L/H/*Lutter/Bayer,* § 5 Rn. 1.
[431] Hachenburg/*Ulmer,* § 5 Rn. 6.
[432] Hachenburg/*Ulmer,* § 7 Rn. 2.
[433] Vgl. Hachenburg/*Ulmer,* § 5 Rn. 6.
[434] So *Banerjea,* GmbHR 1998, 814, 816; *Banerjea,* NZG 1999, 817 f.; *Meller-Hannich,* ZIP 2000, 345, 348.

Unternehmenstätigkeit in einer haftungsbeschränkten Rechtsform begonnen wird[435]. Das Mindeststammkapital ist bei der GmbH mit 25.000 € so gering, dass es bei den meisten unternehmerischen Tätigkeiten sehr schnell aufgebraucht ist. Die Gläubiger sind auch durch die §§ 30, 31 GmbHG nicht davor gesichert, dass das Geld im Rahmen der unternehmerischen Tätigkeit aufgezehrt wird[436]. Die Gesellschaftsgläubiger werden also in der Praxis häufig nicht lange etwas von dieser Haftungsgrundlage haben. Das Stammkapital ist deshalb vor allem als „Eintrittskarte"[437] in die Haftungsbeschränkung zu sehen[438]. Die Haftungsbeschränkung ist aber ein Merkmal der Gesellschaft, nicht etwa des Unternehmens.[439] Das Unternehmen hat die Haftungsbeschränkung nämlich nur bis es einem nicht haftungsbeschränkten Unternehmensträger zugeführt wird. Außerdem dürfte, wenn die Kapitalaufbringung wirklich an die Aufnahme eines Geschäftsbetriebs geknüpft wäre, bei der Eintragung einer Vorratsgesellschaft, die ja erst einmal kein Geschäft betreiben soll, überhaupt kein Kapital bei ihrer Eintragung aufzubringen sein. Das widerspricht aber dem klaren Wortlaut des Gesetzes. Diese Überlegungen zeigen, dass die Haftungsbeschränkung und deshalb auch das zu ihrer Erlangung zu entrichtende Stammkapital, nicht damit zusammenhängen können, ob ein neuer Geschäftsbetrieb von der Gesellschaft aufgenommen wird. Die Kapitalaufbringungspflichten knüpfen daher allein daran an, dass die GmbH zum ersten Mal entsteht[440]. Das ist bei der Verwendung einer Vorrats- oder Mantelgesellschaft nicht der Fall.

Die Interessenlage unterscheidet sich daher, wenn bloß ein neues Unternehmen in einem schon bestehenden Rechtsträger begonnen wird, von dem Normalfall der rechtlichen Neugründung.

Weiterer Zweck der Norm ist der Schutz des Gläubigerinteresses und –vertrauens. Jeder Gläubiger vertraut darauf, dass die Gesellschaft ein Mal mit dem gesetzlichen Mindeststammkapital ausgestattet wurde. Ein ähnliches Vertrauen besteht aber nicht bei einer älteren GmbH. Nun kann man im Fall der Verwendung einer Mantel- oder Vorratsgesellschaft einwenden, dass durch die Gründung eines Unternehmens der Anschein entsteht, eine neue Gesellschaft würde gegründet. Ein ähnliches Bild für Außenstehende entsteht aber auch in vielen unbedenklichen Situationen[441].

Ein Beispiel könnte etwa ein in der Rechtsform einer GmbH betriebener Friseursalon sein: Das Geschäftslokal befindet sich an einer ungünstigen Stelle mit wenig Laufkundschaft. Als der Geschäftsführerin ein sehr günstig gelegenes Geschäftslokal in einer anderen Stadt angeboten wird, beschließt sie den Geschäftsbetrieb in dem

---

435 Davon geht ersichtlich der BGH aus.
436 *Roth/Altmeppen*, § 30 Rn. 6.
437 Dieser Ausdruck stammt von *Priester*, FS-GmbHG, S. 186.
438 *Priester*, FS-GmbHG, S. 186.
439 Vgl. *Meller-Hannich*, ZIP 2000, 345, 348; *Seibt*, NJW-Spezial 2004, 75, 76.
440 Das sieht selbst *Röhricht* (im Diskussionbericht von *Teichmann*, GRV Bank 8, S. 40) nicht ein.
441 Ähnlich argumentiert auch *Heidenhain*, NZG 2003, 1051, 1052, wenn er sagt, dass die Vielfalt denkbarer Sachverhalten, die mit ähnlich Gefahren wie die Mantelverwendung, unendlich ist.

alten Lokal einzustellen und mit dem Geschäft in das neue Lokal umzuziehen. Sie führt einen Gesellschafterbeschluss herbei, in dem die Sitzverlegung beschlossen wird.

Die Gesellschaft in diesem Beispiel ist, da nur eine einfache Sitzverlegung vorliegt, mit Sicherheit keine Vorrats- oder Mantelgesellschaft. Dennoch stellt sich der neue Friseursalon für Außenstehende, die den alten Friseurbetrieb vorher nicht kannten, dar, wie ein neues Unternehmen. Dieses Beispiel zeigt, dass man allein aus der Tatsache, dass ein Unternehmen zum ersten Mal „auftaucht" weder auf eine Mantelverwendung und erst recht nicht auf eine rechtliche Neugründung schließen kann. Es würde auch kein vernünftiger Mensch alleine aus dieser Tatsache schließen, dass die Gesellschaft noch über ein bestimmtes Stammkapital verfügt[442]. Das Gläubigervertrauen kann sich vernünftigerweise nur darauf beziehen, dass das satzungsmäßige Stammkapital einmal, nämlich bei der rechtlichen Neugründung, aufgebracht wurde. Bei einer Bargründung muss bei der rechtlichen Neugründung gar nur der in § 7 Abs. 2 GmbHG bestimmte Teil des Stammkapitals eingezahlt worden sein[443]. Darüber hinaus gibt es kein schutzwürdiges Gläubigervertrauen[444]. Auch von der Warte des Gläubigerschutzes sind daher die Interessenlagen bei rechtlicher und wirtschaftlicher Neugründung unterschiedlich[445].

Die Interessenlage bei der rechtlichen Neugründung unterscheidet sich auch von der Interessenlage bei der wirtschaftlichen Neugründung, weil bei der Verwendung einer Vorrats- oder Mantelgesellschaft bereits ein Mal eine Prüfung der Kapitalaufbringung stattgefunden hat[446]. Wie bereits gezeigt, geht das GmbHG auch nur von einer einmaligen Überprüfung aus. Eine doppelte Überprüfung ist dem GmbH-Recht vollkommen fremd.

Die Interessenlage ist bei rechtlicher und wirtschaftlichen Neugründung mit Hinblick auf den Normzweck der Gründungsvorschriften unterschiedlich[447].

Zudem ist die Interessenlage bei der Verwendung einer Vorratsgesellschaft und insbesondere bei der Verwendung einer Mantelgesellschaft nicht wesentlich ungleich zu anderen Fällen von Satzungsänderungen oder von Fällen, in denen einfach nur die Unternehmenstätigkeit geändert werden soll. Voraussetzung für eine

---

[442] A.A. *Herchen,* DB 2003, 2211, 2213, deren Ansicht nach ein potentieller Gläubiger in Deutschland unterbewusst darauf vertraut, dass ein Unternehmen, das neu auf dem Markt auftaucht, über ein gewisses Kapital verfügt.

[443] Über die Güte der Resteinlageverpflichtungen gibt auch das Registerverfahren keine Garantie für die Gläubiger, vgl. *Bohrer,* DNotZ 2003, 888, 895.

[444] Vgl. BayObLG, Beschluss v. 24.3.1999 – 3 Z BR 295/98, BB 1999, 971, 972; *Bohrer,* DNotZ 2003, 888, 894 f.; *Mayer,* NJW 2000, 175, 178; *Meller-Hannich,* ZIP 2000, 345, 348.

[445] So im Ergebnis auch

[446] Vgl. BayObLG, Beschluss v. 24.3.1999 – 3 Z BR 295/98, BB 1999, 971, 972; *Finken,* EWiR 1989, 263, 264; *Raiser,* KapGes, § 26 Rn. 34.

[447] Zu diesem Ergebnis kommen auch *Heidenhain,* NZG 2003, 1051; *Kallmeyer,* GmbHR 2003, 322, 324; M/M/N/*Meyer-Landrut,* § 3 Rn. 17; *Veil,* WuB II C. § 11 GmbHG 3.03; a.A. OLG Celle, Beschluss v. 30.4.2002 – 9 W 47/02, FGPrax 2002, 183.

Mantelverwendung, die zu einer analogen Anwendung der Gründungsvorschriften führt, ist nach der BGH-Entscheidung vom 7.7.2003 nämlich, dass die Gesellschaft ihre Unternehmenstätigkeit eingestellt hat. Ein durchaus denkbarer Fall wäre aber, dass eine Gesellschaft ihre frühere Unternehmenstätigkeit, weil diese an Lukrativität verloren hat, mit einer anderen Unternehmenstätigkeit ersetzt. Ein solcher Wechsel ist im GmbHG, wie sich aus § 53 GmbHG ergibt, als Satzungsänderung vorgesehen[448]. In einem derartigen Fall ist nach der BGH-Rechtsprechung keine Mantelverwendung gegeben, wenn es an der Unternehmenslosigkeit der GmbH fehlt. Das Unternehmen der GmbH hat in einem solchen Fall zwar gewechselt, die GmbH war aber niemals unternehmenslos. Vergleicht man diesen Fall mit dem Fall, dass nach der Einstellung des einstigen Unternehmensbetriebs erst einmal eine kürzere oder längere Phase der Unternehmenslosigkeit folgte, kann man keinen Unterschied erkennen, der eine Ungleichbehandlung beider Fälle rechtfertigt[449]. Insbesondere sind beide Fälle nicht derart unterschiedlich, dass durch die Ausstattung einer GmbH mit einem Unternehmen im einen Fall die analoge Anwendung der Gründungsvorschriften mit ihren strengen Rechtsfolgen ausgelöst und im anderen Fall auf das Vorliegen besonderer Voraussetzungen komplett verzichtet wird. Zu dem Umstand, dass die Interessenlage bei einer wirtschaftlichen Neugründung nicht mit der Interessenlage bei einer rechtlichen Neugründung vergleichbar ist, kommt also auch noch der Umstand, dass die sog. wirtschaftliche Neugründung sich nicht wesentlich von anderen Fällen der Aufnahme einer neuen Unternehmenstätigkeit durch eine GmbH unterscheidet.

Auch wenn man die angeblich spezifischen Gefahren bei der Verwendung von Mantel- und Vorratsgesellschaften betrachtet, kommt man zwangsläufig zu dem Ergebnis, dass diese Vorgänge sich nicht maßgeblich von anderen Vorgängen im „Leben“ einer GmbH unterscheiden. Das Problem, dass ein Gesellschaftsmantel vermögenslos oder gar überschuldet sein kann, ist kein spezifisches Problem von Mantel- und Vorratsgesellschaften. Vielmehr kann das Kapital jeder haftungsbeschränkten Gesellschaft aufgebraucht sein, ohne dass das für den Geschäftspartner offensichtlich ist. Auch in anderen Fällen kann das Kapital sofort nach der Gründung ausgegeben worden sein. Dass die Gläubiger im Falle der Zahlungsunfähigkeit einer GmbH normalerweise keine Rückgriffsmöglichkeit auf die Gesellschafter haben, ist ein Spezifikum der Haftungsbeschränkung. Um diese zum Teil sehr harte Folge des Grundsatzes der beschränkten Haftung abzumildern, sind einige Fälle der Durchgriffshaftung anerkannt. Nach diesen allgemeinen Grundsätzen müssen auch die Fälle der Vorrats- und Mantelgesellschaften beurteilt werden. Sie unterscheiden sich von den nach der BGH-Rechtsprechung unbedenklichen Fällen nicht maßgeblich[450].

---

448 Vgl. die Stellungnahmen bei *Riesenbeck*, ZHR 168 (2004), 265; *Roth*/Altmeppen, § 53 Rn. 6.
449 Vgl. *Bohrer*, DNotZ 2003, 888, 900.
450 Vgl. dazu auch *Thaeter*, DB 2003, 2112, 2114.

Folglich liegen die Voraussetzungen für eine Analogie der Gründungsvorschriften auf die Fälle der sog. wirtschaftlichen Neugründung, also Verwendung eines Gesellschaftsmantels, nicht vor[451].

9. Vorteile einer Lösung ohne Anwendung der Gründungsvorschriften

Nach der bisherigen Betrachtung spricht vieles gegen die vom BGH vorgenommenen analogen Anwendung der Gründungsvorschriften. Das größte Manko der Rechtsfortbildung des BGH ist dabei das Nichtvorliegen der Analogievoraussetzungen und damit das Fehlen einer rechtlichen Grundlage für die Rechtsfortbildung. Hält man die analoge Anwendung der Gründungsvorschriften jedoch für falsch, bleibt es nur noch, die Verwendung einer Vorrats- oder Mantelgesellschaft wie jede andere Satzungsänderung auch zu behandeln, nämlich sie ohne eine erneute Kapitalaufbringung zuzulassen. Das ist das Ergebnis, dem so viele Stimmen in der Literatur skeptisch gegenüberstehen[452]. Dennoch überzeugt diese Lösung durch viele Vorteile. Sie besticht vor allem durch ihre Klarheit und Konsequenz. Da sie alle Fälle der Änderungen in einer Gesellschaft kapitalaufbringungsrechtlich gleich behandelt, ergeben sich bei ihr keine Abgrenzungsprobleme. Die Gesellschafter können davon ausgehen, dass sie das Stammkapital in jedem Fall nur bei der rechtlichen Neugründung aufbringen müssen. Darüber hinausgehende Haftungsgefahren bestehen für sie nicht. Das beschert den Gesellschaftern ein hohes Maß an Rechtssicherheit. Auch für Gesellschaftsgläubiger bringt diese Lösung mehr Rechtssicherheit mit sich. Sie können davon ausgehen, dass immer nur bei einer rechtlichen Neugründung das Stammkapital in der Gesellschaft vorhanden war. Eine weitere Differenzierung zwischen Gesellschaften, die als Gesellschaftsmantel verwendet wurden, und Gesellschaften, die eine „bloße Umorganisation" hinter sich haben, ist nicht erforderlich. Bei beiden Alternativen gibt es keine Garantie dafür, dass die Gesellschaft noch über Kapital in Höhe des Stammkapitals verfügt. Eine solche Garantie würde die Gläubiger ohnehin nur in scheinbarer Sicherheit wiegen. Eine Kapitalaufbringungspflicht nützt dem Gläubiger in vielen Fällen rein gar nichts, nämlich wenn die Gesellschaft ohnehin unterkapitalisiert ist. Auf diese scheinbare Sicherheit kann somit auch zugunsten von mehr Rechtssicherheit verzichtet werden. Die praktischen Schwächen der BGH-Lösung zeigen sich darin, wie schwer es fällt, das BGH-Konzept auszuführen und die Ungereimtheiten aufzulösen[453]. Die Schaffung von im Gesetz nicht vorgesehenen Tatbeständen entfällt so. Letztlich bleiben durch diese Lösung die deutschen Kapitalgesellschaften auch im Vergleich zu anderen Kapitalgesellschaften aus dem europäischen Ausland wettbewerbsfähig. Bei den jetzt

---

[451] So im Ergebnis auch BayObLG, Beschluss v. 24.3.1999 – 3 Z BR 295/98, BB 1999, 971, 972; *Kallmeyer*, GmbHR 2003, 322, 324.
[452] Etwa GroßKomm/*Henze*, § 54 Rn. 35; GroßKomm/*Röhricht*, § 23 Rn. 134.
[453] Vgl. § 5.

auch auf den deutschen Markt vordringenden europäischen Gesellschaften handelt es sich oft um Gesellschaften, bei denen kein lang andauerndes Eintragungsverfahren erforderlich und kein gesetzliches Mindestkapital aufzubringen ist.

IV. Zusammenfassung

Der BGH hat in seinen beiden Entscheidungen vom 9.12.2002 und vom 7.7.2003 die Gründungsvorschriften auf wirtschaftliche Neugründungen durch Verwendung von Vorrats- und Mantelgesellschaften für anwendbar erklärt.

Diese Rechtsprechung des BGH ist in beiden Fällen abzulehnen. Rechtzugeben ist dem BGH zunächst darin, dass Vorrats- und Mantelgesellschaften wegen der Ähnlichkeit der mit ihnen in Zusammenhang stehenden Bedenken grundsätzlich gleich zu behandeln sind. Die Gründungsvorschriften sind jedoch bei beiden nicht entsprechend anzuwenden. Zwar kann man nicht allein wegen Praktikabilitätserwägungen wie den Abgrenzungsproblemen und der schlechten Erkennbarkeit von Mantelgesellschaften für das Registergericht eine analoge Anwendung für falsch erklären. Jedoch stellen sich die vom BGH für die analoge Anwendung angeführten Argumente als nicht überzeugend dar. Das Argument der wirtschaftlichen Neugründung vermag nicht zu überzeugen, da man weder vom Vorliegen einer wirtschaftlichen Neugründung auf die analoge Anwendbarkeit der Gründungsvorschriften schließen kann noch die Bezeichnung „wirtschaftliche Neugründung" bei genauerem Hinsehen die Sachverhalte der Verwendung von Vorrats- und Mantelgesellschaften treffend umschreibt. Weiterhin ist das Argument der Umgehung nicht stichhaltig. Der Bereich der Vorrats- und Mantelgesellschaften fällt nicht in den eigentlichen Anwendungsbereich der Gründungsvorschriften. Ebenso zeigt ein Vergleich mit Regelungen im Umwandlungsgesetz, dass es nicht dem Willen des Gesetzgebers entspricht, dass es bei jeder Erlangung einer Haftungsbeschränkung durch ein Unternehmen zu einer erneuten Kapitalaufbringungspflicht kommt. Bei Verwendung von Vorrats- und Mantelgesellschaften besteht auch kein größeres Bedürfnis, die Gläubiger der Gesellschaft zu schützen als in anderen Fällen von Unternehmensumbildungen. Sie sind durch die allgemeinen Vorschriften ausreichend geschützt. Insbesondere kann eine analoge Anwendung der Gründungsvorschriften nicht richtig sein, weil die Analogievoraussetzungen nicht erfüllt sind. Zwar kann das Vorliegen einer planwidrigen Regelungslücke bejaht werden, auch andere Gründe stehen der Analogie nicht entgegen, die Interessenlage ist aber nicht mit der Interessenlage bei einer rechtlichen Neugründung vergleichbar. Da die Nichtanwendung der Gründungsvorschriften auch viele praktische Vorteile hat und sie in Klarheit und Konsequenz überlegen ist, ist die BGH-Rechtsprechung abzulehnen. Die Verwendungen von Vorrats- und Mantelgesellschaften sind zu behandeln wie andere Umstrukturierungsmaßnahmen auch.

§ 4 Haftungsfragen

I. Einführung

Die bisherige Untersuchung hat ergeben, dass die neue Rechtsprechung des BGH in Bezug auf die analoge Anwendung der Gründungsvorschriften des GmbHG abzulehnen ist. Der Gläubigerschutz im GmbH-Recht basiert aber nicht nur auf den formellen Kapitalaufbringungsvorschriften, sondern auch auf materiell-rechtlichen Haftungsvorschriften. Um diese materiell-rechtlichen Fragen wird es im folgenden Kapitel gehen. In der Diskussion stehen vor allem die Unterbilanz- und die Handelndenhaftung. Diese beiden Haftungstatbestände hat der BGH in seiner Entscheidung vom 7.7.2003 bei der Verwendung von Vorrats- und Mantelgesellschaften für anwendbar erklärt[454]. Im Folgenden wird deshalb nach der Analyse des Meinungsstandes die BGH-Meinung zur Haftungsebene kritisch gewürdigt. Darüber hinaus ist eine entsprechende Anwendung der Verlustdeckungshaftung und der Gründerhaftung gemäß § 9a GmbHG in Betracht zu ziehen. Weiterhin kann man die Verwendung von Vorrats- und Mantelgesellschaften als Fall der materiellen Unterkapitalisierung einordnen. Als allgemeine Anspruchsgrundlagen sind noch § 179 BGB und § 826 BGB in Betracht zu ziehen.

II. Meinungsstand

In der Rechtsprechung ist bisher nur die Frage der Anwendbarkeit der Handelndenhaftung nach § 11 Abs. 2 GmbHG entscheidungsrelevant geworden. Die Rechtsprechung war sich in der Beantwortung dieser Frage bis zuletzt uneinig. Überwiegend wurde die analoge Anwendbarkeit der Geschäftsführerhaftung nach § 11 Abs. 2 GmbHG bei der Verwendung von Mantelgesellschaften bejaht[455]. Einige Gerichte lehnten sie hingegen bei Mantelverwendungen[456] aber auch bei der Verwendung von Vorratsgesellschaften[457] ab. Entscheidungen über die anderen Haftungsarten gab es bisher nicht. Während dessen gab es in der Literatur die unterschiedlichsten Stellungnahmen zu den Haftungsfragen. Dabei wurden alle nur

---

[454] BGH, Beschluss v. 7.7.2003 – II ZB 4/02, BGHZ 155, 318.

[455] OLG Stuttgart, Urteil v. 2.12.1998 – 3 U 44/98, GmbHR 1999, 610; KG, Urteil v. 6.2.1998 – 21 U 5505/97, NZG 1998, 731; LG Hamburg, Urteil v. 18.4.1985 – 2 S 199/84, NJW 1985, 2426; OLG Hamburg, Urteil v. 15.4.1983 – 11 U 43/83, DB 1983, 1140; BGH, Urteil v. 29. November 1956 – II ZR 282/55, BGHZ 22, 240; OLG Oldenburg, Urteil v. 3.6.1955 – 1 U 135/53, WM 1955, 1456 (in diesem Fall gehen die Gerichte allerdings davon aus, dass für das neue Unternehmen überhaupt keine juristische Person als Unternehmensträger besteht).

[456] OLG Karlsruhe, Urteil v. 10.6.1977 – 10 U 213/76, DB 1978, 1219.

[457] OLG Brandenburg, Urteil v. 19.8.1998 – 7 U 24/98, ZIP 1998, 2095.

denkbaren Kombinationen der Anwendbarkeit in Erwägung gezogen: Manche Befürworter einer entsprechenden Anwendung der Gründungsvorschriften bejahten auch die analoge Anwendung der materiell-rechtlichen Haftungstatbestände[458], während noch mehr sie verneinten[459]; andere halten nur die Unterbilanzhaftung, nicht aber die Handelndenhaftung für entsprechend anwendbar[460]. Vertreter der sich gegen die entsprechende Anwendbarkeit der Gründungsvorschriften richtenden Meinung sprachen sich größtenteils auch gegen die Anwendbarkeit der materiell-rechtlichen Haftungstatbestände aus[461]. Die Diskussion in der Literatur wurde durch die Entscheidung des BGH vom 9.12.2002 neu entfacht[462]. Um in dieser Diskussion ein Ende herbeizuführen, nahm der BGH in seinem Beschluss vom 7.7.2003 obiter zur Handelndenhaftung und Unterbilanzhaftung Stellung und erklärte beide für anwendbar[463]. Diese obiter dicta wurden in der Literatur insofern begrüßt, dass für die Praxis bezüglich der Haftung nun die größten Unsicherheiten beseitigt worden sind[464]. Dennoch wurde die BGH-Entscheidung auch kritisch gewürdigt[465].

III. Eigene Meinung

Im Folgenden soll untersucht werden, inwieweit die Gesellschafter und Geschäftsführer einer Vorrats- oder Mantelgesellschaft haften. In Betracht kommt eine Haftung aus den Haftungsnormen, die dem Bereich der rechtlichen Neugründung zuzuordnen sind, also der Handelnden- und der Unterbilanzhaftung, wie der Verlustdeckungshaftung und der Gründungshaftung nach § 9a GmbHG analog. Außerdem kann sich die Haftung aus allgemeinen Haftungsnormen, etwa aus § 179 Abs. 1 BGB oder aus den Grundsätzen der Durchgriffshaftung ergeben.

---

[458] *Ihrig,* BB 1988, 1197.

[459] *Peters,* GmbH-Mantel, S. 113 ff.; *Schulz,* BuW 2003, 331, 335; *Veil,* WuB II C. § 11 GmbHG 3.03, gegen die Anwendung der Handelndenhaftung Michalski/*Michalski,* § 11 Rn. 93.

[460] Eine entsprechende Anwendung der Handelndenhaftung verneinend und eine Unterbilanzhaftung befürwortend: *Göz/Gehlich,* ZIP 1999, 1653, 1657 f.; GroßKomm/*Röhricht,* § 23 Rn. 139 ff.; GroßKomm/*Henze,* § 54 Rn. 36 f.; *K. Schmidt,* NJW 2004, 1345, 1349 f.

[461] *Banerjea,* GmbHR 1998, 814; *Gummert,* WiB 1997, 646, 647; *Heerma,* Mantelverwendung, S. 136 ff.; *Meyding,* Mantel-GmbH, S. 108 ff.; *K. Schmidt,* NJW 2004, 1345, 1349; *Stein,* FS Lutter, S. 755; für Vorrats-AG: *Werner,* NZG 2001, 397, 399 ff.; *Wilhelmi,* DZWIR 2004, 177, 186; Die analoge Anwendung der Gründungsvorschriften ablehnend und nur eine Unterbilanzhaftung bejahend *Lutter/Hommelhoff,* 15. Aufl., § 3 Rn. 8, § 11 Rn. 13.

[462] *Bredow/Schumacher,* DStR 2003, 1032; *Gronstedt,* BB 2003, 860; *Heidinger/Meyding,* NZG 2003, 1129; *Meilicke,* 2003, 857; *Schaub,* NJW 2003, 2125; *Schaub,* DNotZ 2003, 447; die entsprechende Anwendbarkeit bejahend: *Nolting,* ZIP 2003, 651; *Peetz,* GmbHR 2003, 1128.

[463] BGH, Beschluss v. 7.7.2003 – II ZB 4/02, BGHZ 155, 318.

[464] *Gronstedt,* BB 2003, 2082, 2083; *Haunhorst/Schmidt,* INF 2004, 112, 116; *Kesseler,* ZIP 2003, 1790, 1793.

[465] Kritisch zur Unterbilanzhaftung *Heidinger/Meyding,* NZG 2003, 1129, 1133; kritisch zur Handelndenhaftung: *Jacobs,* DZWIR 2004, 309, 316 f.; *Peetz,* GmbHR 2004, 1429, 1435.

1. Handelndenhaftung (§ 11 Abs. 2 GmbHG)

Handelt der für den verwendeten Gesellschaftsmantel vorgesehene Geschäftsführer für die Gesellschaft bevor die wirtschaftliche Neugründung und etwaige Satzungsänderungen im Handelsregister eingetragen worden sind oder bevor er zum Geschäftsführer bestellt worden ist, stellt sich die Frage nach einer persönlichen Haftung des Geschäftsführers für die eingegangenen Verbindlichkeiten. Als Haftungsnorm kommt als spezielle Norm zunächst § 11 Abs. 2 GmbHG in Betracht.

a) Direkte Anwendung § 11 Abs. 2 GmbHG

Die Haftung nach § 11 Abs. 2 GmbHG setzt voraus, dass jemand als Geschäftsführer oder wie ein Geschäftsführer für die GmbH, die noch nicht in das Handelsregister eingetragen ist und damit gemäß § 11 Abs. 2 GmbHG noch nicht besteht, rechtsgeschäftlich gegenüber Außenstehenden handelt. Die Haftung erlischt also mit Entstehung der GmbH[466]. Handelt jemand im Namen einer Vorrats- oder Mantelgesellschaft, ohne dass die Tatsache der wirtschaftlichen Neugründung bereits ins Handelsregister eingetragen wurde, liegen die eben aufgezählten Voraussetzungen des § 11 Abs. 2 GmbHG nicht vor, weil eine GmbH zum Zeitpunkt des Handelns für die GmbH eben schon besteht[467]. Eine direkte Anwendung der Handelndenhaftung kommt daher in Fällen des Handelns für eine Vorrats- oder Mantelgesellschaft nicht in Betracht. Wenn der Geschäftsführer für die GmbH handelt, bevor er wirksam zum Geschäftsführer bestellt wurde, handelt es sich vielmehr um einen typischen Fall der Vertretung ohne Vertretungsmacht. Eine Haftung des Handelnden kann sich dann insbesondere aus § 179 BGB ergeben.

b) Analoge Anwendung des § 11 Abs. 2 GmbHG

Teile der Rechtsprechung und der Literatur gehen aber von einer analogen Anwendbarkeit der Handelndenhaftung bei wirtschaftlichen Neugründungen aus[468].

---

[466] L/H/*Lutter/Bayer*, § 11 Rn. 26.

[467] *Heerma*, Mantelverwendung, S. 140 f.; *Stein*, FS Lutter, S. 755.

[468] OLG Hamburg, Urteil v. 15.4.1983 – 11 U 43/83, DB 1983, 1140; KG, Urteil v. 6.2.1998 – 21 U 5505/97, NZG 1998, 731; OLG Stuttgart, Urteil v. 2.12.1998 – 3 U 44/98, GmbHR 1999, 610; *Ihrig*, BB 1988, 1197, 1203; Hachenburg/*Ulmer*, § 3 Rn. 40; *Hüffer*, AktG, § 23 Rn. 27a; MüKo AktG/*Pentz*, § 23 Rn. 107; a. A. OLG Karlsruhe, Urteil v. 10.6.1977 – 10 U 213/76, DB 1978, 1219, 1220; *Bärwaldt/Schabacker*, GmbHR 1998, 1005, 1012; *Götz/Gehlich*, ZIP 1999, 1653, 1661; GroßKomm/*Henze*, § 54 Rn. 36; GroßKomm/*Röhricht*, § 23 Rn. 140 *Heerma*, GmbHR 1999, 640, 644; *Heidinger* ZNotP 2003, 82, 87; *Heidinger/Meyding*, NZG 2003, 1129, 1134; *Gronstedt*, BB 2003, 860; *Meilicke*, 2003, 857, 859; *Priester*, LMK 2004, 31 f.; *Schaub*, NJW 2003, 2125, 2128;

Diese Ansicht wird vor allem damit begründet, dass die Interessenlagen bei rechtlicher und wirtschaftlicher Neugründung insbesondere auch unter Beachtung der verschiedenen Zweckrichtungen des § 11 Abs. 2 GmbHG vergleichbar sind[469]. Weiterhin werden die Gläubiger bei der Mantelverwendung als genauso schützenswert eingestuft, wie bei der wirtschaftlichen Neugründung[470].

aa) Argument für die Anwendbarkeit der Gründungsvorschriften als Argumente für die Anwendbarkeit des § 11 Abs. 2 GmbHG

Als Argumente für die Anwendbarkeit des § 11 Abs. 2 GmbHG fungieren dieselben Argumente, wie für die Anwendbarkeit der Gründungsvorschriften: das Argument der wirtschaftlichen Neugründung[471] und das Umgehungsargument[472], durch die die Gleichbehandlung mit rechtlichen Neugründungen gerechtfertig werden soll. Aus weiter oben genannten Gründen ist auch hier die Bezeichnung wirtschaftliche Neugründung irreführend, so dass damit nicht eine Gleichbehandlung begründet werden kann. Das Umgehungsargument kann ebenso wenig wie zur Anwendung der Gründungsvorschriften zur Anwendung der Handelndenhaftung führen[473]. Bei der Verwendung von Vorrats- und Mantelgesellschaften gibt es außerdem kein besonders schützenswertes Interesse der Gläubiger, was eine analoge Anwendung des § 11 Abs. 2 GmbHG rechtfertigen könnte[474].

bb) Analogievoraussetzungen

Damit eine analoge Anwendung der Vorschrift gerechtfertig ist, müssen aber hier zunächst die Analogievoraussetzungen geprüft werden. Vorausgehend muss die Frage erörtert werden, ob die Handelndenhaftung nach § 11 Abs. 2 GmbHG überhaupt noch eine Daseinsberechtigung hat und so einer analogen Anwendung zugänglich ist.

Schaub, DNotZ 2003, 447, 451; *Schulz*, BuW 2003, 331, 335; *Stein*, FS-Lutter, S. 755; *Veil*, WuB II C. § 11 GmbHG 3.03; *Werner*, NZG 1999, 146, 147.

[469] Vgl. OLG Stuttgart, Urteil v. 2.12.1998 – 3 U 44/98, GmbHR 1999, 610, 611.

[470] Vgl. OLG Stuttgart, Urteil v. 2.12.1998 – 3 U 44/98, GmbHR 1999, 610, 611.

[471] OLG Stuttgart, Urteil v. 2.12.1998 – 3 U 44/98, GmbHR 1999, 610, 611; KG, Urteil v. 6.2.1998 – 21 U 5505/97, NZG 1998, 731.

[472] KG, Urteil v. 6.2.1998 – 21 U 5505/97, NZG 1998, 731.

[473] Vgl. § 3III.3.

[474] S.o., so aber OLG Stuttgart, Urteil v. 2.12.1998 – 3 U 44/98, GmbHR 1999, 610, 612.

aaa) Analogiefähigkeit des § 11 Abs. 2 GmbHG

In der Literatur wird zum Teil die Analogiefähigkeit des § 11 Abs. 2 GmbHG in Frage gestellt[475] oder jedenfalls angemerkt, dass mit seiner analogen Anwendung Zurückhaltung geboten sei[476]. Dies wird damit begründet, dass § 11 Abs. 2 GmbHG schon in seinem eigentlichen Anwendungsbereich die Bedeutung verloren habe[477]. Es entspreche außerdem der herrschenden Meinung, dass § 11 Abs. 2 GmbHG wegen seiner zweifelhaften Bedeutung nur einschränkend ausgelegt werden müsse. Damit vertrage sich die analoge Anwendung der Norm auf einen ganz anderen Bereich nicht[478].

Dem § 11 Abs. 2 GmbHG wurden und werden vier verschiedene Funktionen zugeschrieben: die Straffunktion, die Druckfunktion, die Sicherungsfunktion und die Ausgleichsfunktion[479].

(1) Straffunktion

Im früher geltenden Konzessionssystem musste zur Aufnahme der Geschäftstätigkeit eine landesrechtliche Genehmigung erteilt werden. Um dieses Verbot durchzusetzen sollte eine vorzeitige Geschäftsaufnahme vor der Erlangung einer entsprechenden Konzession durch die in Art. 211 Abs. 2 ADHGB, dessen Nachfolger § 11 Abs. 2 GmbHG ist, statuierte Haftung sanktioniert werden[480]. Der Handelnde sollte durch die angedrohte „Strafe" von einer Geschäftsaufnahme vor Eintragung der Gesellschaft abgehalten werden.[481]

Schon das RG erkannte bald, dass ein Handeln für die Gesellschaft vor Eintragung wirtschaftlich oft nicht zu vermeiden ist, so dass es die Straffunktion aufgab. Die endgültige Abkehr von der Straffunktion kam dann mit der BGH-Entscheidung vom 9. März 1981, durch die das Vorbelastungsverbot endgültig aufgehoben wurde[482].

---

[475] *Bommert,* GmbHR 1983, 209, 211 f.; *Heerma,* Mantelverwendung, S. 144; *Werner,* NZG 1999, 146, 148.
[476] *Finken,* EWiR 1989, 263, 264; *Götz/Gehlich,* ZIP 1999, 1653, 1661;Michalski/*Michalski,* § 11 Rn. 91; *Schaub,* NJW 2003, 2125, 2128; *Schaub,* DNotZ 2003, 447, 451; *Werner,* NZG 1999, 146, 148.
[477] *Heerma,* GmbHR 1999, 640, 645; *Stein,* FS-Lutter, S. 755; *Werner,* NZG 1999, 146.
[478] Hachenburg/*Ulmer,* § 11 Rn. 99.
[479] Vgl. Hachenburg/*Ulmer,* § 11 Rn. 96.
[480] Vgl. RG, Urteil v. 21.9.1900 – VII 109/00, RGZ 47, 1, 2 f.; RG, Urteil v. 19.2.1909 – II 401/08, *Göz/Gehlich,* ZIP 1999, 1653, 1660.
[481] Vgl. Hachenburg/*Ulmer,* § 11 Rn. 96; *K. Schmidt,* NJW 2004, 1345, 1349; Scholz/*K. Schmidt,* § 11 Rn. 92.
[482] BGH, Urteil v. 9.3.1981 – II ZR 54/80, BGHZ 80, 129; vgl. *Göz/Gehlich,* ZIP 1999, 1653, 1660; Hachenburg/*Ulmer,* § 11 Rn. 98.

(2) Druckfunktion

Die Handelndenhaftung soll nach heute noch vertretener Ansicht zudem eine Druckfunktion haben[483]. Durch die Handelndenhaftung werde ein Druck auf den Geschäftsführer ausgeübt, die Eintragung in das Handelsregister möglichst bald herbeizuführen.

Der Handelndenhaftung eine solche Funktion zuzuschreiben, wird wegen der heutigen Wartezeiten bei den Registergerichten als nicht mehr zeitgemäß angesehen. Selbst wenn die Geschäftsführer die Gesellschaft sofort zum Handelsregister anmelden, kann es noch Wochen oder Monate dauern bis die Gesellschaft auch tatsächlich ins Handelsregister eingetragen wird. Dass dabei so viel Zeit verstreicht, ist aber nicht den Geschäftsführern zuzuschreiben, sondern vielmehr den mangelnden Kapazitäten bei den Handelsregistern. Die Geschäftsführer können daher nur begrenzt auf die Dauer des Eintragungsverfahrens Einfluss nehmen[484].

Auch die Annahme einer Druckfunktion basiert vor allem auf der Vorstellung, dass den Gläubigern vorher keine Gesellschaft, auch keine Vorgesellschaft als Schuldner gegenübersteht: Auf den Geschäftsführer solle Druck zur Eintragung ausgeübt werden, damit den Gläubigern endlich die Gesellschaft als Haftungsgegner gegenüberstehe. Eine solche Zielsetzung ist seit der Aufgabe des Vorbelastungsverbots durch den BGH hinfällig, weil dem Gläubiger jedenfalls die Vorgesellschaft als Haftungsobjekt zur Verfügung steht[485].

Richtig wird gegen die Druckfunktion auch eingewandt, dass es sich bei der Pflicht des Geschäftsführers zur Eintragung um eine innergesellschaftliche Pflicht gegenüber den Gesellschaftern handelt[486]. Alleine die Gesellschafter und nicht etwa Dritte sind nämlich die Benachteiligten, da sie, solange die Gesellschaft nicht eingetragen ist, unbeschränkt haften[487]. Es sei also nicht einzusehen, warum der Handelnde ausgerechnet den Gläubigern haften solle[488]. Die Gläubiger dagegen erleiden durch die Eintragung viel mehr Nachteile als Vorteile[489]. Sobald die Gesellschaft eingetragen ist, haftet den Gläubigern gemäß § 13 Abs. 2 GmbHG nämlich nur noch das

---

[483] Scholz/*K. Schmidt*, § 11 Rn. 93.
[484] Vgl. *Göz/Gehlich*, ZIP 1999, 1653, 1660; Hachenburg/*Ulmer*, § 11 Rn. 98; *Heerma*, GmbHR 1999, 640, 644; *Peters*, GmbH-Mantel, S. 117.
[485] Vgl. *Heerma*, Mantelverwendung, S. 143.
[486] *Göz/Gehlich*, ZIP 1999, 1653, 1660.
[487] Die unbeschränkte Haftung besteht nach einer Ansicht nur im Innenverhältnis gegenüber der Gesellschaft (BGH, Urteil v. 27.1.1997, BGHZ 134, 333; Hachenburg/*Ulmer*, § 11 Rn. 95; L/H/*Lutter/Bayer*, § 11 Rn. 9) oder nach anderer Ansicht als Außenhaftung gegenüber den Gläubigern (*Flume*, Juristische Person, S. 160 ff.; *Roth*/Altmeppen, § 11 Rn. 55; *K. Schmidt*, GesR, S. 1032 ff.; Scholz/*K. Schmidt*, § 11 Rn. 82).
[488] Vgl. *Göz/Gehlich*, ZIP 1999, 1653, 1660.
[489] *Göz/Gehlich*, ZIP 1999, 1653, 1660.

Gesellschaftsvermögen[490], vorher konnten die Gläubiger auf das gesamte Vermögen aller Gesellschafter zugreifen.

Andererseits kann die Handelndenhaftung nach § 11 Abs. 2 GmbHG den Geschäftsführer dazu motivieren, die Eintragung der Gesellschaft möglichst bald herbeizuführen. Zwar kann er nicht auf die Dauer des Eintragungsverfahrens beim Registergericht Einfluss nehmen, aber die Haftungsgefahr, der er nach § 11 Abs. 2 GmbHG unterliegt, kann durchaus einen Anreiz dazu bieten, die Gesellschaft möglichst schnell beim Handelsregister zur Eintragung anzumelden. Der Geschäftsführer kann die Eintragung schließlich dadurch beschleunigen, dass er die Anmeldeunterlagen möglichst vollständig abgibt. Es gibt deshalb zwar kein Gläubigerinteresse daran, die Eintragung möglichst schnell herbeizuführen, dafür steht es im Interesse des reibungslosen Ablaufs des Eintragungsverfahrens und der Minimierung des Arbeitsaufwandes des Registergerichts und damit im öffentlichen Interesse, dass die Unterlagen bei einer Anmeldung zur Eintragung möglichst vollständig sind.

Relevant ist eine baldige Eintragung auch für die Gründungsgesellschafter. Ab der Eintragung haften sie nämlich nur noch mit ihrer Stammeinlage, während sie vorher unbeschränkt haften[491]. Sie sind daher darauf angewiesen, dass der Geschäftsführer die Eintragung möglichst schnell herbeiführt[492].

Gegen die Druckfunktion wird weiterhin eingewandt, dass die Gesellschafter durch die unbeschränkte Unterbilanzhaftung einen großen Anreiz haben, darauf hinzuwirken, dass die Geschäftsführer die Eintragung herbeiführen[493]. Die Handelndenhaftung setzt aber zusätzlichen noch den Geschäftsführer einer Haftungsgefahr aus. Dadurch wird auf den Geschäftsführer noch zusätzlich Druck ausgeübt, weil er bis zur Eintragung persönlich haftet. Eine unmittelbare Haftung des Geschäftsführers gegenüber den Gläubigern hat eine andere Qualität als ein etwaiger Anspruch der Gesellschafter oder der Gesellschaft.

Der Druckfunktion kommt also trotz aller Einwände noch eine gewisse Bedeutung mit Hinblick auf den reibungslosen Ablauf der Handelsregistereintragung zu.[494]

(3) Sicherungsfunktion

Dem § 11 Abs. 2 GmbHG wird noch zugesprochen, dem Gläubiger einen Schuldner für die vor Eintragung eingegangenen Verpflichtungen der GmbH zu sichern.[495] Die

---

[490] BGH, Urteil v. 27.1.1997, BGHZ 134, 333.
[491] S. Fn. 687.
[492] Vgl. Scholz/*K. Schmidt,* § 11 Rn. 93.
[493] Michalski/*Michalski,* § 11 Rn. 89.
[494] So im Ergebnis auch *Peetz,* GmbHR 2004, 1429, 1435; Scholz/*K. Schmidt,* § 11 Rn. 93.
[495] Vgl. *Göz/Gehlich,* ZIP 1999, 1653, 1660.

Vorstellung, dass der Handelndenhaftung auch eine sog. Sicherungsfunktion zukommt, rührt noch aus der Zeit her, in der man davon ausging, dass vor Eintragung der GmbH keine Gesellschaft besteht. Deshalb, so dachte man, stehe dem Gläubiger der Gesellschaft auch kein Schuldner gegenüber. Der § 11 Abs. 2 GmbHG sollte den Gläubiger insoweit sichern, dass er zumindest gegen den für die GmbH Handelnden einen Anspruch hat. Seit allgemein anerkannt ist, dass die Vor-GmbH auch Trägerin von Rechten und Pflichten sein kann, ist auch dieser Rechtfertigung des § 11 Abs. 2 GmbHG ihre Grundlage entzogen. Die Sicherungsfunktion ist danach allenfalls noch von Bedeutung, wenn wegen der fehlenden Vertretungsmacht des Handelnden die Vorgesellschaft nicht verpflichtet wird[496]. In diesen Fällen haftet der Handelnde aber auch meistens schon als Vertreter ohne Vertretungsmacht nach § 179 Abs. 1 BGB[497]. Außer in diesen Sonderfällen, die auch nach § 179 Abs. 1 BGB gelöst werden können, wird mithin zumindest die Vorgesellschaft Schuldnerin für alle vor der Eintragung eingegangenen Verbindlichkeiten, so dass § 11 Abs. 2 GmbHG zur Sicherung der Gläubiger nicht mehr notwendig ist.

(4) Ausgleichsfunktion

Insbesondere der Ausgleichsfunktion wird in Rechtsprechung und Literatur noch eine größere Bedeutung zugeschrieben[498]. Die Ausgleichsfunktion der Handelndenhaftung wird darin gesehen, dass sie dem Gläubiger einen Ausgleich dafür geben soll, dass die Kapitalgrundlage der Gesellschaft noch nicht registergerichtlich geprüft, bekannt gemacht und durch zwingende Schutzvorschriften abgesichert ist[499].

Aber auch diese Funktion des § 11 Abs. 2 GmbHG kann angezweifelt werden. Ein in diesem Zusammenhang genannter Einwand ist, dass die registergerichtliche Kontrolle überschätzt werde[500]. Richtig an diesem Einwand ist, dass auch nach einer Kontrolle durch das Registergericht nicht sicher ist, dass das Stammkapital vorliegt. Das einzige, was dem Registergericht in jedem Fall bei der Anmeldung einer GmbH zur Eintragung ins Handelsregister vorliegen muss, ist die Geschäftsführerversicherung nach § 8 Abs. 2 GmbHG. Die Richtigkeit dieser Versicherung muss das Registergericht jedoch nur überprüfen, wenn es Anhaltspunkte dafür hat, dass sie nicht stimmt. Die Abgabe einer Bankbestätigung über die Einzahlung des erforderlichen Kapitals ist, wenn das Registergericht sie nicht nach § 9c GmbHG anfordert, nur freiwillig[501]. Liegen dem Registergericht also keine Anhaltspunkte dafür vor, dass die Versicherung

---

[496] Vgl. Hachenburg/*Ulmer*, § 11 Rn. 98; Michalski/*Michalski*, § 11 Rn. 89.
[497] Vgl. Hachenburg/*Ulmer*, § 11 Rn. 98.
[498] Vgl. BGH, Urteil v. 16.3.198 – II ZR 59/80, BGHZ 80, 182, 184; *Göz/Gehlich*, ZIP 1999, 1653, 1661; Hachenburg/*Ulmer*, § 11 Rn. 98; Michalski/*Michalski*, § 11 Rn. 90; Scholz/*K. Schmidt*, § 11 Rn. 93.
[499] Vgl. Hachenburg/*Ulmer*, § 11 Rn. 98.
[500] *Göz/Gehlich*, ZIP 1999, 1653, 1661.
[501] *Roth*/Altmeppen, § 8 Rn. 14.

nicht der Wahrheit entspricht, hat es in keiner Weise geprüft, ob das erforderliche Kapital vorliegt. Zwar drohen demjenigen, der die Versicherung nach § 8 Abs. 2 GmbHG nicht wahrheitsgemäß abgibt, gemäß § 82 GmbHG eine Freiheitsstrafe bis zu drei Jahren oder eine Geldstrafe und die Ersatzansprüche nach § 9a GmbHG. Dennoch kann es auf diese Weise passieren, dass eine GmbH ins Handelsregister eingetragen wird, die nicht mit dem nach § 7 Abs. 2 und 3 GmbHG erforderlichen Mindestkapital ausgestattet ist. Außerdem prüft das Registergericht nur, ob im Zeitpunkt der Anmeldung das erforderliche Kapital vorhanden ist. Es gibt eben kein Vorbelastungsverbot für die Vorgesellschaft. Das Registergericht prüft nicht, ob im Zeitpunkt der Eintragung also bei Entstehung der GmbH das Stammkapital noch unversehrt ist[502]. Ob ein Ausgleich wegen der fehlenden registergerichtlichen Kontrolle tatsächlich erforderlich ist, wird daher mit Recht in Frage gestellt.

In Zweifel kann man die Ausgleichsfunktion ziehen, weil auch hier wie schon bei der Druckfunktion durch die Eintragung der Gesellschaft nicht unbedingt eine Verbesserung eintritt[503]. Gleichzeitig tritt auch die Haftungsbeschränkung auf das Gesellschaftsvermögen ein. Die Gesellschafter haften nur noch mit ihrer Stammeinlage. Wenn die Gesellschafter vermögend sind, stellt die Eintragung und mit ihr die Begrenzung des Haftungsfonds einen Nachteil für alle Gläubiger dar. Wenn in diesen Fällen die Eintragung also einen Nachteil für die Gläubiger bedeutet, ist die Nicht-Eintragung ein Vorteil. Ein Nachteil durch die Nicht-Eintragung besteht also vielfach überhaupt nicht, so dass auch nichts ausgeglichen werden muss.

Richtig ist jedoch, dass die zwingenden Kapitalschutzvorschriften (§§ 30, 31 GmbHG) keine Anwendung finden. Bereits in der Vorgesellschaft vorhandenes Kapital kann ohne weiteres wieder entnommen werden, solange die Gesellschaft nicht eingetragen ist. Vor der Eintragung der Gesellschaft gibt es kein gebundenes Kapital.[504] In den Fällen, in denen die Eintragung, wie eben dargelegt wurde, einen Vorteil für die Gläubiger darstellt, wird ihnen auch die Anwendbarkeit der §§ 30, 31 GmbHG insoweit nützen, dass die Erhaltung des Kapitals durch das Verbot der Auszahlung von Stammkapital gesichert ist. In diesen Fällen, aber auch nur in diesen, entsteht, solange die Gesellschaft nicht eingetragen ist, ein Nachteil für die Geschäftspartner der Vorgesellschaft, der durch die Haftung nach § 11 Abs. 2 GmbHG ausgeglichen werden kann.

Diese Überlegungen zeigen, dass von einer Ausgleichsfunktion des § 11 Abs. 2 GmbHG nur in wenigen Fällen die Rede sein kann.

---

[502] Vgl. *Werner*, NZG 1999, 146, 148.
[503] Vgl. *Heerma*, GmbHR 1999, 640, 644.
[504] Roth/*Altmeppen*, § 30 Rn. 3.

(5) Europarechtliche Vorgaben

Der § 11 Abs. 2 GmbHG könnte noch durch die Vorgabe des Art. 7 der 1. EU-Richtlinie zur Angleichung des Gesellschaftsrechts (Publizitätsrichtlinie)[505] gerechtfertigt sein[506]. Die deutsche Übersetzung dieses Artikels hat folgenden Wortlaut:

> „Ist im Namen einer in Gründung befindlichen Gesellschaft gehandelt worden, ehe diese die Rechtsfähigkeit erlangt hat, und übernimmt die Gesellschaft die sich aus diesen Handlungen ergebenden Verpflichtungen nicht, so haften die Personen, die gehandelt haben, aus diesen Handlungen unbeschränkt als Gesamtschuldner, sofern nichts anderes vereinbart worden ist."

Es stellt sich die Frage, ob der § 11 Abs. 2 GmbHG wirklich nach dieser Richtlinie erforderlich ist. Hat der Handelnde keine Vertretungsmacht, haftet er dem Schuldner immer nach § 179 Abs. 1 BGB als Vertreter ohne Vertretungsmacht. In diesen Fällen ist also ein Anspruch, wie ihn Art. 7 der Publizitäts-Richtlinie vorsieht, immer gegeben. Anders zu beurteilen sind die Fälle, in denen der Handelnde Vertretungsmacht hat. Ein Anspruch aus § 179 Abs. 1 BGB kommt dann nicht in Betracht. Im deutschen Recht ist es jedoch anerkannt, dass vor dem Entstehen der GmbH und zwar mit dem Abschluss des Gesellschaftsvertrages eine rechtsfähige Vorgesellschaft besteht[507]. Die Vorgesellschaft wird auch mit verpflichtet, wenn der Handelnde ausdrücklich im Namen der noch nicht bestehenden GmbH handelt.[508] Wenn der Handelnde aber in Bezug auf die Vorgesellschaft Vertretungsmacht hat, steht dem Dritten auf jeden Fall die Vorgesellschaft als Haftungsgegner gegenüber. Die Vorgesellschaft genügt jedoch nicht den Maßstäben des Art. 7. Eine Haftung des Handelnden muss es nach Art. 7 nämlich nur geben, wenn „die Gesellschaft die sich aus diesen Handlungen ergebenden Verpflichtungen" nicht übernimmt. Mit Gesellschaft ist aber nicht etwa die Vorgesellschaft, sondern die an sich rechtsfähig gewordene, in Deutschland also die eingetragene Gesellschaft gemeint[509]. Das zeigt sich schon am Wortlaut der Vorschrift: der Richtliniengeber trennt deutlich zwischen der „in Gründung befindlichen Gesellschaft" und der „Gesellschaft". Hätte der Richtliniengeber im zweiten Fall auch etwa eine Art Vorgesellschaft gemeint, hätte er auch dort den Begriff der „in Gründung befindlichen Gesellschaft" verwendet. Es genügt daher nicht dem Art. 7, dass die Vorgesellschaft für die Verbindlichkeiten einzustehen hat. Die Vorschrift wird vielmehr dahingehend ausgelegt, dass durch sie sichergestellt werden soll, dass die schlussendlich eingetragene Kapitalgesellschaft für die während der Gründungsphase begründeten Verbindlichkeiten einzustehen hat, weshalb dann für den Fall, dass es zu einer entsprechenden Verpflichtung nicht

---

[505] Abgedruckt bei *Lutter*, Europäisches Unternehmensrecht, S. 101.
[506] So *Werner*, NZG 1999, 146, 148.
[507] L/H/*Lutter/Bayer*, § 11 Rn. 3.
[508] *Roth/Altmeppen*, § 11 Rn. 28.
[509] *Schwarz*, Europäisches GesR, Rn. 337.

kommt, z.B. auch durch Aufgabe der Eintragungsabsicht, der Handelnde haften soll[510]. Es sei damit in Ländern, in denen es eine Vorgesellschaft gibt, sicherzustellen, dass entweder die Verbindlichkeiten der Vorgesellschaft kraft Gesetzes auf die Kapitalgesellschaft übergehen oder die handelnden Personen für die Verbindlichkeiten ohne weiteres in Anspruch genommen werden können[511]. Nach deutscher Rechtsprechung bestehen anerkanntermaßen alle Aktiva und Passiva der Vorgesellschaft in der eingetragenen Gesellschaft fort[512], sobald die Gesellschaft im Handelsregister eingetragen wird. In diesen Fällen ist also nach Art. 7 keine weitere Haftung des Handelnden erforderlich. Anders sind solche Fälle zu beurteilen, in denen es nicht zur Eintragung kommt. Hier haftet den Gläubigern zwar die Vorgesellschaft, wenn der Handelnde entsprechende Vertretungsmacht hatte, nicht aber, wie Art. 7 vorschreibt, die eingetragene Gesellschaft, die dann ja nie zur Entstehung kommt, oder der Handelnde. In den Fällen, in denen der Handelnde mit Vertretungsmacht handelt, aber die Gesellschaft, etwa wegen Aufgabe der Eintragungsabsicht nicht zur Entstehung kommt, ist also die Handelndenhaftung in § 11 Abs. 2 GmbHG zur Umsetzung der Richtlinie erforderlich.

(6) Zwischenergebnis

Die Überlegungen zeigen, dass die Handelndenhaftung zwar an Bedeutung verloren hat, sie aber immer noch in einigen Bereichen, insbesondere indem durch sie der Geschäftsführer dazu angehalten wird, die Eintragung ins Handelsregister schnell herbeizuführen (Druckfunktion), eine Funktion hat und zur Umsetzung des Art. 7 der Publizitäts-Richtlinie erforderlich ist. Die Straf- und die Sicherungsfunktion haben spätestens seit der Aufgabe des Vorbelastungsverbots ihren Sinn verloren. Eine Ausgleichsfunktion kann die Handelndenhaftung nur haben, wenn die Eintragung sich tatsächlich als nachteilhaft für die Gläubiger darstellt. Die Handelndenhaftung kann dennoch in einigen Fällen immer noch einen Ausgleich dafür darstellen, dass das Registergericht die Kapitalaufbringung noch nicht geprüft hat, die Druckfunktion ist heute jedenfalls noch im Interesse der Gründungsgesellschafter, so dass die Handelndenhaftung nicht gänzlich funktionslos geworden ist[513]. Solange sie noch einen direkten Anwendungsbereich hat, muss sie auch analog angewendet werden können. Denn solange es noch einen direkten Anwendungsbereich gibt, kann es noch nicht geregelte Fälle geben, deren Interessenlage soweit mit den direkten Anwendungsfällen vergleichbar ist, dass eine analoge Anwendung der Norm geboten ist. Eine analoge Anwendung der Norm ist daher nicht von vorne herein ausgeschlossen.

---

[510] *Habersack,* Europäische GesR, § 5 Rn. 96.
[511] *Habersack,* Europäische GesR, § 5 Rn. 97; *Schwarz,* Europäisches GesR, Rn. 340.
[512] L/H/*Lutter/Bayer,* § 11 Rn. 4; *Roth/Altmeppen,* § 3 Rn. 19.
[513] So aber *Heerma,* GmbHR 1999, 640, 645; *Weimar,* GmbHR 1988, 289 ff.; *Weimar,* GmbHR 1997, 473, 478 Fn. 47.

bbb) Regelungslücke

Voraussetzung für eine Analogie ist wiederum das Vorliegen einer planwidrigen Regelungslücke. Das Vorliegen einer solchen Regelungslücke wird mit Recht bezweifelt[514]. Die Haftung beim Handeln im Namen einer Vorrats- oder Mantelgesellschaft dürfte nicht geregelt sein. Handelt jemand im Namen der Vorrats- oder Mantelgesellschaft und hat er entsprechende Vertretungsmacht, wird die schon bestehende Vorrats- oder Mantelgesellschaft verpflichtet[515]. Für diese Fälle besteht keine Regelungslücke. Schuldner ist die vertretene Gesellschaft. Handelt aber etwa der für die verwendete Vorrats- oder Mantelgesellschaft vorgesehene Geschäftsführer, bevor er zum Geschäftsführer bestellt ist, haftet die Vorrats- oder Mantelgesellschaft vor der Verwendung erst einmal nicht, weil der zukünftige Geschäftsführer noch keine Vertretungsmacht zur Vertretung der Gesellschaft hatte. In diesem Fall haftet der Handelnde nach § 179 Abs. 1 BGB als Vertreter ohne Vertretungsmacht. Wenn der Geschäftsführer tatsächlich von den Verwendern des Gesellschaftsmantels bevollmächtigt ist, die Geschäftstätigkeit, die in dem Gesellschaftsmantel zukünftig geführt werden soll, schon vorher aufzunehmen, so handelt der Geschäftsführer mit Vertretungsmacht für die Gesellschafter, so dass ein Anspruch aus § 179 Abs. 1 BGB nicht in Betracht kommt. Handelt er im Namen der zukünftigen verwendeten Gesellschaft, kann er für diese Gesellschaft nur von den alten Gesellschaftern zur Vertretung ermächtigt worden sein. Ansonsten handelt er zwar für eine schon existierende juristische Person, für die er aber noch keine Vertretungsmacht hat, so dass hier wiederum § 179 Abs. 1 BGB einschlägig wäre. Es spricht also viel dafür, dass schon keine Regelungslücke vorliegt.

ccc) Vergleichbare Interessenlage

Voraussetzung für die analoge Anwendung einer Norm ist eine vergleichbare Interessenlage. Zumindest diese ist bei der wirtschaftlichen Neugründung in Bezug auf die Anwendung von § 11 Abs. 2 GmbHG zu verneinen.

Die Funktionen von § 11 Abs. 2 GmbHG wurden weiter oben schon diskutiert. Eine vergleichbare Interessenlage kann nur in Bezug auf solche Funktionen der Norm bestehen, die auch noch im direkten Anwendungsbereich eine Bedeutung haben[516]. Es muss daher festgestellt werden, ob die Druck- und die Ausgleichsfunktion auch bei der Verwendung von Vorrats- und Mantelgesellschaften einen Sinn machen.

---

[514] *Ahrens,* DB 1998, 1069, 1073; *Stein,* FS Lutter, S. 755.

[515] So die Argumentation von *Bärwaldt/Schabacker,* GmbHR 1998, 1005, 1013; GroßKomm/*Röhricht,* § 23 Rn. 140; *Heerma,* GmbHR 1999, 640, 645; *Schulz,* BuW 2003, 331, 335; *Stein,* FS-Lutter, S. 755; *Werner,* NZG 1999, 146, 147.

[516] *Bärwaldt/Schabacker,* GmbHR 1998, 1005, 1012; *Stein,* FS-Lutter, S. 755.

Setzt man voraus, dass, wie hier vertreten, die Verwendung einer Vorrats- oder Mantelgesellschaft keine analoge Anwendung der Gründungsvorschriften rechtfertigt, kann auch die Druckfunktion des § 11 Abs. 2 GmbHG in diesen Fällen keine Bedeutung haben. Nach hier vertretener Ansicht müssen zwar etwaige Satzungsänderungen zur Eintragung ins Handelsregister angemeldet werden, aber die Satzungsänderungen bei Verwendung eine Vorrats- oder Mantelgesellschaft haben keine andere Qualität als andere Satzungsänderungen auch. Kein Beschluss einer Satzungsänderung löst aber je die Handelndenhaftung nach § 11 Abs. 2 GmbHG aus. Sie müssen ohnehin gemäß § 54 Abs. 3 GmbHG eingetragen werden, um wirksam zu werden. Es besteht auch bei der Satzungsänderung im Rahmen der Verwendung einer Vorrats- und Mantelgesellschaft nur das Interesse, was bei jeder Satzungsänderung besteht, nämlich das allseitige Interesse am Wirksamwerden der Satzungsänderung[517]. Ein besonderes über dieses hinausgehendes Interesse an der Anmeldung der Satzungsänderung gibt es bei der Verwendung von Vorrats- und Mantelgesellschaften nicht. Es muss daher kein zusätzlicher Druck durch Anwendung der Handelndenhaftung ausgeübt werden.

Bei der Verwendung von Vorrats- und Mantelgesellschaften ist es ebenso wenig erforderlich einen Ausgleich für die fehlende registergerichtliche Kontrolle zu schaffen[518]. Eine Vorrats- oder Mantelgesellschaft hat die registergerichtliche Kontrolle schon passiert. Die Kapitalausstattung wurde bereits bei ihrer rechtlichen Neugründung vom Registergericht überprüft[519]. Ein Ausgleich durch Anwendung der Handelndenhaftung ist auch nicht erforderlich, weil die kapitalsichernden Vorschriften insbesondere die §§ 30, 31 GmbHG noch keine Anwendung finden. Die Vorrats- oder Mantelgesellschaft selbst ist bereits eine existierende Gesellschaft. Die §§ 30, 31 GmbHG sichern das Kapital gegen Einlagenrückgewähr ab dem Zeitpunkt der Eintragung.[520] Vorrats- und Mantelgesellschaften sind vor ihrer Verwendung immer schon eingetragen, so dass bei ihnen die Kapitalerhaltung durch §§ 30, 31 GmbHG bereits sichergestellt ist[521].

Die beiden Funktionen, die § 11 Abs. 2 GmbHG im direkten Anwendungsbereich noch hat, machen im Bereich der Vorrats- und Mantelgesellschaften keinen Sinn, weil dort jeweils schon eine Gesellschaft besteht[522]. Dem kann auch nicht entgegengehalten werden, dass der Gesetzgeber den Fall von Mantelverwendung ersichtlich nicht geregelt hat[523]. Der Gesetzgeber wollte es der Literatur und Rechtsprechung überlassen, wie Vorrats- und Mantelgesellschaften rechtlich zu behandeln sind. Daraus kann kein Rückschluss darüber gemacht werden, wie der Gesetzgeber die Haftung bei Vorrats- und Mantelgesellschaften geregelt habe wollte. Es gibt daher keine

[517] Vgl. OLG Karlsruhe, Urteil v. 10.6.1977 – 10 U 213/76, DB 1978, 1219, 1220.
[518] A.A. OLG Stuttgart, Urteil v. 2.12.1998 – 3 U 44/98, GmbHR 1999, 610, 611.
[519] Vgl. *Finken,* EWiR 1989, 263, 264.
[520] Roth/*Altmeppen*, § 30 Rn. 3.
[521] *Veil,* WuB II C. § 11 GmbHG 3.03.
[522] *Peters,* GmbH-Mantel, S. 120 f.
[523] So aber KG, Urteil v. 6.2.1998 – 21 U 5505/97, NZG 1998, 731, 732.

vergleichbare Interessenlage bei der Verwendung von Vorrats- und Mantelgesellschaften, die eine analoge Anwendung der Vorschrift rechtfertigen könnte.

cc) Zwischenergebnis

Die Handelndenhaftung gemäß § 11 Abs. 2 GmbHG ist weder direkt noch analog in Fällen der Verwendung von Mantel- und Vorratsgesellschaften anzuwenden[524]. Einerseits sprechen schon dieselben Argumente, die gegen die analoge Anwendung der Gründungsvorschriften sprechen, auch gegen die entsprechende Anwendung des § 11 Abs. 2 GmbHG. Weiterhin ist § 11 Abs. 2 GmbHG zwar analogiefähig, das Vorliegen einer planwidrigen Regelungslücke wird jedoch mit Recht bezweifelt, eine vergleichbare Interessenlage liegt nicht vor. § 11 Abs. 2 GmbHG findet daher bei der Verwendung von Vorrats- oder Mantelgesellschaften keine Anwendung.

2. Haftung des Geschäftsführers nach § 179 Abs. 1 BGB

Als weitere Anspruchsgrundlage für eine Haftung des Geschäftsführers bei der Verwendung von Gesellschaftsmänteln kommt § 179 Abs. 1 BGB in Betracht. Eine Haftung nach § 179 Abs. 1 BGB setzt ein rechtsgeschäftliches Handeln im fremden Namen ohne Vertretungsmacht voraus. Eine Haftung aus § 179 Abs. 1 BGB ist also jedenfalls abzulehnen, wenn der Handelnde Vertretungsmacht hatte. Das ist immer der Fall, wenn der neue Geschäftsführer der GmbH handelt. Dann bindet der Geschäftsführer durch sein Handeln immer die GmbH. Handelt er schon in dem zukünftigen Namen der Gesellschaft schadet das nicht. Maßgeblich bei der Feststellung, in wessen Namen gehandelt wurde, sind nämlich die Grundsätze über die Auslegung von Willenserklärungen nach §§ 133, 157 BGB[525]. Dazu gehört auch der Grundsatz „falsa demonstratio non nocet".[526] Es wird also die GmbH durch das Vertreterhandeln verpflichtet, die der Vertreter und der Vertragspartner einvernehmlich als Vertretenen ansehen, auch wenn sie mit einer falschen Firma bezeichnet worden ist[527]. Es reicht, wenn die vertretene Person individualisierbar ist[528]. Hat der Vertreter Vertretungsmacht wird also immer die bestehende GmbH durch sein Handeln gebunden, auch wenn der Vertretene eine andere (zukünftige) Firma oder einen falschen Sitz nennt. Bei der Verwendung einer Vorrats- oder Mantelgesellschaft wird, solange der Geschäftsführer Vertretungsmacht hat, immer die GmbH gebunden, auch wenn der Geschäftsführer unter Angabe der Firma und des Sitzes der

---

[524] Im Ergebnis auch *Ulrich*, WM 2004, 915, 917.
[525] Erman/*Palm*, § 164 Rn. 3; MüKo BGB/*Schramm*, § 164 Rn. 18.
[526] Vgl. Erman/*Palm*, § 164 Rn. 3.
[527] Vgl. *Heerma*, Mantelverwendung, S. 145; *Heerma*, GmbHR 1999, 640, 645.
[528] Erman/*Palm*, § 164 Rn. 3; MüKo BGB/*Schramm*, § 164 Rn. 18.

verwendeten GmbH handelt, obwohl diese Satzungsänderungen noch nicht durch Eintragung ins Handelsregister wirksam geworden sind.

Die Anwendungsbereiche des § 179 BGB müssen also bei der Verwendung von Vorrats- und Mantelgesellschaften in den Bereichen liegen, in denen der Handelnde keine Vertretungsmacht hat. Das ist typischerweise dann der Fall, wenn die Geschäftsführung im Rahmen der Verwendung wechseln soll. Wird die neue Geschäftsführung im Namen der verwendeten Gesellschaft tätig, ohne dass sie schon von der Gesellschafterversammlung berufen wurde, muss danach differenziert werden, ob der Vertragspartner nur mit dem entsprechenden Unternehmensträger kontrahieren wollte oder ob es ihm auch wichtig war mit dem wahren Namensträger einen Vertrag zu schließen. Die bestehende Gesellschaft kann der Handelnde, wegen der fehlenden Bestellung als Geschäftsführer nicht wirksam vertreten. Wurde der Handelnde aber von den zukünftigen Gesellschaftern der Vorrats- oder Mantelgesellschaft bereits bevollmächtigt, für sie tätig zu werden, kann in dem Handeln eine wirksame Vertretung der Gesellschafter zu sehen sein, auch wenn der Handelnde nur die zukünftige Firma und den zukünftigen Sitz der dann verwendeten GmbH nennt. Nach den allgemeinen Auslegungsregeln kommt man nämlich zu dem Ergebnis, dass Geschäfte, die nur auf ein bestimmtes Unternehmen bezogen sind, den wahren Unternehmensträger binden[529]. Ausschlaggebend ist dabei, dass beide Verhandlungspartner mit Wirkung für den Unternehmensinhaber einen Vertrag schließen wollen.[530] Der zukünftige Geschäftsführer würde dann durch sein Vertreterhandeln den wahren Unternehmensträger, nämlich die zukünftigen Gesellschafter binden. Auch in diesen Fällen hat der Handelnde also Vertretungsmacht. Es kommt kein Vertrag zwischen den Gesellschaftern und dem Dritten zustande, wenn dieser ein besonderes Interesse daran hat, mit dem wirklichen Namensträger zu kontrahieren[531]. Will der Dritte mit der vom Handelnden genannten GmbH einen Vertrag schließen kommt kein Vertrag zustande, da dem zukünftigen Geschäftsführer insoweit die erforderliche Vertretungsmacht fehlt. Nur in diesen Fällen, in denen der Dritte mit der vom Handelnden genannten Gesellschaft kontrahieren möchte, für die der Handelnde jedoch noch keine Vertretungsmacht hat, kommt also überhaupt eine Haftung des zukünftigen Geschäftsführers einer Vorrats- und Mantelgesellschaft nach § 179 BGB in Betracht.

Diese Haftung des zukünftigen Geschäftsführers ist auch ausreichend, weil in allen anderen Fällen ein Vertrag mit der bereits bestehenden GmbH oder mit den Gesellschaftern zustande kommt.

---

[529] MüKo BGB/*Schramm*, § 164 Rn. 23.
[530] MüKo BGB/*Schramm*, § 164 Rn. 23.
[531] Vgl. *Heerma*, Mantelverwendung, S. 145; *Heerma*, GmbHR 1999, 640, 645.

3. Unterbilanzhaftung

Weiterhin wird in Teilen der Literatur neben der Handelndenhaftung die Anwendung der Unterbilanzhaftung (Differenzhaftung, Vorbelastungshaftung) bei der Verwendung von Vorrats- und Mantelgesellschaften befürwortet[532]. Dieser Meinung zufolge sollen die Gesellschafter bei der Mantelverwendung bestehende Unterbilanz anteilig haften. Auch die Anwendbarkeit der Grundsätze der Unterbilanzhaftung wurde aus vielen Gründen, die es hier zu überprüfen gilt, in Zweifel gezogen.

Die Unterbilanzhaftung ist eine vom BGH entwickelte Haftung[533]. Sie ersetzte Anfang der 80er-Jahre das Vorbelastungsverbot. Aus dem Unversehrtheitsgrundsatz wurde vor dieser Rechtsprechungsänderung hergeleitet, dass die Rechte und Pflichten einer Tätigkeit vor Eintragung der juristischen Person nicht mit ihrer Eintragung auf sie übergehen können. Die Vor-GmbH musste ohne Verpflichtungen bestehen. Mit seinem Urteil vom 9.3.1981 hat der BGH diese Rechtsprechung aufgegeben. Anstelle des Vorbelastungsverbotes führte er eine unbeschränkte Unterbilanzhaftung der GmbH-Gesellschafter ein. Der Leitsatz dieser Entscheidung lautete wie folgt:

> „Für die Differenz, die sich durch solche Vorbelastungen zwischen dem Stammkapital und dem Wert des Gesellschaftsvermögens zum Zeitpunkt der Eintragung ergibt, haften die Gesellschafter anteilig."

Es entsteht danach also ein Anspruch der GmbH gegen ihre Gesellschafter auf Ausgleichung der Unterbilanz, so dass durch diesen Anspruch die Unversehrtheit des Stammkapitals dennoch gewährleistet wird. Diese Unterbilanzhaftung wurde vom BGH unter Zustimmung der Literatur zunächst ausschließlich für die rechtliche Neugründung eingeführt. Ob es sinnvoll ist, dass diese Grundsätze auch bei der Verwendung von Vorrats- und Mantelgesellschaften zur Geltung kommen, muss im Folgenden diskutiert werden.

Da die Unterbilanzhaftung eine zwar nicht im Gesetz verankerte, aber doch allgemein anerkannte von Rechtsprechung und Literatur entwickelte Haftung ist, müssten die Gründe für ihre Existenz bei der rechtlichen Neugründung bei ihrer entsprechenden Anwendung auf die Verwendung von Vorrats- und Mantelgesellschaften ebenso gegeben sein wie bei der rechtlichen Neugründung.

---

[532] GroßKomm/*Henze,* § 54 Rn. 36; GroßKomm/*Röhricht,* § 23 Rn. 139; *Ihrig,* BB 1988, 1197, 1203; Hachenburg/*Ulmer,* § 3 Rn. 40; MüKo AktG/*Pentz,* § 23 Rn. 106; *Peetz,* GmbHR 2003, 1128, 1129; *Priester,* LMK 2004, 31 f.; a. A. *Banerjea,* GmbHR 1998, 814, 815; *Heerma,* Mantelverwendung, S. 136 ff.; *Heidinger* ZNotP 2003, 82, 87; *Gronstedt,* BB 2003, 860; *Schaub,* NJW 2003, 2125, 2129; *Schaub,* DNotZ 2003, 447, 452; *Schulz,* BuW 2003, 331, 335 f.

[533] Zum ersten Mal BGH, Urteil v. 9.3.1981 – II ZR 54/80, BGHZ 80, 129, danach st. Rsp.

a) Argumentation der herrschenden Meinung

Geht man mit dem BGH und der herrschenden Meinung davon aus, dass die Verwendung von Vorrats- und Mantelgesellschaften rechtlich gesehen eine wirtschaftliche Neugründung ist, kommt man konsequenterweise mit dieser Argumentation auch zur Anwendung der Grundsätze der Unterbilanzhaftung. Denn wenn die Verwendung von Vorrats- und Mantelgesellschaften als wirtschaftliche Neugründungen wie rechtliche Neugründungen behandelt werden sollen, dann müssen unter dieser Prämisse auch die Grundsätze der Unterbilanzhaftung angewendet werden. Wie bereits festgestellt wurde ist die Gleichstellung der Verwendung von Vorrats- und Mantelgesellschaften nicht richtig, so dass man so nicht zu einer entsprechenden Anwendung der Unterbilanzhaftung kommen kann. Es liegen eben keine rechtliche Neugründung und auch kein vergleichbarer Sachverhalt vor.[534]

Auch aus Gläubigerschutzgesichtspunkten ist eine Unterbilanzhaftung in Zweifel zu ziehen. Von einer Unterbilanzhaftung würden nämlich nicht nur die „neuen“ Gläubiger, also die Gläubiger, die erst nach der Verwendung des Gesellschaftsmantels Gläubiger der Gesellschaft geworden sind, profitieren, sondern auch die Altgläubiger[535]. Diese haben nach einer wirtschaftlichen Neugründung plötzlich eine GmbH mit unversehrtem Stammkapital als Schuldner. Das war eine Besserstellung der Gläubiger einer Mantel- oder Vorratsgesellschaft gegenüber anderen GmbH-Gläubigern, die nicht zu rechtfertigen ist.

Fraglich ist, ob es außer dem vorher bereits widerlegten Argument der wirtschaftlichen Neugründung und dem Gläubigerschutz noch andere Gründe dafür gibt, die Grundsätze der Unterbilanzhaftung auch bei der Verwendung von Vorrats- und Mantelgesellschaften anzuwenden. Dazu ist festzustellen, ob eine Unterbilanzhaftung für rechtliche Neugründungen überhaupt gerechtfertigt ist und ob die dafür sprechenden Gründe auf die Verwendung von Vorrats- und Mantelgesellschaften übertragbar sind.

b) Unterbilanzhaftung bei rechtlicher Neugründung

Die Unterbilanzhaftung wird vom BGH in ständiger Rechtsprechung[536] anerkannt und in der Literatur weitgehend gebilligt[537]. Dennoch wird ihre Existenzberechtigung noch in Frage gestellt[538].

---

[534] Vgl. *Bärwaldt/Schabacker*, GmbHR 1998, 1005, 1012; *Priester*, LMK 2004, 31.
[535] Vgl. *Heidinger*, ZNotP 2003, 82, 87.
[536] BGH, Urteil v. 9.3.1981- II ZR 54/80, BGHZ 80, 129.
[537] B/H/*Hueck/Fastrich*, § 11 Rn. 56; Hachenburg/*Ulmer*, § 11 Rn. 82; L/H/*Lutter/Bayer*, Rn. 29; Meyer-Landrut, § 11 Rn. 15.
[538] *Heerma*, Mantelverwendung, S. 136 ff.; *Schäfter-Gölz*, Vorbelastungsverbot, S. 170 ff.

aa) Unversehrtheitsgrundsatz

Die Rechtsprechung des BGH zur Unterbilanzhaftung fußt auf dem sog. Unversehrtheitsgrundsatz, der besagt, dass das Stammkapital bei der Eintragung einer Kapitalgesellschaft unversehrt sein muss[539]. Gerade dieser Unversehrtheitsgrundsatz wird aber von den Kritikern des Konzepts der Unterbilanzhaftung in Frage gestellt. Das GmbHG geht erkennbar in seinen Vorschriften über die Gründung einer GmbH davon aus, dass die GmbH jedenfalls bei ihrer Anmeldung mit ihrem Stammkapital ausgestattet sein soll. Ist das Stammkapital nicht in der vorgesehenen Höhe eingezahlt, kann etwa das Registergericht die Eintragung gemäß § 9c GmbHG ablehnen, sind Sacheinlagen versprochen, müssen die Gesellschafter die Differenz zwischen Wert der Sacheinlage und dem Betrag der dafür übernommenen Stammeinlage gemäß § 9 GmbHG ausgleichen. Nach § 8 Abs. 2 GmbHG muss der Geschäftsführer versichern, dass die Einlagen nach in § 7 Abs. 2 und 3 GmbHG bezeichneter Höhe geleistet wurden. Zumindest bis zum Zeitpunkt der Anmeldung geht der Gesetzgeber also davon aus, dass das Stammkapital unversehrt vorhanden sein soll.

Der BGH hält darüber hinausgehend den Zeitpunkt der Eintragung für maßgeblich. Dabei lässt er sich von dem Gedanken leiten, dass die GmbH mit unversehrtem Stammkapital ins Leben treten soll. Gemäß § 11 Abs. 1 GmbHG entsteht die GmbH erst mit ihrer Eintragung im Handelsregister. Vorher sollte die GmbH nicht tätig werden. Das zeigt sich auch an der in § 11 Abs. 2 GmbHG normierten Handelndenhaftung, die für jedes Handeln des Geschäftsführers vor der Eintragung einschlägig ist. *K. Schmidt* stellt zwar in Frage, dass die GmbH erst mit ihrer Eintragung entsteht[540]. Diese Ansicht verstößt gegen das geltende Recht nämlich gegen § 11 Abs. 1 GmbHG. Dennoch kann daraus nicht der Schluss gezogen werden, die GmbH müsse mit unvermindertem Stammkapital entstehen. Das GmbHG geht ersichtlich davon aus, dass nur bei der Anmeldung das Stammkapital unvermindert vorhanden sein muss. Der Bezug der Handelndenhaftung auf den Eintragungszeitpunkt lässt sich aus früheren Funktionen der Handelndenhaftung herleiten. Die Prüfung des Registergerichts kann sich nur auf die Kapitalausstattung der GmbH zum Zeitpunkt der Anmeldung beziehen. So hat die Eintragung auch nicht die Bedeutung, dass die Gesellschaft zum Zeitpunkt der Eintragung mit dem Stammkapital ausgestattet ist, sondern nur, dass sie zum Zeitpunkt der Anmeldung mit ihrem Stammkapital ausgestattet ist. Dennoch erfüllt die Ausstattung mit dem Stammkapital nur ihren Zweck in Bezug auf den Gläubigerschutz, wenn das Stammkapital auch noch beim Eintritt der GmbH in das Rechtsleben, also mit ihrer Eintragung, vorhanden ist. Nur so haben die Gläubiger die Sicherheit, dass die GmbH bei ihrem Eintritt ins Rechtsleben zumindest mit ihrem Stammkapital ausgerüstet ist. Der Unversehrtheitsgrundsatz beinhaltet deshalb, dass das Stammkapital zum Zeitpunkt der Eintragung unversehrt sein muss.

---

[539] BGH, Urteil v. 9.3.1981- II ZR 54/80, BGHZ 80, 129 ff.; dazu *Priester*, ZIP 1982; 1141, 1146.

[540] Scholz/*Schmidt*, § 11 Rn. 126.

bb) Anwendbarkeit der Kapitalsicherungsvorschriften

Für die Unterbilanzhaftung mit dem Stichtag der Eintragung argumentiert der BGH weiterhin damit, dass erst mit der Eintragung die Kapitalsicherungsvorschriften, insbesondere die §§ 19 und 30 GmbHG voll anwendbar sind[541]. Auch im Rahmen dieser Kapitalsicherungsvorschriften ergibt sich zumindest nicht aus dem Gesetz, ab welchem Zeitpunkt sie zur Anwendung kommen sollen[542]. Es liefe der Idee der Kapitalaufbringung und -erhaltung entgegen, wenn den Gesellschaftern das bei der Anmeldung eingezahlte Kapital bis zur Eintragung ohne Beschränkung wieder zurückgezahlt werden könnte. Wenn es ohne weiteres wieder ausbezahlt werden könnte, würde es seinem Zweck, einen Mindesthaftungsfonds zu bilden, nicht gerecht werden. Um negative Auswirkungen eines solchen Vorgehens auf die Gläubiger zu vermeiden, könnte man die §§ 30, 31 GmbHG schon ab der Anmeldung anwenden. Dem wird aber entgegengehalten, dass es, solange die GmbH nicht zur Entstehung gelangt ist, auch kein gebundenes Kapital gebe, das im Gläubigerinteresse nicht tangiert werden dürfe[543]. Bis zur Entstehung der GmbH durch Eintragung haften die Gesellschafter unbeschränkt, eine Haftungsbeschränkung gibt es noch nicht[544]. Die Gläubiger werden also durch den Zugriff auf das Gesellschaftsvermögen noch nicht gefährdet. Die Gläubiger werden so aber auch nicht schutzlos gestellt: Wird ein Teil der Stammeinlagen in dieser Weise wieder an die Gesellschafter zurückgewährt, leben die Einlageansprüche wieder auf. Durch eine solche Hin- und Herzahlung wird bei einem genügend engen zeitlichen und sachlichen Zusammenhang nach herrschender Meinung die Einlageforderung nicht getilgt. Es spricht daher viel dafür, dass die §§ 30, 31 GmbHG erst ab der Eintragung der Gesellschaft im Handelsregister anzuwenden sind. Wenn man ansonsten davon ausgeht, dass das Stammkapital bei der Eintragung vorhanden sein muss, muss eine andere Haftungsart bei Auszahlungen vor der Eintragung eingreifen.

cc) Publizität des Haftungsfonds

Darüber hinaus wird für eine Unterbilanzhaftung im Zeitpunkt der Eintragung argumentiert, der Rechtsverkehr müsse sich zumindest zu dem Zeitpunkt der Eintragung darauf verlassen können, dass die Gesellschaft über den „öffentlich verlautbarten Haftungsfonds tatsächlich verfügt“[545]. Dieses Argument ist aber nur unter der Voraussetzung stichhaltig, dass der Rechtsverkehr glaubt, dass die Gesellschaft bei ihrer Eintragung über ein unversehrtes Stammkapital verfügt[546]. Ein

---

[541] BGH, Urteil v. 9.3.1981- II ZR 54/80, BGHZ 80, 129, 133.
[542] *Priester,* ZIP 1982, 1141, 1147.
[543] Roth/*Altmeppen,* § 30 Rn. 3.
[544] Das ergibt sich in eienem arg. a contrario aus § 13 II GmbHG.
[545] BGH, Urteil v. 9.3.1981- II ZR 54/80, BGHZ 80, 129, 136.
[546] Kritisch dazu *Priester,* ZIP 1982, 1141, 1148.

schützenswerter Glaube an die Kapitalaufbringung kann aber auch hier nur bestehen, wenn mit der Eintragung wirklich die Aussage verbunden wäre, dass das Stammkapital zum Zeitpunkt der Eintragung noch unversehrt vorhanden ist. Geht man davon aus, dass durch die Eintragung der Gesellschaft mit der entsprechenden Stammkapitalziffer nur dokumentiert wird, dass das Stammkapital bei der Anmeldung unversehrt vorhanden war, kann insoweit kein rechtlich geschütztes Vertrauen des Rechtsverkehrs an die Kapitalausstattung im Eintragungszeitpunkt entstehen. Hier kommt es somit ebenfalls auf das Verständnis des Unversehrtheitsgrundsatzes an.

dd) Gleichbehandlung für Alt- und Neugläubiger

Ein weiteres Argument für die Unterbilanzhaftung nach der BGH-Rechtsprechung ist, dass nur durch sie die Chancengleichheit von Alt- und Neugläubigern gewährleistet werden könne, da nur so beide dieselbe Möglichkeit hätten, sich aus dem durch Nachzahlungen aufzufüllenden Gesellschaftsvermögen zu befriedigen[547]. Wie dieses Argument zu verstehen ist, ist fraglich. Wahrscheinlich meint der BGH mit den Altgläubigern die Gläubiger der Vorgesellschaft, mit den Neugläubigern die Gläubiger der GmbH. Die Gesellschafter haften unbeschränkt für die Verbindlichkeiten der Vorgesellschaft, während sie, wenn die GmbH ein Mal eingetragen, nur mit ihrer Stammeinlage haften. Die Gläubiger haben es im ersten Fall noch nicht mit einer haftungsbeschränkten juristischen Person zu tun, im zweiten Fall aber schon. Man kann jedoch nicht davon ausgehen, dass die eine oder die andere Gläubigergruppe bevorteilt oder benachteiligt ist. Den Altgläubigern kommt die unbeschränkte Haftung der Gesellschafter, den Neugläubigern die durch das Registergericht kontrollierte Kapitalaufbringung zu gute.

Die Unterbilanzhaftung ist also im Hinblick auf den Unversehrtheitsgrundsatz ein gerechtfertigtes Instrument zu Sicherung der Kapitalaufbringung.

c) Unterbilanzhaftung bei der Verwendung von Gesellschaftsmänteln

Die Unterbilanzhaftung ist bei der Verwendung von Vorrats- und Mantelgesellschaften nur anwendbar, wenn die Gründe, die bei der rechtlichen Neugründung vorliegen, auch auf diese Fälle übertragbar sind.

Das setzt voraus, dass es bei der Verwendung von Vorrats- und Mantelgesellschaften einen Unversehrtheitsgrundsatz gibt. Die Gründungsvorschriften sind nach hier vertretener Ansicht nicht analog anwendbar, durch die Verwendung einer Vorrats- und

[547] BGH, Urteil v. 9.3.1981- II ZR 54/80, BGHZ 80, 129, 142.

Mantelgesellschaft werden keine besonderen Rechtsfolgen ausgelöst. Die etwaigen, mit ihr einhergehenden Satzungsänderungen sind nicht anders zu behandeln als andere Satzungsänderungen auch. Eine Kapitalaufbringungspflicht ist damit nicht verbunden. Der Unversehrtheitsgrundsatz, den die herrschende Meinung für die rechtliche Neugründungen annimmt, gibt es in Fällen der Verwendung von Vorrats- und Mantelgesellschaften nicht[548]. Auch die Nichtanwendbarkeit der Kapitalschutzvorschriften kann bei Vorrats- und Mantelgesellschaften nicht als Argument für eine Unterbilanzhaftung herhalten, weil in diesen Fällen die Gesellschaft bereits besteht, so dass die Kapitalschutzvorschriften schon anwendbar sind[549]. Ebenso verhält es sich mit dem Argument der Publizität des Haftungsfonds. Die Publizität wurde bereits bei der rechtlichen Neugründung hergestellt. Die Eintragung der Satzungsänderungen im Rahmen der Verwendung einer Vorrats- und Mantelgesellschaft selbst erlaubt keinen Aufschluss darüber, wie viel Kapital noch in der Gesellschaft vorhanden ist[550]. Das Argument kann hier keine Bedeutung haben. Das Bedürfnis Alt- und Neugläubiger gleich zu behandeln, spricht am ehesten für eine Ablehnung der Unterbilanzhaftung bei der Verwendung von Vorrats- und Mantelgesellschaften. Durch eine Unterbilanzhaftung werden nämlich die Gläubiger, die erst nach der Verwendung die GmbH in Anspruch nehmen, bevorteilt, weil sie eine GmbH mit vollständigem Stammkapital als Haftungsobjekt haben, während alle Gläubiger, die die GmbH schon vorher in Anspruch nehmen, nur die alte GmbH mit ihrem eventuell bereits aufgezehrten Stammkapital zur Verfügung haben. Warum nun Altgläubiger, die mit der Inanspruchnahme länger warten, einen derartigen Vorteil genießen sollen, ist nicht nachvollziehbar.

Die Gründe, die laut BGH bei einer rechtlichen Neugründung für eine Unterbilanzhaftung sprechen, sind nicht auf die Fälle der Verwendung einer Vorrats- und Mantelgesellschaft übertragbar. Die vom BGH befürwortete Anwendung der Unterbilanzhaftung auf die Fälle der Verwendung von Vorrats- und Mantelgesellschaften ist somit nicht gerechtfertigt. Die Grundsätze der Unterbilanzhaftung finden bei Vorrats- und Mantelgesellschaften keine Anwendung.

4. Verlustdeckungshaftung/Unbeschränkte Außenhaftung nach Aufgabe der Eintragungsabsicht

Bei der rechtlichen Neugründung besteht für den Fall der Aufgabe der Eintragungsabsicht oder der endgültigen Ablehnung der Eintragung nach der Ansicht des BGH eine unbeschränkte Haftung der Gesellschafter[551]. Diese Haftung bei gescheiterter Eintragung wird Verlustdeckungshaftung genannt. Gemäß der Entscheidung des BGH

---

548 Vgl. im Ergebnis *Peters*, GmbH-Mantel, S. 122 f.
549 Vgl. *Peters*, GmbH-Mantel, S. 124.
550 Vgl. *Peters*, GmbH-Mantel, S. 124 f.
551 Dazu etwa *Lutter*, JuS 1998, 1073, 1076.

vom 27.1.1997[552] handelt es sich dabei um eine unbeschränkte Innenhaftung der Gesellschafter für die Verbindlichkeiten der Vorgesellschaft. Vor dieser ging der BGH von einer beschränkten Außenhaftung aus[553]. Diese Rechtsprechungsänderung findet ihren Grund vor allem darin, dass sonst bei Vergleich mit der Unterbilanzhaftung ein Wertungswiderspruch entstehen würde. Dann würden die Gesellschafter der Vor-GmbH nur einer beschränkten, die Gesellschafter der eingetragenen GmbH aber einer unbeschränkten Unterbilanzhaftung unterliegen. Durch die neue Ausgestaltung der Verlustdeckungshaftung wird ein Haftungsgleichlauf erreicht[554]. Weiterhin wird eine unbeschränkte Außenhaftung nach den Grundsätzen der oHG oder GbR in den Fällen der „unechten Vorgesellschaft" befürwortet, nämlich wenn die Gesellschafter die Eintragungsabsicht aufgeben und dennoch den Geschäftsbetrieb weiterführen[555].

Fraglich ist, ob diese Haftungsgrundsätze auf Fälle der Verwendung von Vorrats- und Mantelgesellschaften übertragbar sind. Dabei ist an den Fall zu denken, dass die zukünftigen Gesellschafter beschließen, eine Vorrats- oder Mantelgesellschaft zu verwenden, sie diese Absicht bevor es zur Durchführung kommt aufgeben. Wenn die Gesellschafter bis dahin Verluste erwirtschaftet haben, entstünde so ein ähnlicher Fall, wie beim Scheitern der Eintragung im Fall der wirtschaftlichen Neugründung. Bejaht man eine entsprechende Anwendung der Verlustdeckungshaftung, haften die zukünftigen Gesellschafter nach herrschender Meinung gegenüber der Gesellschaft unbeschränkt, gegenüber den Gläubigern gar nicht. Verneint man die entsprechende Anwendung der Verlustdeckungshaftung, besteht immer noch eine BGB-Gesellschaft oder eine oHG mit dem Zweck der Verwendung des Gesellschaftsmantels. Wenn eine oHG vorliegt, haften die Gesellschafter ohnehin gemäß § 128 HGB persönlich, unmittelbar, gesamtschuldnerisch und unbeschränkt. Auch bei einer BGB-Gesellschaft haften die Gesellschafter nach der neuen BGH-Rechtsprechung zur Haftung bei BGB-Gesellschaften gemäß § 128 HGB analog[556].

Damit die Verlustdeckungshaftung bei der Verwendung einer Vorrats- oder Mantelgesellschaft Anwendung findet, muss zumindest ihre Begründung auch auf diese Fälle passen.

Die Verlustdeckungshaftung ist eine Haftung, die der BGH für die Vorgesellschaft konzipiert hat. Bei der Verlustdeckungshaftung geht es nämlich um die Haftung für die Verluste, die mit einer Vorgesellschaft erwirtschaftet werden, ohne dass es zur Eintragung kommt. Eine Vorgesellschaft ist eine Rechtsform sui generis, die eine

---

[552] BGH, Urteil v. 27.1.1997 – II ZR 123/94, BGHZ 134, 333.

[553] Zuletzt BGH, Urteil v. 9.3.1981 – II ZR 54/80, BGHZ 80, 129.

[554] BGH, Urteil v. 27.1.1997 – II ZR 123/94, BGHZ 134, 333, 337.

[555] BGH, Urteil v. 28. 11. 1997 - V ZR 178/96, NJW 1998, 1079, 1080; *Lergon*, RNotZ 2003, 213, 216; *Lutter*, JuS 1998, 1073, 1078; *L/H/Lutter/Bayer*, § 11 Rn. 19; *Roth*/Altmeppen, § 11 Rn. 58; a.A. noch obiter BGH, Vorlagebeschluss v. 4.3.1996 – II ZR 123/94, NJW 1996, 1210, 1212; *Gehrlein*, NJW 1996, 1193.

[556] BGH, Urteil v. 29.1.2001 – II ZR 331/00, BGHZ 146, 341.

Vorstufe der GmbH bildet[557]. Und nur für diese eigene Rechtsform soll nach Anschauung des BGH auch die Verlustdeckungshaftung gelten. Die Vorgesellschaft entsteht durch den förmlichen Abschluss eines Gesellschaftsvertrages.[558] Das Stadium endet mit der Eintragung der Gesellschaft. Alle Rechte und Pflichten der Vorgesellschaft gehen mit der Eintragung auf die GmbH über. Die Vorgesellschaft und die eingetragene Gesellschaft sind nicht verschiedene, sondern identische Gesellschaften[559].

Die Merkmale der Vorgesellschaft passen nicht bei der Verwendung von Vorrats- und Mantelgesellschaften. Als mit der Vorgesellschaft vergleichbar kommt nur die bereits bestehende (Vorrats- oder Mantel) GmbH in Betracht[560], etwa wenn kein Gesellschafterwechsel geplant ist, oder eine davon unabhängige „Vorgesellschaft" mit den neuen Mantelverwendern als Gesellschafter. Eine bereits bestehende GmbH kann aber keine Vorgesellschaft sein[561], denn eine Vorgesellschaft ist gerade noch nicht eine fertige GmbH. Auf die GmbH finden bereits alle Vorschriften des GmbH-Rechts Anwendung. Eine bestehende GmbH als Quasi-Vorgesellschaft zu definieren wäre paradox. Sie hat dieses Stadium bereits durchlaufen und ist mit ihrer Eintragung endgültig zur vollwertigen GmbH geworden. Es bleibt daher nur noch die Möglichkeit, dass eine von der bestehenden GmbH verschiedene Quasi-Vorgesellschaft entsteht. Sie würde wie eine normale Vorgesellschaft auch durch eine Willensübereinkunft der Gesellschafter bestehen, nämlich durch den Beschluss, eine Vorrats- oder Mantelgesellschaft mit einem neuen Unternehmen auszustatten. Sie hätte auch ein der normalen Vorgesellschaft entsprechendes Ende: die Durchführung der Verwendung entspräche der Eintragung der GmbH. Dennoch ist der Zusammenschluss der Mantelverwender nicht mit einer Vorgesellschaft zu vergleichen. Eine Vorgesellschaft ist mit der eingetragenen GmbH identisch. Die Vorrats- oder Mantelgesellschaft besteht dagegen meistens schon, wenn die zukünftigen Gesellschafter sich über ihre spätere Verwendung einigen. Die verwendete GmbH ist einzig und allein mit der vorher schon bestehenden Vorrats- oder Mantelgesellschaft identisch, nicht aber mit einer Gesellschaft, die durch den Beschluss zur Verwendung der neuen Gesellschafter entsteht. Ebenso wenig können die Rechte und Pflichten des Zusammenschlusses der Mantelverwender auf die Gesellschaft nach ihrer Verwendung übergehen. Durch ein Handeln im Namen der verwendeten Gesellschaft können zwar auch schon für die zukünftige Gesellschaft Verbindlichkeiten eingegangen werden. Dies geschieht aber nicht durch einen Rechtsübergang, sondern durch wirksame Stellvertretung der GmbH.

Weitere Erleuchtung erhält man durch einen Vergleich mit dem Formwechsel: Beim Formwechsel entspricht es der allgemeinen Meinung, dass bei Entstehung einer GmbH

---

[557] St. Rsp. seit BGH, Urteil v. 12.7.1956 – II ZR 218/54, BGHZ 21, 242; Hachenburg/*Ulmer*, § 11 Rn. 7 ff.; *Roth*/Altmeppen, § 11 Rn. 38; Scholz/*K. Schmidt*, § 11 Rn. 24.
[558] Scholz/*K. Schmidt*, § 11 Rn. 22.
[559] Scholz/*K. Schmidt*, § 11 Rn. 21, 25.
[560] Dafür scheinbar *Bredow/Schumacher*, DStR 2003, 1032, 1034.
[561] Vgl. *Bredow/Schumacher*, DStR 2003, 1032, 1034.

auf diese Weise nicht das Stadium der Vor-GmbH durchlaufen wird[562] und sich deshalb die spezifischen Haftungsfragen (Unterbilanzhaftung, Verlustdeckungshaftung) nicht stellen[563]. Beim Formwechsel entsteht sogar *rechtlich* eine neue GmbH. Bei der Verwendung einer Vorrats- oder Mantelgesellschaft entsteht rechtlich gerade keine neue GmbH, so dass hier dann erst recht keine Vorgesellschaft und keine für sie spezifische Haftung bestehen kann.

Es muss auch kein Gleichlauf mit der Unterbilanzhaftung in Bezug auf die unbeschränkte Innenhaftung hergestellt werden. Die Unterbilanzhaftung findet bei der Verwendung von Vorrats- oder Mantelgesellschaften nach hier vertretener Auffassung keine Anwendung[564].

Der Zusammenschluss der Mantelverwender kann daher wegen der relevanten Unterschiede nicht mit einer Vor-GmbH verglichen werden[565]. Auch die Gründe, die die Verlustdeckungshaftung bei rechtlichen Neugründungen rechtfertigen, sind nicht auf die Verwendung einer Mantel- oder Vorratsgesellschaft übertragbar. Ferner zeigt ein Vergleich mit der Entstehung einer GmbH durch Formwechsel, dass die Anwendung der Verlustdeckungshaftung in Fällen der Verwendung von Vorrats- und Mantelgesellschaften verfehlt wäre. Ein schlüssiges Ergebnis zeigt sich demgegenüber, wenn man den Zusammenschluss der Mantelverwender schlicht als GbR oder oHG mit deren Haftungsregeln ansieht. Die Gläubiger werden so nicht schutzlos gestellt. Sie können die Gesellschafter nach § 128 HGB analog oder direkt in Anspruch nehmen.

5. Gründungshaftung (§ 9a GmbHG)

§ 9a GmbHG regelt die Haftung von Gesellschaftern, Geschäftführern und eventuellen Hintermännern gegenüber der GmbH für Vermögensausfälle und andere Schäden, die wegen falscher Angaben oder durch Erfüllung bestimmter anderer Tatbestände entstanden sind. Diese Vorschrift bezieht sich eindeutig nur auf die rechtliche Neugründung. Bei den Tatbeständen geht es um falsche Angabe bei Errichtung der Gesellschaft und um die Schädigung durch Einlagen oder Gründungsaufwand. Verzichtet man, wie hier vertreten, auf die analoge Anwendung bei der Verwendung von Vorrats- und Mantelgesellschaften, gibt es nichts, worauf sich falsche Angaben beziehen könnten oder wie die Gesellschaft nochmals durch Einlagen oder Gründungsaufwand geschädigt werden könnte. § 9a GmbH gehört vielmehr zu dem Reglungskomplex der Gründungsvorschriften dazu. Er findet deshalb nach hier vertretener Auffassung nur bei rechtlichen Neugründungen Anwendung nicht aber,

[562] *Roth*/Altmeppen, § 11 Rn. 38; Scholz/*K. Schmidt*, § 11 Rn. 21, 22.
[563] *Roth*/Altmeppen, § 11 Rn. 38.
[564] Vgl. § 4III.3.
[565] Kritisch zur Verlustdeckungshaftung bei wirtschaftlichen Neugründungen auch *Heidinger*, ZGR 2005, 101, 128 ff.

wenn lediglich eine Vorrats- oder Mantelgesellschaft mit einem Unternehmen ausgestattet wird[566].

6. Haftung wegen materieller Unterkapitalisierung

Nach den bisherigen Ergebnissen kommen weder die Gründungsvorschriften noch die bei der rechtlichen Neugründung anzuwendenden Haftungsregeln zur Anwendung. An die Verwendung einer Vorrats- oder Mantelgesellschaft knüpfen keine besonderen Rechtsfolgen. Dieses Ergebnis kann zwar rechtsdogmatisch nicht beanstandet werden. Dennoch wird vielfach ein gewisses Unwohlsein dabei empfunden, dass gänzlich vermögenslose oder gar überschuldete Kapitalgesellschaften auf den Rechtsverkehr „losgelassen" werden. In solchen Kapitalgesellschaften liegt nämlich immer eine besondere Gefahr für die Gläubiger, weil bei ihnen das Risiko der Insolvenz besonders hoch ist. Dieselbe Gläubigergefährdung kann von allen anderen unterkapitalisierten Kapitalgesellschaften, genauso ausgehen. Auch bei anderen GmbHs die nicht ausreichend mit Kapital ausgestattet sind, unterliegen die Gläubiger der Gefahr, dass die Gesellschaft Forderungen nicht mehr bedienen kann. Noch größer wird das Unbehagen, wenn die Gesellschafter den labilen Zustand der Gesellschaft vorsätzlich herbeigeführt haben, etwa indem sie der Gesellschaft Kapital entzogen haben, oder wenn sie die Rechtsform der Gesellschaft nur missbrauchen. In diesen Fällen wird es als ungerecht empfunden, dass die Haftung der Gesellschafter der GmbH nur auf ihre Stammeinlage beschränkt ist, während die Forderungen der Gläubiger unbefriedigt bleiben. Im Insolvenzfalle wird deshalb in Literatur und Rechtsprechung eine Durchgriffshaftung diskutiert[567]. Die Gesellschaftsgläubiger könnten demnach unmittelbar die Gesellschafter („durch die Gesellschaft hindurch"[568]) in Anspruch nehmen. Hier werden deshalb die verschiedenen Möglichkeiten der Durchgriffshaftung beleuchtet werden. Danach bleibt es zu untersuchen, welche davon bei der Verwendung von Vorrats- und Mantelgesellschaften typischerweise Anwendung finden.

a) Fallgruppen der Durchgriffshaftung

Bislang wurde eine Durchgriffshaftung der GmbH-Gesellschafter in Literatur und Rechtsprechung nur in wenigen Fallgruppen diskutiert. Die Voraussetzungen für eine Durchgriffshaftung für die einzelnen Fallgruppen sind alles andere als geklärt, die Gerichte beschränken sich in ihrer Rechtsprechung oft auf eine Lösung allein des Einzelfalls. Auch die dogmatische Herleitung der Durchgriffshaftung ist umstritten.

---

566 A.A. *Bärwaldt/Balda,* GmbHR 2004, 350, 352; *Heidinger/Meyding,* NZG 2003, 1129, 1134, die beide auch von einer analogen Anwendbarkeit der Gründungsvorschriften ausgehen.

567 Vgl. dazu etwa L/H/*Lutter/Hommelhoff,* § 13 Rn. 6 ff.

568 Scholz/*Emmerich,* § 13 Rn. 76.

Einen älteren Ansatz bieten die Missbrauchslehren (auch institutionelle Durchgriffslehren)[569]. Demzufolge soll ein Durchgriff nur ausnahmsweise in Betracht kommen, sofern die Rechtsform der juristischen Person missbraucht wird. Diesen Lehren zufolge wird bei einem Missbrauch die juristische Person hinwegfingiert. In neuerer Zeit wird dieser Ansatz aber mit Recht abgelehnt, da für eine Haftung der Gesellschafter das Trennungsprinzip nicht durchbrochen werden müsse[570]. Vielmehr wird heute überwiegend darauf abgestellt, dass in bestimmten Fallgruppen § 13 Abs. 2 GmbHG teleologisch reduziert werden müsse, so dass allein das Haftungsprivileg der Gesellschafter wegfällt[571]. Die sog. Normzwecklehren (auch Normanwendungslehren) gehen also nicht von der juristischen Person als solcher aus, sondern vielmehr von der anzuwendenden Norm und ihrem Zweck. Der BGH hat sich nicht auf eine dogmatische Herleitung festgelegt[572]. Auch in dieser Bearbeitung kann eine Lösung nicht gefunden werden. Mit der herrschenden Meinung soll aber vorausgesetzt werden, dass ein Rechtsinstitut der Durchgriffshaftung besteht und erforderlich ist.

Als Fallgruppen der Durchgriffshaftung werden vor allem die materiellen Unterkapitalisierung, die Vermögensvermischung und die Sphärenvermischung diskutiert. Bis vor kurzem bejahte der BGH auch die Durchgriffshaftung in der Fallgruppe des sog. qualifiziert faktischen Konzerns. Diese Rechtsprechung hat der BGH nunmehr in dem Urteil „Bremer Vulkan“ vom 17.9.2001 ausdrücklich aufgegeben und stattdessen eine Haftung wegen existenzvernichtenden Eingriffs bejaht[573]. Voraussetzung für eine Durchgriffshaftung ist nach der Rechtsprechung in allen Fällen, dass die Rechtsfigur der juristischen Person in einer missbräuchlichen Weise verwandt wird[574]. Außer bei der Haftung wegen existenzvernichtenden Eingriffs bejaht der BGH den Haftungsdurchgriff auf die Gesellschafter nur in Fällen der Vermögensvermischung[575]. In den Fällen der materiellen Unterkapitalisierung hält sich der BGH bislang mit der Annahme einer Durchgriffshaftung zurück und stützt sich, wenn er eine Haftung bejaht auf § 826 BGB als Anspruchsgrundlage[576]. Auch in der Literatur wird diese Fallgruppe kontrovers diskutiert.

An dieser Stelle relevant sind aber nur die Fallgruppen, die bei Vorrats- und Mantelgesellschaften typischerweise vorliegen können. Die Fallgruppen der Vermögens- und Sphärenvermischung können wie in jedem anderen Fall auch bei Vorrats- und Mantelgesellschaften vorliegen. Es ist jedoch nicht typisch für Vorrats- und Mantelgesellschaften, dass bei ihnen das Gesellschaftsvermögen nicht von dem

---

[569] Grundlegend *Serick*, Rechtsform; *Serick*, Durchgriffsprobleme, S. 23 ff.
[570] Vgl. Michalski/*Michalski*, § 13 Rn. 336.
[571] Hachenburg/*Ulmer*, Anh § 30 Rn. 52; *Lutter*, ZIP 1985, 1425, 1426.
[572] Vgl. Michalski/*Michalski*, § 13 Rn. 341.
[573] BGH, Urteil v. 17.9.2001 – II ZR 178/99, BGHZ 149, 10 „Bremer Vulkan“.
[574] BGH, Urteil v. 5.11.1980 – VIII ZR 230/79, BGHZ 78, 318, 333.
[575] BGH, Urteil v. 16.9.1985 – II ZR 275/84, BGHZ 95, 330; BGH, Urteil v. 12.11.1984 – II ZR 250/83, NJW 1985, 740.
[576] Vgl. dazu *Goette*, GmbH, § 9 Rn. 45.

Privatvermögen der Gesellschafter zu trennen ist oder der Gesellschafter nicht klar zwischen verschiedenen Gesellschaften trennt. Gerade bei Mantelgesellschaften, möglicherweise auch bei Vorratsgesellschaften, kommt es besonders häufig vor, dass eine Gesellschaft, deren Kapital gänzlich aufgebraucht ist, wieder mit einem Unternehmen ausgestattet wird, für das die vorhandene Kapitaldecke nicht ausreichend ist. Wenn man nach hier vertretener Meinung die Gründungsvorschriften bei Mantelverwendung nicht entsprechend anwendet, wird das bei Mantelgesellschaften regelmäßig der Fall sein. Die Fallgruppe des existenzvernichtenden Eingriffs wird normalerweise nicht mit der Verwendung von Vorrats- und Mantelgesellschaften einhergehen. Ein existenzvernichtender Eingriff in das Gesellschaftsvermögen wird einer Mantelverwendung allenfalls vorausgegangen sein. Die Haftung trifft dann aber nur die alten Gesellschafter. Die Haftung wegen existenzvernichtendem Eingriff ist also auch keine Haftung, die typischerweise bei der Verwendung einer Vorrats- oder Mantelgesellschaft relevant wird. Sie wird allenfalls relevant, als erwogen wird, dass die Fälle der materiellen Unterkapitalisierung nun auch mit diesem Rechtsinstitut gelöst seien[577]. Für die Verwendung von Vorrats- und Mantelgesellschaften ist also vornehmlich die Frage nach der Durchgriffshaftung wegen materieller Unterkapitalisierung relevant.

b) Haftung wegen materieller Unterkapitalisierung

Gerade in den besonders drastischen Fällen der Unterkapitalisierung sind die Gesellschaftsgläubiger nicht schutzlos gestellt. Jedenfalls hat die Gesellschaft gegen die Geschäftsführer nach § 43 Abs. 2 GmbHG einen Innenregressanspruch, wenn die Aufnahme der neuen Tätigkeit pflichtwidrig war. Die Gesellschafter können die Gläubiger auch aus anderen Anspruchsgrundlagen in Anspruch nehmen. Insbesondere kommt bei mangelnder Kapitalausstattung durch die Gesellschafter immer ein Anspruch wegen sittenwidriger Schädigung aus § 826 BGB in Betracht. Gerade in besonders drastischen Fällen gibt es also keine zwingende Notwendigkeit für ein zusätzliches Institut der Durchgriffshaftung bei materieller Unterkapitalisierung. In vielen Durchgriffsfällen zieht sich deshalb die Rechtsprechung auf den § 826 BGB als Anspruchsgrundlage zurück[578]. Weiterhin kommt eine Haftung der Gläubiger gegen den Verhandlungsführer aus § 280 Abs. 1 S. 1, § 311 Abs. 1 BGB, der früheren culpa in contrahendo, in Betracht[579]. Eine mögliche Anspruchsgrundlage ist weiterhin § 823 Abs. 2 BGB i.V.m. einem Schutzgesetz (etwa §§ 263, 265b StGB).

---

[577] *Bitter,* WM 2001, 2133, 2139 f.; L/H/*Lutter/Hommelhoff,* § 13 Rn. 11, *Ulmer,* JZ 2002, 1049; *Wiedemann,* ZGR 2003, 283, 295.

[578] Etwa in BGH, Urteil v. 30.11.1978 – II ZR 204/76, NJW 1979, 2104; BGH, Urteil v. 25.4.1988 – II ZR 175/87, DB 1988, 1848.

[579] Vgl. dazu *Wüst,* DStR 1991, 1424, 1425.

Jeder einzelne dieser Haftungstatbestände setzt jedoch ein Verschulden voraus. In den Fällen, in denen kein Verschulden vorliegt, hätte eine Durchgriffshaftung wegen materieller Unterkapitalisierung ihren Hauptanwendungsbereich.

Die Überlegungen zur Haftung wegen materieller Unterkapitalisierung fußen darauf, dass jede GmbH, unabhängig davon ob sie nun einen Fahrrad- oder einen Flugzeugbau betreibt, nur mit einem Stammkapital von 25.000 € ausgestattet werden muss. Wird ein Flugzeugbaubetrieb in einer nur mit dem gesetzlichen Mindestkapital ausgestatteten Gesellschaft betrieben, ist absehbar, dass diese Gesellschaft insolvent wird mit dem Ergebnis, dass ihre Gläubiger keine Befriedigung mehr erlangen können. Das sind die Fälle der sog. anfänglichen Unterkapitalisierung[580]. Eine Unterkapitalisierung kann genauso gut nachträglich herbeigeführt werden, indem der Geschäftsumfang einer Gesellschaft so erweitert wird, dass die Kapitalisierung der Gesellschaft nicht mehr ausreicht. Auf eine etwaige Haftung wegen materieller Unterkapitalisierung hat die Unterscheidung zwischen anfänglicher und nachträglicher Unterkapitalisierung keine Auswirkung[581]. Deshalb kann die Frage dahinstehen, ob es sich bei der Unterkapitalisierung einer Vorrats- oder Mantelgesellschaft um einen Fall der anfänglichen oder nachträglichen Unterkapitalisierung handelt. Die Anerkennung einer Haftung wegen materieller Unterkapitalisierung hängt von der Frage ab, ob man eine Rechtspflicht der Gesellschafter zur für den jeweiligen Geschäftsbetrieb ausreichenden Kapitalausstattung anerkennt. Das Gesetz kennt eine entsprechende Pflicht nicht. Der Gesetzgeber hat das Problem der Unterkapitalisierung im Zuge der Reformen jedoch nicht übersehen. Er hat die Einführung einer entsprechenden Regelung unterlassen, da es nicht möglich sei, die angemessene Kapitalausstattung einer Gesellschaft zu bestimmen. Die Betriebswirtschaftslehre stellt kein Instrument zur Ermittlung einer adäquaten Kapitalausstattung zur Verfügung[582]. Eine entsprechende Pflicht der Gesellschafter könnte sich aus Gläubigerschutzgesichtspunkten ergeben. Die Gläubiger haben nur ein schützenswertes Interesse an dem Haftungsdurchgriff auf die Gesellschafter, wenn die Gesellschaft wirklich zahlungsunfähig geworden ist. Wenn eine Gesellschaft durch die Unterkapitalisierung nicht zahlungsunfähig geworden ist, können die Gesellschafter nicht zum Nachschießen von Kapital verpflichtet sein. Aus diesem Grund nennen auch die Befürworter einer Haftung wegen materieller Unterkapitalisierung die Insolvenz der Gesellschaft als Haftungsvoraussetzung[583]. Solange sie ihre Einlagepflichten erfüllt haben und die Gesellschaft zahlungsfähig ist, ist den Gesellschaftern nichts vorzuwerfen. Insbesondere kann aus Gläubigerschutzgesichtspunkten keine Pflicht zur angemessenen Kapitalausstattung hergeleitet werden[584]. Wenn die Haftung wegen materieller Unterkapitalisierung nur Bedeutung hat, wenn die Gesellschaft

[580] Zu der Unterscheidung zwischen anfänglicher und nachträglicher Unterkapitalisierung Hachenburg/*Ulmer*, Anh § 30 Rn. 22; Michalski/*Michalski*, § 13 Rn. 364.

[581] Michalski/*Michalski*, § 13 Rn. 364; Scholz/*Emmerich*, § 13 Rn. 85.

[582] Vgl. Hachenburg/*Ulmer*, Anh § 30 Rn. 6; *Wellkamp*, DStR 2003, 210, 211; *Wüst*, JZ 1995, 990, 991; *Wüst*, JZ 1991, 1388, 1389.

[583] Hachenburg/*Ulmer*, Anh § 30 Rn. 61.

[584] Vgl. im Ergebnis Hachenburg/*Ulmer*, Anh § 30 Rn. 6.

zahlungsunfähig ist, liegt es nah, die materielle Unterkapitalisierung als Fall der Existenzvernichtung zu begreifen[585]. So kommen auch *Lutter/Banerjea* zu dem Ergebnis, dass es nach der aktuellen Rechtsprechung erhebliche Überschneidungen zwischen Existenzvernichtung und Unterkapitalisierung geben muss[586].

Für die Anwendung der BGH-Grundsätze in Fällen der materiellen Unterkapitalisierung argumentiert *Ulmer*, dass die Kapitalsicherungsvorschriften der §§ 30, 31 GmbHG auch in derartigen Fällen, im Hinblick auf das von den Gesellschaftern zu verantwortende völlig unzureichenden Stammkapital, faktisch leer laufen und als Schutzinstrument für die Gläubiger ausfallen. Er geht davon aus, dass, vorausgesetzt der vom BGH im KBV-Urteil aufgestellte Rechtssatz treffe zu, unabdingbare Voraussetzung für die Inanspruchnahme der Haftungsbeschränkung des § 13 Abs. 2 GmbHG die Trennung des Gesellschaftsvermögen von den Gesellschaftervermögen und die Respektierung seiner Zweckbindung für die Gesellschaftsbelange sei. Dann müsse Entsprechendes ebenfalls in denjenigen Fällen gelten, in denen die Vermögenstrennung bereits im Ansatz daran scheitert, dass die Gesellschafter entweder von vornherein oder im weiteren Verlauf der Gesellschaft nicht das für eine erfolgreiche Geschäftstätigkeit unerlässliche Mindestkapital zur Verfügung gestellt, sondern in der Hoffnung auf überraschende Erfolge eindeutig zu Lasten der Gläubiger spekuliert haben.[587] Diese Argumentation ist jedoch schwer nachvollziehbar. Auch in Fällen, in denen eine Gesellschaft unterkapitalisiert ist, muss nicht immer ein Verstoß gegen das Trennungsprinzip liegen. Das Gesellschaftsvermögen und die Gesellschaftervermögen können trotzdem strikt getrennt sein. Eine Unterscheidung zwischen diesen Vermögensmassen ist anders als bei der Fallgruppe der Vermögensvermischung ohne weiteres möglich. Nur weil der Gesellschaft für ihre Zwecke zu wenig Kapital zur Verfügung steht, ist darin nicht per se ein Verstoß gegen das Trennungsprinzip zu sehen.

Schwerwiegender ist dagegen die Argumentation von *Wiedemann*: Wenn die GmbH-Gesellschafter der GmbH nicht die Möglichkeit *nehmen* dürften, ihre Verbindlichkeiten zu erfüllen, müssen sie ihm wohl zunächst die Chance dazu *geben*[588]. Dieselbe Argumentationslinie schlagen *Lutter/Hommelhoff* ein, wenn sie es für unbegründbar halten, dass ein nachträglicher Ressourcenabzug eine Existenzvernichtungshaftung auslösen würde, während die anfängliche Ressourcenverwehrung dagegen haftungsrechtlich unbeachtlich sein solle[589].

Dagegen hält *Röhricht* es für unwahrscheinlich, dass der 2. Zivilsenat zu einer allgemeinen Haftung wegen Unterkapitalisierung übergeht[590]. Bei der dem Existenzvernichtungsverbot richterrechtlich zugrunde gelegten Entnahmeregel handele

---

[585] So auch L/H/*Lutter/Hommelhoff*, § 13 Rn. 12; *Wiedemann*, ZGR 2003, 283, 295 f.
[586] *Lutter/Banerjea*, ZGR 2003, 402, 440.
[587] *Ulmer*, JZ 2002, 1049.
[588] *Wiedemann*, ZGR 2003, 283, 295 f.
[589] L/H/*Lutter/Hommelhoff*, § 13 Rn. 12.
[590] *Notz*, RWS-Forum 25, S. 57, 61.

es sich nicht um eine *unlawful trading*-Regel in dem Sinne, dass der Gesellschafter seiner Gesellschaft zur Sicherung ihrer Überlebensfähigkeit stets so viel Vermögen zur Verfügung stellen solle, dass sie ihren Verbindlichkeiten genügen könne. Vergleichbar mit dem Regelungsgedanken des Eigenkapitalersatzrechts handele es sich auch hier nicht um ein Zuführungsgebot durch Nachschuss neuer Mittel, sondern um ein Abzugsverbot zum Schutze vorhandenen Gesellschaftskapitals. Es ginge also nur darum, dass diejenigen Vermögenswerte, die die Gesellschaft infolge Ausstattung und Selbsterwirtschaftung habe und zur Befriedigung ihrer Gläubiger benötige, der Gesellschaft nicht von den Gesellschaftern entzogen werden dürfen[591].

Schön spricht sich ebenfalls dagegen aus, dass die Fälle anfänglicher materieller Unterkapitalisierung von den Grundsätzen der Existenzvernichtungshaftung erfasst werden[592].

Der BGH hat seine Haftung wegen Existenzvernichtung und deren Voraussetzung in seiner Entscheidung „KBV" vom 24. Juni 2002[593] in Anschluss an die Entscheidung „Bremer Vulkan" beschrieben[594]. Voraussetzung für eine entsprechende Haftung ist demnach der Zugriff auf Gesellschaftsvermögen durch einen Gesellschafter unter einer ins Gewicht fallenden Außerachtlassung gebotener Rücksichtnahme auf die Erhaltung der Fähigkeit der Gesellschaft zur Bedienung ihrer Verbindlichkeiten. Die Haftung findet nach Auffassung des BGH jedoch nur Anwendung, wenn der zugefügte Nachteil nicht bereits nach den §§ 30, 31 GmbHG ausgeglichen werden kann. Der Anspruch soll direkt gegen die Gesellschafter geltend gemacht werden können.

Die Voraussetzungen für eine Haftung wegen materieller Unterkapitalisierung sind umstritten. Viel Zuspruch erfuhren aber die von *Ulmer*[595] entwickelten Erfordernisse einer solchen Haftung in der Literatur[596]. Demnach tritt eine Durchgriffshaftung dann ein, wenn die Gesellschaft qualifiziert unterkapitalisiert ist. Durch die qualifizierte Unterkapitalisierung muss die Gesellschaft insolvent geworden sein. Die Unterkapitalisierung muss also für die Insolvenz der Gesellschaft kausal geworden sein. Eine Gesellschaft ist nach *Ulmer* dann unterkapitalisiert, wenn die Gesellschaft eindeutig und für Insider klar erkennbar nur unzureichend mit Eigenkapital ausgestattet ist, so dass ein Misserfolg zu Lasten der Gläubiger bei normalem Geschäftsverlauf mit hoher, das gewöhnliche Geschäftsrisiko deutlich übersteigender Wahrscheinlichkeit zu erwarten ist.

Die Rechtsfolgen sind bei Existenzvernichtungshaftung und Haftung wegen Unterkapitalisierung dieselben. Es haften nämlich nur diejenigen Gesellschafter, die für den desolaten Zustand der Gesellschaft verantwortlich sind[597]. Ob es sich um eine

---

[591] *Notz,* RWS-Forum 25, S. 57, 61.
[592] *Schön,* ZHR 168 (2004), 268, 290.
[593] BGH, Urteil v. 24.6.2002 – II ZR 300/00, JZ 2002, 1047.
[594] BGH, Urteil v. 17.9.2001 – II ZR 178/99, BGHZ 149, 10 „Bremer Vulkan".
[595] Hachenburg/*Ulmer,* Anh. § 30 Rn. 55 ff.
[596] L/H/*Lutter/Hommelhoff,* § 13 Rn. 7; *Stimpel,* FS Goerdeler S. 601, 607.
[597] *Ulmer* prüft diese als Zurechenbarkeit.

Außen- oder Innenhaftung handelt, ist für beide Fälle umstritten. Der BGH hat sich in seiner Entscheidung für die Möglichkeit der Außenhaftung entschieden.

Vergleicht man also diese beiden Haftungsmodelle, stellt man fest, dass der einzige Unterschied in der jeweils ersten Voraussetzung liegt, nämlich einerseits dem Eingriff in das Gesellschaftsvermögen und andererseits der qualifizierten Unterkapitalisierung. Inwieweit die Durchgriffshaftung wegen materieller Unterkapitalisierung und damit auch die Haftung bei der Verwendung von Vorrats- und Mantelgesellschaften durch die neue Rechtsprechung des BGH zur Existenzvernichtungshaftung gelöst ist, muss sich also daraus ergeben, inwieweit Überschneidungen zwischen diesen beiden Voraussetzungen vorhanden sind.

Zentrale Voraussetzung für die Haftung wegen Existenzvernichtung ist ein Eingriff in das Gesellschaftsvermögen ohne Rücksicht auf ihre Fähigkeit zur Bedienung von Verbindlichkeiten. Der BGH beschränkt seine Rechtsprechung zwar in der „KBV"-Entscheidung nur auf „Zugriffe der Gesellschafter auf das Gesellschaftsvermögen"[598]. Es stellt sich jedoch die Frage, ob die Existenzvernichtungshaftung wirklich nur greift, wenn Eingriffe in das Gesellschaftsvermögen vorliegen, also Vermögensentzug[599] oder ob auch schon eine Vermögensgefährdung oder ein Eingriff in ihre Interessen[600] reicht. Ein Eingriff in die Interessen der Gesellschaft läge etwa dann vor, wenn Risiken eingegangen worden sind, die außer Verhältnis zu den Vermögensverhältnissen der Gesellschaft stehen und im Verwirklichungsfall den Gläubiger treffen müssen[601] oder bei Betriebsstilllegungen, Produktionseinschränkungen und Personalabzug[602]. Deshalb wird vorgeschlagen anstelle eines Eingriffs allumfassender eine Nachteilszufügung als Haftungsvoraussetzung zu verlangen[603]. Auch wenn man eine Nachteilszufügung bzw. einen Eingriff in die Gesellschaftsinteressen für eine Haftung genügen lässt, ist dadurch immer noch nicht direkt der Fall der materiellen Unterkapitalisierung erfasst. Denn die unzureichende Kapitalausstattung ist in keiner Weise ein Eingriff. Eingriff könnte dagegen die Aufnahme der kapitalintensiven Unternehmenstätigkeit sein. Allein die Aufnahme einer kapitalintensiven Unternehmenstätigkeit kann aber kein haftungsbegründender Tatbestand sein, denn hieraus ist den Gesellschaftern kein Vorwurf zu machen, solange sie vor oder nach der Aufnahme der Tätigkeit Kapital nachschießen. Ein Eingriff könnte daher allenfalls in der Aufnahme eines kapitalintensiven Geschäftsbetriebs liegen, ohne das erforderliche Kapital nachzuschießen. Auch so kommt man wieder zu einem Nachschussgebot, was im GmbH-Recht nicht vorgesehen ist. Im Recht der GmbH gibt es nur eine Pflicht zur Aufbringung des satzungsmäßigen Stammkapitals. Eine Durchgriffshaftung wegen

---

[598] BGH, Urteil v. 24.6.2002 – II ZR 300/00, JZ 2002, 1047.
[599] So *Ulmer*, JZ 2002, 1049, 1051.
[600] So L/H/*Lutter/Hommelhoff*, § 13 Rn. 16.
[601] BGH, Urteil v. 31.1.2000 – II ZR 189/99, ZIP 2000, 493, 494; *Lutter/Banerjea*, ZGR 2003, 402, 414.
[602] Vgl. *Schön*, ZHR 168 (2004), 268, 286 ff., *Wiedemann*, ZGR 2003, 283, 284, der sich an den Dokumentationen im Schrifttum zum Konzernrecht orientiert.
[603] *Lutter/Banerjea*, ZGR 2003, 402, 414; L/H/*Lutter/Hommelhoff*, § 13 Rn. 16.

Rechtsformmissbrauchs wird zum Teil auch in Fällen materieller Unterkapitalisierung bejaht[604]. Auch der BGH stützt seine Rechtsprechung im „KBV"-Urteil auf das Argument des Rechtsformmissbrauchs[605]. Dabei muss man aber darauf achten, dass es grundsätzlich legitim ist, eine juristische Person zum Zwecke der Haftungsbeschränkung einzuschalten. Es müssen also noch besondere Umstände hinzukommen, die einen Durchgriff rechtfertigen[606]. Nach der bisherigen Rechtsprechung des BGH zum existenzvernichtenden Eingriff spricht also vieles dafür, dass eine Unterkapitalisierung nicht immer zu einer solchen Haftung führt.

Wenn man die Durchgriffshaftung bei materieller Unterkapitalisierung verneint, wären allerdings der Umgehung der neuen Existenzvernichtungshaftung Tür und Tor geöffnet. Um eine Gesellschaft ohne die Gefahr der Durchgriffshaftung in die Insolvenz zu treiben, müssten die Gesellschafter anstatt der Gesellschaft ihr Kapital zu entziehen, einfach nur einen besonders kapitalintensiven Geschäftsbetrieb aufnehmen. Die GmbH kann in beiden Fällen ihre Verbindlichkeiten nicht mehr bedienen. Das Ergebnis für die Gläubiger ist folglich dasselbe. Um einen konsequenten Gläubigerschutz zu erreichen und die Gesellschafter von einem Missbrauch der Rechtsform abzuhalten, muss also in beiden Fällen ein Gleichlauf erreicht werden. Diesen erreicht man nur, wenn man auch in Fällen der materiellen Unterkapitalisierung eine Form der Durchgriffshaftung bejaht. Ob die Durchgriffshaftung wegen materieller Unterkapitalisierung dann als Fall der Existenzvernichtungshaftung oder der Haftung wegen Rechtsformmissbrauchs oder noch anders begründet werden wird und werden soll, kann in dieser Bearbeitung nicht geklärt werden. Festzuhalten ist, dass bei konsequenter Umsetzung der BGH-Rechtsprechung zum existenzvernichtenden Eingriff eine Haftung wegen materieller Unterkapitalisierung unumgänglich ist.

c) Durchgriffshaftung bei der Verwendung von Vorrats- und Mantelgesellschaften

Im Folgenden wird vorausgesetzt, dass die Rechtsprechung zur Existenzvernichtungshaftung zutreffend ist und deshalb auch eine qualifiziert materielle Unterkapitalisierung zu einem Haftungsdurchgriff führen muss. Letztendlich muss nun noch die Frage beantwortet werden, was diese Feststellung für die Verwendung von Vorrats- und Mantelgesellschaften bedeutet und ob durch diese Haftung die bedenklichen Fälle der Verwendung von Vorrats- und Mantelgesellschaften gelöst werden.

---

[604] Etwa L/H/*Lutter/Hommelhoff*, § 13 Rn. 7ff.; *Lutter/Banerjea*, ZGR 2003, 402, 440; *Wiedemann*, ZGR 2003, 283, 288.
[605] BGH, Urteil v. 24.6.2002 – II ZR 300/00, BGHZ 151, 181.
[606] Vgl. BGH v. 14.2.1974 – II ZR 134/73.

Bei solchen Vorratsgesellschaften, deren Stammkapital bei der Verwendung durch Ausstattung mit einem neuen Geschäftsbetrieb noch unberührt vorhanden ist, kommt, solange sie ausreichend kapitalisiert sind, weder eine Haftung der Gesellschafter wegen existenzvernichtenden Eingriffs noch wegen materieller Unterkapitalisierung in Betracht. Wenn die Gesellschaft zwar ein unversehrtes Stammkapital hat, aber dennoch für den neuen Unternehmensbetrieb unterkapitalisiert ist, haften die Gesellschafter bei Vorliegen einer qualifizierten Unterkapitalisierung. Eine Existenzvernichtungshaftung kommt auch dann nicht in Betracht, solange die Gesellschafter nicht in das Gesellschaftsvermögen eingegriffen haben, was bei unversehrtem Stammkapital der Regelfall ist. Wenn das Stammkapital der Gesellschaft aber schon vor ihrer Verwendung zum Teil aufgebraucht wurde, kommt es für eine Durchgriffshaftung darauf an, ob die Gesellschaft für das neue Unternehmen ausreichend kapitalisiert ist oder nicht. Denn auch bei angegriffenem Stammkapital kann eine Durchgriffshaftung wegen Unterkapitalisierung nur eintreten, wenn die Gesellschaft in Bezug auf den neuen Geschäftsbetrieb qualifiziert unterkapitalisiert ist. Eine Existenzvernichtungshaftung wird vor allem bei der unterkapitalisierten Gesellschaft zum Tragen kommen, wenn die Unterkapitalisierung durch einen Eingriff in das Gesellschaftsvermögen ohne Rücksicht auf ihre Fähigkeit zur Bedienung ihrer Verbindlichkeiten entstanden ist. Aber auch wenn die Gesellschaft ausreichend mit Kapital ausgestattet ist, ist denkbar, dass die Vorratsgesellschaft durch einen Eingriff seitens der Gesellschafter insolvent wird. Bei Vorratsgesellschaften, deren Stammkapital bei der Verwendung vermindert ist, und die für den aufgenommenen Unternehmensbetrieb unterkapitalisiert sind, kommt es in jedem Fall zu einer Durchgriffshaftung wegen materieller Unterkapitalisierung. Für Mantelgesellschaften ergeben sich gegenüber den Vorratsgesellschaften keine Besonderheiten. In der Praxis wird es bei ihnen öfter vorkommen, dass vor der Verwendung das Stammkapital aufgebraucht wurde oder die Gesellschafter Vermögenswerte entnommen haben. Es ergeben sich gegenüber anderen Durchgriffshaftungsfällen bei Vorrats- und Mantelgesellschaften keine Besonderheiten. Es kommt alleine darauf an, ob die Gesellschaft unterkapitalisiert ist oder ob ein existenzvernichtender Eingriff vorliegt. Die Tatsache, ob das Stammkapital bei der Verwendung unversehrt ist, spielt bei der Haftung der Gesellschafter im Wege der Durchgriffshaftung keine Rolle.

Dennoch sind mit dem Haftungsdurchgriff wegen existenzvernichtenden Eingriffs und wegen materieller Unterkapitalisierung alle Probleme gelöst, die die Rechtsprechung dazu hingerissen haben, die Gründungsvorschriften für anwendbar zu erklären: Es wird das Problem gelöst, dass der Gläubiger mit einer vollkommen mittellosen GmbH kontrahiert, während sich die Gesellschafter unbehelligt hinter der juristischen Person verstecken können, ohne ausreichendes Kapital eingebracht zu haben[607]. Mit der Bejahung einer Durchgriffshaftung sind genau die Fälle gelöst, in denen das unternehmerische Risiko einseitig auf den Gesellschaftsgläubigern lastet. In den

[607] *Wüst,* JZ 1995, 990, 993 beschreibt es bildhaft als „anstößig, wenn die Gläubiger nicht befriedigt werden und die Gesellschaftervillen unangetastet bleiben, zumal das Spiel oft mit der nächsten GmbH-Gründung oder einer ganzen GmbH-Stafette fortgesetzt wird".

Fällen, in denen der Gesellschaft ausreichend Kapital zur Verfügung steht, um ein entsprechendes Unternehmen zu betreiben und das Unternehmen floriert, besteht nicht das Bedürfnis der registergerichtlichen Kontrolle und der Ausstattung mit dem satzungsmäßigen Stammkapital. Die Gesellschaftsgläubiger sind daher durch die Kapitalschutzvorschriften (insbesondere §§ 30, 31 GmbHG) und das Institut der Durchgriffshaftung ausreichend geschützt. Eine zusätzliche Sonderbehandlung von Vorrats- und Mantelgesellschaften durch analoge Anwendung der Gründungsvorschriften ist daher nicht erforderlich.

7. Zusammenfassung

Das Haftungskonzept, das der BGH in seiner Entscheidung vom 7.7.2003 aufzeigt ist abzulehnen. Weder die Handelndenhaftung nach § 11 Abs. 2 GmbHG analog noch die Grundsätze der Unterbilanzhaftung können bei der Verwendung einer Vorrats- und Mantelgesellschaft angewendet werden. Der § 11 Abs. 2 GmbHG hat zwar entgegen einiger Meinungen in der Literatur nicht vollständig seinen Anwendungsbereich verloren. Es fehlt jedoch die für einen Analogieschluss erforderliche Regelungslücke, eine vergleichbare Interessenlage kann im Hinblick auf die verbliebenen Funktionen des § 11 Abs. 2 GmbHG nicht bejaht werden. In Betracht zu ziehen ist aber die allgemeine Haftung nach § 179 Abs. 1 BGB, wenn der zukünftige Geschäftsführer im zukünftigen Namen der Vorrats- oder Mantelgesellschaft handelt und der Geschäftspartner ein Interesse daran hat, mit der Gesellschaft zu kontrahieren.

Die Grundsätze der Unterbilanzhaftung sind bei der Verwendung von Vorrats- und Mantelgesellschaften nicht anzuwenden. Alle Gründe, die die Rechtsprechung nennt, um sie bei rechtlichen Neugründungen zu etablieren, passen nicht auf die Verwendung von Vorrats- und Mantelgesellschaften.

Die Verlustdeckungshaftung ist ebenfalls nicht anwendbar. Sie ist allein auf die Verluste, die durch eine Vorgesellschaft erwirtschaftet werden, zugeschnitten. Da es bei der Verwendung einer Mantelgesellschaft oder einer Vorratsgesellschaft keine Vorgesellschaft gibt, ist eine Anwendung der Verlustdeckungshaftung hierbei nicht angebracht.

Die Gründungshaftung nach § 9a GmbHG findet nur Anwendung, wenn man auch die Gründungsvorschriften, insbesondere § 8 GmbHG anwendet. Nach hier vertretener Auffassung ist die Anwendung der Gründungsvorschriften abzulehnen, so dass damit auch eine Haftung des § 9a GmbHG nicht möglich ist.

Nachdem so alle Haftungstatbestände, die bei rechtlichen Neugründungen die Unversehrtheit des Stammkapitals gewährleisten sollen, nicht bei der Verwendung von Vorrats- und Mantelgesellschaften anzuwenden sind, bleibt nur noch die Gesellschafterhaftung nach allgemeinen Grundsätzen. Eine besondere Bedeutung hat dabei die Durchgriffshaftung wegen materieller Unterkapitalisierung im Bereich der

Vorrats- und Mantelgesellschaften, während die Existenzvernichtungshaftung vor allem bei den Mantelgesellschaften eine Bedeutung hat. Diese beiden Haftungstatbestände finden bei Vorrats- und Mantelgesellschaften, wie bei jeder anderen Gesellschaft auch, Anwendung. Ein qualifizierte Unterkapitalisierung kann dazu vorliegen, wenn das Stammkapital vor der Verwendung wieder aufgefüllt wurde oder unversehrt geblieben ist.

§ 5 Ausfüllung und Ausführung des BGH-Konzepts

I. Einleitung

Obwohl die BGH-Rechtsprechung über die analoge Anwendung der Gründungsvorschriften und der Handelndenhaftung sowie der Unterbilanzhaftung bei wirtschaftlichen Neugründungen abzulehnen ist, wird man in der Praxis mit den vom BGH entwickelten Grundsätzen operieren müssen, solange der BGH seine Rechtsprechung nicht ändert. Gegenstand dieser Arbeit muss es daher auch sein, die in den Entscheidungen des BGH offengebliebenen Fragen zu beantworten. Im Folgenden wird die BGH-Auffassung zur analogen Anwendung der Gründungsvorschriften und im Anschluss daran das vom BGH aufgezeigte Haftungskonzept kritisch erörtert und fortentwickelt.

II. Ausführung der BGH-Rechtsprechung zur analogen Anwendung der Gründungsvorschriften

Zur Ausfüllung der BGH-Rechtsprechung über die analoge Anwendung der Gründungsvorschriften gehört zunächst die Ermittlung des Umfangs des Analogiebereiches. Für die Praxis existentiell ist ferner die genaue Bestimmung des Tatbestandes der wirtschaftlichen Neugründung und die Beantwortung der damit verbundenen Abgrenzungsfragen. Nicht geregelt durch den BGH wurden noch die Fragen nach der Entstehung und der Verjährung der Einlageansprüche, sowie die Frage, wie die Kontrolle durch das Registergericht auszusehen hat. Der BGH macht außerdem keine Aussagen über den Inhalt der Versicherung nach § 8 Abs. 2 GmbHG und die Folgen bei der Nichtabgabe der Erklärung. Weiterer Konkretisierung bedürfen auch die Offenlegungspflicht und deren Rechtsfolgen bei Missachtung dieser Pflicht. Problematisch ist ferner, unter welchen Maßgaben die BGH-Grundsätze auf Altfälle Anwendung finden. Letztlich stellt sich noch die Frage, inwieweit die BGH-Rechtsprechung für Gesellschaften aus dem EU-Ausland Geltung haben.

1. Festlegung des Analogiebereiches

Geht man mit dem BGH davon aus, dass die Gründungsvorschriften bei wirtschaftlichen Neugründungen analog anzuwenden sind, stellt sich die Frage, welche

Vorschriften des GmbHG in den Analogiebereich fallen. Da eine vergleichbare Interessenlage und damit die Analogievoraussetzungen nicht vorliegen, kann man sich bei dieser Überlegung allein von der Zielsetzung des BGH leiten lassen. Wenn man die Gründungsvorschriften analog anwendet, dann zumindest in einem Umfang, dass im Ergebnis eine in sich konsequente und praktikable Lösung entsteht. Die Befürworter der Analogie stimmen jedenfalls darin überein, dass beim Vorliegen einer wirtschaftlichen Neugründung jedenfalls das Mindeststammkapital der Gesellschaft analog § 5 Abs. 1 GmbHG in der in § 7 Abs. 2 GmbHG bestimmten Höhe eingezahlt werden muss. Darüber hinaus ist man sich einig, dass der Geschäftsführer gemäß § 8 Abs. 2 GmbHG analog eine Versicherung darüber abgeben muss, dass die Leistungen auf die Stammeinlage bewirkt wurden und zu seiner freien Verfügung stehen. Wird diese Versicherung nicht wahrheitsgemäß abgegeben, kommt es gemäß § 9a GmbHG analog zu einer Haftung[608]. Danach müssen die Gesellschafter und der Geschäftsführer der Gesellschaft als Gesamtschuldner fehlende Einzahlungen und sonstige Schäden ausgleichen. § 82 GmbHG als Strafvorschrift darf wegen des strafrechtlichen Analogieverbotes nicht analog angewendet werden[609]. Außerdem muss §19 GmbHG analog auf die wirtschaftliche Neugründung angewendet werden, wonach die Einzahlungen auf die Stammeinlagen im Verhältnis der Geldeinlagen zu leisten sind. Auch der spätere Erwerber eines Geschäftsanteils ist für die zur Zeit der Anmeldung der wirtschaftlichen Neugründung auf den Geschäftsanteil rückständigen Leistungen gemäß § 16 Abs. 3 GmbHG verhaftet[610]. Weniger häufig findet man in der Literatur einen Hinweis auf die Vorschriften über die Leistung von Sacheinlagen. Um der Intention des BGH gerecht zu werden müssen aber auch diese Vorschriften bei der Verwendung von Vorrats- und Mantelgesellschaften analog angewendet werden. Nur so kann eine werthaltige Aufbringung des erforderlichen Stammkapitals gewährleistet werden. Wenn Sacheinlagen erbracht werden sollen, haben die Gesellschafter daher gemäß § 5 Abs. 4 GmbHG analog einen Sachgründungsbericht zu erstellen, den Gegenstand und den Betrag der Stammeinlage, auf die sich die Sacheinlage bezieht, im Gesellschaftsvertrag festzusetzen. Die Festsetzung im Gesellschaftsvertrag kann bei der Verwendung von Vorrats- und Mantelgesellschaften nur durch Satzungsänderung geschehen. Die Sacheinlage ist gemäß § 7 Abs. 3 GmbHG analog so zu bewirken, dass sie endgültig zur freien Verfügung der Geschäftsführer steht. Analog § 8 Abs. 1 Nr. 5 GmbHG müssen auch bei der wirtschaftlichen Neugründung dem Registergericht Unterlagen darüber vorgelegt werden, dass der Wert der Sacheinlagen den Betrag der dafür übernommenen Stammeinlagen erreicht. Das Registergericht muss auch die Möglichkeit haben bei fehlender oder falscher Versicherung nach § 8 Abs. 2 GmbHG ebenso wie bei der Überbewertung der Sacheinlagen die Eintragung der Änderungen abzulehnen. Dazu wird es in analoger Anwendung des § 9c GmbHG ermächtigt. Damit geregelt ist, welches Registergericht dafür zuständig ist, muss auch § 7 Abs. 1 GmbHG entsprechend bei wirtschaftlichen

---

[608] Vgl. OLG Düsseldorf, Urt. v. 27.6.2003 – 14 U 21/03, ZIP 2003, 1501, 1502; *Heidinger,* ZGR 2005, 101, 110.
[609] Vgl. § 3III.8.c).
[610] Vgl. OLG Düsseldorf, Urt. v. 27.6.2003 – 14 U 21/03, ZIP 2003, 1501, 1502.

Neugründungen angewendet werden. So sind auch die Anmeldungen im Rahmen einer wirtschaftlichen Neugründung bei dem Gericht vorzunehmen, in dessen Bezirk die Gesellschaft ihren Sitz hat. Welche Dokumente und Erklärungen der Anmeldung einer wirtschaftlichen Neugründung beigefügt werden müssen ergibt sich aus § 8 Abs. 1 GmbHG[611].

Fraglich ist weiterhin, wer zur Anmeldung der Satzungsänderungen verpflichtet ist. Eine Regelung zur Frage der Anmeldepflicht enthält § 78 GmbHG. Danach sind die im GmbHG vorgesehenen Anmeldungen zum Handelsregister durch die Geschäftsführer abzugeben, die in § 7 Abs. 1 GmbHG und einige weitere, die in diesem Kontext nicht interessieren, von sämtlichen Geschäftsführern abzugeben. Diese Regelung ist so zu verstehen, dass grundsätzlich die im Amt befindlichen Geschäftsführer in vertretungsberechtigter Zahl die Anmeldung vornehmen können.[612] In den genannten Fällen (Anmeldung der Gesellschaft, Kapitalerhöhung, Kapitalerhöhung aus Gesellschaftsmitteln, Kapitalherabsetzung) können dahingegen nur sämtliche Geschäftsführer eine entsprechende Anmeldung vornehmen[613]. Im Rahmen der vom BGH entwickelten Grundsätze stellt sich nun die Frage, ob bei den Anmeldungen im Rahmen einer wirtschaftlichen Neugründung einer der in § 78 2. Hs. GmbHG genannten Ausnahmefälle vorliegt[614]. Einer Anmeldung durch sämtliche Geschäftsführer bedarf es nämlich gemäß § 78 2. Hs. GmbHG, bei der in § 7 Abs. 1 GmbHG vorgesehenen Anmeldung. In § 7 Abs. 1 GmbHG ist die erstmalige Anmeldung der Gesellschaft zur Eintragung im Handelsregister geregelt. Grundgedanke der BGH-Rechtsprechung ist die Vorgabe, dass wirtschaftliche Neugründungen wie rechtliche Neugründungen behandelt werden sollen. Setzt man diesen Gedanken konsequent fort, müsste man auch die Anmeldungen im Rahmen einer wirtschaftlichen Neugründung wie die Anmeldung bei der rechtlichen Neugründung einer Gesellschaft behandeln. Im Ergebnis würde man dann in einer analogen Anwendung des § 78 2. Hs. GmbHG dazu kommen, dass auch bei wirtschaftlichen Neugründungen sämtliche Geschäftsführer die Anmeldungen zum Handelsregister vornehmen müssen.

Gegen eine analoge Anwendung des § 78 2. Hs. GmbHG spricht ihr Ausnahmecharakter. Zwar wird die These, dass Ausnahmevorschriften nicht analogiefähig sind, heute mit Recht in ihrer Allgemeinheit als unzutreffend abgelehnt[615]. Dennoch kann eine analoge Anwendung einer Ausnahmevorschrift unstatthaft sein, wenn die Anwendung dazu führt, dass die Regelungsabsicht des Gesetzgebers ins Gegenteil

---

[611] Dazu weiter unten § 5II.7.c).

[612] B/H/*Schulze-Osterloh*, § 78 Rn. 2, 5 f.; *Roth/Altmeppen*, § 78 Rn. 2, Scholz/*Winter*, § 78 Rn. 1, 14 ff.

[613] B/H/*Schulze-Osterloh*, § 78 Rn. 8; Scholz/*Winter*, § 78 Rn. 1, 16.

[614] Diese Frage lässt LG Hagen, Beschluss v. 27.5.2003 – 23 T 13/03, GmbHR 2003, 845, 846.

[615] BArbG, Beschluss v. 6.4.1955 – 1 ABR 25/54, BAG 1, 328, 329; BGH, Entscheidung v. 20.6.1951 – GSZ 1/51, BGHZ 2, 300, 306; *Bydlinsky*, Methodenlehre, S. 440; *Larenz/Canaris*, Methodenlehre, S. 355; *Pawlowski*, Methodenlehre, Rn. 489a.

verkehrt wird[616]. Entscheidend dafür, ob eine Ausnahmevorschrift der Analogie zugänglich ist, ist ihr Normzweck[617]. Es muss daher festgestellt werden, ob es der ratio legis des § 78 2. Hs. GmbHG entspricht, auch in anderen Fällen analog angewendet zu werden. Der Wortlaut gibt keine Anhaltspunkte dafür, dass die Rechtsfolge noch in anderen Fällen eintreten soll. Vergleicht man die in § 78 2. Hs. GmbHG genannten Sonderfälle miteinander, fällt ins Auge, dass es sich dabei um Anmeldungen handelt, die besonders gravierende Änderungen hervorrufen, wie Kapitalerhöhung und -herabsetzung sowie Kapitalerhöhung aus Gesellschaftsmitteln. Auch in anderen Fällen, in denen die Anmeldung durch sämtliche Geschäftsführer erfolgen soll, ist diese an entsprechender Stelle ausdrücklich im Gesetz angeordnet, so bei der Ausgliederung des von einem eingetragenen Einzelkaufmann betriebenen Unternehmens oder Unternehmensteilen in § 160 UmwG oder bei der formwechselnden Umwandlung einer Personenhandelsgesellschaft, einer eingetragenen Genossenschaft oder eines rechtsfähigen Vereins in eine GmbH (§§ 222 Abs. 1 S. 1, 265 S. 1, 278 Abs. 1 UmwG). *Krafka* argumentiert für die analoge Anwendung des § 78 S. 1 GmbHG, es komme nur zu einer einheitlichen Gründungshaftung nach § 9a GmbHG, wenn alle Geschäftsführer die Anmeldung vornähmen[618]. Dieses Argument ist nicht stichhaltig, da nach § 9a GmbHG immer alle Geschäftsführer und Gesellschafter als Gesamtschuldner unabhängig davon haften, wer die Falschangabe herbeigeführt hat[619]. Weiterhin handelt es sich bei den Satzungsänderung im Rahmen einer wirtschaftlichen Neugründung eben nur um gewöhnliche Satzungsänderungen, deren Anmeldungen sich sonst auch nach dem Grundsatz in § 78 1. Hs. GmbHG richten, weil der Gesetzgeber sie nicht als so gravierend ansieht, dass dabei die Sonderregelung in § 78 2. Hs. GmbHG eingreifen soll. Nur weil durch die BGH-Rechtsprechung die wirtschaftliche Neugründung der rechtlichen Neugründung gleichgesetzt wird, muss das nicht auch heißen, dass eine Ausnahmevorschrift, die ausdrücklich nur auf die erstmalige Anmeldung der GmbH beim Handelsregister Anwendung findet, im Falle einer wirtschaftlichen Neugründung anzuwenden ist. Die Satzungsänderungen bei der wirtschaftlichen Neugründung werden daher dem Grundsatz in § 78 1. Hs. GmbHG entsprechend behandelt. Die Anmeldung der Satzungsänderungen im Rahmen einer wirtschaftlichen Neugründung muss nur von einer vertretungsberechtigten Anzahl von Geschäftsführern durchgeführt werden[620].

Ebenso verhält es sich bei der Anmeldung der Tatsache der wirtschaftlichen Neugründung[621], wenn man deren Eintragungsfähigkeit und -pflichtigkeit bejaht. Zwar ist hier die Vergleichbarkeit mit der rechtlichen Neugründung eher gegeben als bei den

---

[616] *Larenz/Canaris,* Methodenlehre, S. 356.
[617] *Bydlinsky,* Methodenlehre, S. 440; *Pawlowski,* Methodenlehre, Rn. 489a.
[618] *Krafka,* ZGR 2003, 577, 585.
[619] Vgl. B/H/*Hueck/Fastrich,* § 9a Rn. 2; *Roth*/Altmeppen, § 9a Rn. 11.
[620] A.A. *Heidinger/Meyding,* NZG 2003, 1129, 1132; *Heidinger,* ZGR 2005, 101, 108; *Krafka,* ZGR 2003, 577, 585; *Seibt,* NJW-Spezial 2004, 75, 76; *Röhricht,* VGR Band 8, S. 15; und *Haunhorst/Schmidt,* INF 2004, 112, 115 ohne weitere Auseinandersetzung zu diesem Thema.
[621] Vgl. dazu § 5II.7.b).

Satzungsänderungen, praktisch ist es jedoch sinnvoll, für die beiden Eintragungen im Rahmen einer wirtschaftlichen Neugründung dieselben Anforderungen aufzustellen. Es entspricht nicht dem Sinn und Zweck des § 78 2. Hs. GmbHG, ihn auf die Anmeldungen in Falle der wirtschaftlichen Neugründung entsprechend anzuwenden.

Umstritten ist weiterhin, ob die Handelndenhaftung des § 11 Abs. 2 GmbHG bei einer wirtschaftlichen Neugründung analog anzuwenden ist. Die Haftungsfragen waren weiter oben schon Gegenstand dieser Arbeit[622].

Zum Problemkreis des Analogiebereichs zählt weiterhin die Frage, ob eine analoge Anwendung der Gründungsvorschriften bei Mantelverwendungen eine Pflicht zur Aufbringung des Mindeststammkapitals oder eine Pflicht zur Aufbringung des satzungsmäßigen Stammkapitals nach sich zieht. Der BGH hat sich in seiner Entscheidung vom 7.7.2003[623] für letzteres entschieden. Diese Entscheidung des BGH ist konsequent[624]. Wenn er schon die wirtschaftliche Neugründung mit der rechtlichen Neugründung gleichsetzt, dann doch mindestens so weit wie möglich und ohne Beschränkungen[625]. Durch die Mantelverwendung wird eine GmbH mit einer entsprechend hohen Kapitalziffer, die auch so im Handelregister erscheint, für einen neuen Unternehmensbetrieb verwendet. Wenn man an einen solchen Vorgang die analoge Anwendung der Gründungsvorschriften knüpft mit der Begründung, das wirtschaftliche Ergebnis sei identisch mit dem Ergebnis einer rechtlichen Neugründung, muss man auch dieselben Rechtsfolgen darauf eintreten lassen. Auch der Umgehungsgedanke, den der BGH zur Begründung seiner Ansicht anführt, kann konsequent nur zu einer Pflicht der Aufbringung des satzungsmäßigen Stammkapitals führen. Sollen die Mantelverwender so gestellt werden als hätten sie die Gründungsvorschriften nicht „umgangen", sondern als hätten sie eine rechtliche Neugründung durchgeführt, müssen sie auch so gestellt werden, als hätten sie eine GmbH mit entsprechender Kapitalziffer neu gegründet[626]. Der BGH wendet sich mit Recht gegen das Argument von *K. Schmidt*, der Umgehungsschutzgedanke rechtfertige nur eine Haftung der Gesellschafter, als hätten sie *eine* – nicht diese konkrete – GmbH neu gegründet[627]. Den Mantelverwendern steht nämlich nach der Mantelverwendung nicht eine sondern diese konkrete GmbH mit einer entsprechend höheren Stammkapitalziffer zur Verfügung. Zu der Maßgeblichkeit des satzungsmäßigen Stammkapitals kommt man auch, wenn man, wie häufig die Befürworter einer analogen Anwendung der Gründungsvorschriften, mit dem schutzwürdigen Vertrauen der Gläubiger argumentiert. Geht man davon aus, dass die Gläubiger einer Gesellschaft darauf vertrauen dürfen, dass bei Beginn einer Geschäftstätigkeit Stammkapital in einer gewissen Höhe vorhanden ist, dann muss man ihnen konsequenterweise auch zubilligen, dass sie darauf vertrauen dürfen, dass ein

---

[622] Vgl. § 4.
[623] BGH, Beschluss v. 7.7.2003 – II ZB 4/02, BGHZ 155, 318.
[624] Zustimmend auch *Lindemeier*, RNotZ 2003, 503, 509; *Schumacher*, DStR 2003, 1884, 1885.
[625] Vgl. BGH, Beschluss v. 7.7.2003 – II ZB 4/02, BGHZ 155, 318; *Peters*, GmbH-Mantel, S. 73.
[626] A. A. *K. Schmidt*, GesR, S.73; *Seibt*, NJW-Spezial 2004, 75, 76.
[627] So *K. Schmidt*, GesR, S.73. Ähnlich *Keller*, DZWIR 2005, 133.

Stammkapital in der im Gesellschaftsvertrag genannten Höhe vorliegt[628]. Die Lösung des BGH ist folglich konsequent[629]. Nach den BGH-Grundsätzen ist bei einer Mantelverwendung das satzungsmäßige Stammkapital maßgeblich. Möchte der Mantelverwender nur das gesetzliche Mindestkapital aufbringen, muss er entweder einen Mantel verwenden, dessen Stammkapital 25.000 € beträgt oder das Kapital des Mantels muss vor der Mantelverwendung herabgesetzt werden.

2. Anknüpfungspunkt „wirtschaftliche Neugründung“

Anknüpfungspunkt für die Anwendung der Gründungsvorschriften ist nach den beiden neuen BGH-Urteilen das Vorliegen einer „wirtschaftlichen Neugründung“. Liegt eine wirtschaftliche Neugründung vor, finden dem BGH zufolge die Gründungsvorschriften entsprechende Anwendung[630]. Dieser Begriff soll sowohl die Verwendung von Vorratsgesellschaften als auch die Verwendung von Mantelgesellschaften umfassen[631]. Ansonsten ist er aber weitgehend unbestimmt. Andererseits sind die Rechtsfolgen, die der BGH an das Vorliegen einer wirtschaftlichen Neugründung knüpft, gravierend. Von dieser Voraussetzung hängt nach der Rechtsprechung des BGH ab, ob der Geschäftsführer dem Registergericht eine Mantelverwendung anzeigen muss, ob der Geschäftsführer eine Versicherung nach § 8 Abs. 2 GmbHG abgeben muss, die bei Falschangaben zu einer Haftung nach § 9a GmbHG führt, ob das Registergericht die Eintragung von Satzungsänderungen gemäß § 9c GmbHG ablehnen kann oder ob zusätzlichen Haftungsgefahren für die Gesellschafter entstehen. Deshalb ist es für die Praxis unerlässlich, den Begriff der wirtschaftlichen Neugründung möglichst genau zu bestimmen und von Sachverhalten, die nicht diese Rechtsfolgen auslösen sollen, abzugrenzen[632].

a) „Wirtschaftliche Neugründung“ in der BGH-Rechtsprechung

In den beiden letzten Urteilen des BGH vom 9.12.2002 und vom 7.7.2003 begründet der BGH die analoge Anwendung der Gründungsvorschriften damit, dass eine wirtschaftliche Neugründung vorliege. Es muss daher im Folgenden festgestellt werden, welche Anforderungen der BGH an das Vorliegen einer wirtschaftlichen

---

[628] Vgl. *Röhricht*, VGR Band 8, S. 17; *Schubert*, NotBZ 2003, 383; a.A. *Seibt*, NJW-Spezial 2004, 75, 76.
[629] So auch *Gummert*, WiB 1997, 364; *Kesseler*, ZIP 2003, 1790, 1793; *Noack*, LMK 2003, 65; *Peetz*, GmbHR 2004, 1429, 1434; *Schubert*, NotBZ 2003, 383; a.A. *Heidinger*, ZGR 2005, 101, 122.
[630] BGH, Beschluss v. 9.12.2002 – II ZB 12/02, BGHZ 153, 158; BGH, Beschluss v. 7.7.2003 – II ZB 4/02, BGHZ 155, 318.
[631] BGH, Beschluss v. 7.7.2003 – II ZB 4/02, BGHZ 155, 318, 321.
[632] Vgl. auch *Wilhelmi*, DZWIR 2004, 177, 183.

Neugründung knüpft. Die vom BGH noch nicht geklärten Fragen müssen herauskristallisiert werden.

Die wirtschaftliche Neugründung sieht der BGH in erstgenannter Entscheidung in der „Verwendung des Mantels einer ‚auf Vorrat' gegründeten GmbH", in zweitgenannter Entscheidung in der „Verwendung des ‚alten Mantels' einer existenten, im Rahmen ihres früheren Unternehmensgegenstandes tätig gewesenen, jetzt aber unternehmenslosen GmbH". Der BGH nennt also sowohl den Fall der Verwendung einer Vorratsgesellschaft als auch den Fall der Mantelverwendung eine wirtschaftliche Neugründung.

In seiner Entscheidung vom 9.12.2002 beschreibt der BGH die Verwendung einer Vorratsgesellschaft näher als „Ausstattung der Vorratsgesellschaft mit einem Unternehmen" zur „erstmaligen Aufnahme ihres Geschäftsbetriebes". Dabei beschreibt der BGH den Begriff Vorratsgesellschaft ausschließlich damit, dass es sich dabei um eine „auf Vorrat" gegründete GmbH handelt.

Die Verwendung einer Vorratsgesellschaft und somit die wirtschaftliche Neugründung setzt demzufolge voraus, dass eine

- „auf Vorrat" gegründete GmbH
- zur erstmaligen Aufnahme eines Geschäftsbetriebs
- mit einem Unternehmen ausgestattet wird.

Dabei bleibt offen, woran erkennbar ist, dass eine Gesellschaft „auf Vorrat" gegründet wurde, ob ein Gesellschafterwechsel erforderlich ist und wie lange die Phase von der Eintragung der GmbH bis zur erstmaligen Aufnahme eines Geschäftsbetriebs angedauert haben muss.

In seiner späteren Entscheidung vom 7.7.2003 charakterisiert der BGH eine Mantelverwendung so, dass es sich dabei um die „Verwendung des ‚Mantels' einer zwar rechtlich bestehenden, aber inaktiv gewordenen Gesellschaft ohne Geschäftsbetrieb" handelt. Es handele sich um eine wirtschaftliche Neugründung, wenn die in einer GmbH verkörperte juristische Person als unternehmensloser Rechtsträger besteht und sodann mit einem Unternehmen ausgestattet wird. Bei der Abgrenzung einer Mantelverwendung zur Umorganisation/Sanierung einer (noch aktiven) GmbH stellt der BGH entscheidend darauf ab,

> „ob die Gesellschaft noch ein Unternehmen betrieb, an das die Fortführung des Geschäftsbetriebs – sei es auch unter wesentlicher Umgestaltung, Einschränkung oder Erweiterung seines Tätigkeitsgebietes – in irgendeiner wirtschaftlich noch gewichtbaren Weise – anknüpft oder ob es sich tatsächlich um einen leer gewordenen Gesellschaftsmantel ohne Geschäftsbetrieb handelt, der seinen – neuen oder alten – Gesellschaftern nur dazu dient, unter Vermeidung der

> rechtlichen Neugründung einer die beschränkte Haftung gewährleistenden Kapitalgesellschaft eine gänzlich neue Geschäftstätigkeit – ggf. wieder aufzunehmen".

Der BGH statuiert also folgende Voraussetzungen für das Vorliegen einer Mantelverwendung:

- Die GmbH muss rechtlich noch bestehen.

- Sie muss inaktiv geworden sein, darf also keinen Geschäftsbetrieb mehr führen.

- Sodann muss sie durch die alten oder durch neue Gesellschafter mit einem neuen Unternehmen ausgestattet werden.

- Bei Aufnahme des neuen Geschäftsbetriebs darf nicht an eine alte Unternehmenstätigkeit in einer wirtschaftlich noch gewichtbaren Weise angeknüpft worden sein.

Unbeantwortet bleiben die Fragen danach, wie lange die Inaktivität der Gesellschaft angedauert haben muss, damit man von einer Mantelgesellschaft sprechen kann, ob die Gesellschaft noch über Vermögen verfügen darf und ob in wirtschaftlich gewichtbarer Weise an das alte Unternehmen angeknüpft worden ist, wenn der Unternehmensgegenstand nicht geändert wurde und ob ein Gesellschafterwechsel erforderlich ist.

Obwohl der 2. Senat jeweils feststellt, dass es sich im ersten Fall um die Verwendung einer Vorratsgesellschaft handelt, im zweiten Fall um die Verwendung einer Mantelgesellschaft, stellt der BGH in seiner Entscheidung vom 7.7.2003 klar, dass er beide gleich behandelt haben will, weil es nicht darauf ankomme, ob die Gesellschaft schon einmal aktiv war oder nicht[633]:

> „Als wirtschaftliche Neugründung ist es anzusehen, wenn die in einer GmbH verkörperte juristische Person als unternehmensloser Rechtsträger („Mantel") besteht und sodann mit einem Unternehmen ausgestattet wird. Dabei macht es nach wertender Betrachtung keinen Unterschied, ob die Unternehmenslosigkeit im Sinne des Fehlens eines Geschäftsbetriebs wie bei der „offenen" Vorratsgründung – von Anfang an vorgesehen ist und sodann die Gesellschaft erstmals den Betrieb eines Unternehmens aufnimmt, oder ob sie – wie bei den sog. alten Gesellschaftsmänteln – darauf beruht, dass der Betrieb eines (ursprünglich) vorhandenen Unternehmens mittlerweile eingestellt bzw. endgültig aufgegeben worden ist und sodann der gleichsam als „inhaltsloser Hülle" fortbestehenden juristischen Person ein neues Unternehmen „implantiert" wird."

[633] BGH, Beschluss v. 7.7.2003 – II ZB 4/02, BGHZ 155, 318, 322.

Der 2. Senat stellt für die Beurteilung, ob eine wirtschaftliche Neugründung vorliegt oder nicht, alleine darauf ab, dass gewisse, der Verwendung von Vorratsgesellschaften und der Verwendung von Mantelgesellschaften gemeinsame Merkmale vorliegen:

- GmbH
- besteht unternehmenslos[634]
- wird sodann mit einem neuen Unternehmen ausgestattet.

Ausdrücklich unerheblich ist demnach, ob die Unternehmenlosigkeit seit der Gründung bestand oder ob die GmbH bereits einen Geschäftsbetrieb führte.

Die Beantwortung der offenen Fragen kann sich demnach auf die Feststellung konzentrieren, wie der Begriff wirtschaftliche Neugründung, wie er vom BGH umrissen wurde, weiter einzugrenzen ist. Auf die Begriffe der Vorrats- und Mantelgesellschaft bzw. ihrer Verwendung kommt es nicht an, weil die wirtschaftliche Neugründung nach der BGH-Rechtsprechung ein diesen Begriffen übergeordneter Begriff ist[635]. Zu beantworten sind in diesem Zusammenhang auch die Fragen, ob ein Gesellschafterwechsel für eine wirtschaftliche Neugründung erforderlich ist, und wie lange die Unternehmenslosigkeit vor Verwendung der Gesellschaft angedauert haben muss. Bei einer Mantelverwendung ist weiterhin von Interesse, ob die GmbH vor der Verwendung vermögenslos gewesen sein muss und wie die Abgrenzung zur Umorganisation zu erfolgen hat.

Offen bleibt zuletzt die Frage, ob es neben der Verwendung von Vorratsgesellschaften und Mantelgesellschaften noch andere Formen der wirtschaftlichen Neugründung gibt.

b) Erforderlichkeit eines Gesellschafterwechsels

Nicht zu beantworten hatte der BGH die Frage, ob für eine wirtschaftliche Neugründung ein Gesellschafterwechsel erforderlich ist. Zur Feststellung, wie der BGH in dieser Frage in Zukunft entscheiden wird, muss zunächst auf die beiden Hauptargumente, den Umgehungsschutz und das Argument der wirtschaftlichen Neugründung abgestellt werden. Bei dem Argument der Umgehung stellt der BGH darauf ab, dass gesetzliche und gesellschaftsvertragliche Pflichten zur Kapitalaufbringung bei Aufnahme einer wirtschaftlichen Tätigkeit ohne die entsprechende Anwendung der Gründungsvorschriften nicht gewährleistet seien[636]. Dieser Argumentation zufolge kommt es für die entsprechende Anwendung der Gründungsvorschriften allein darauf an, dass eine neue wirtschaftliche Betätigung aufgenommen wird. Nach der Vorstellung des BGH ist also für eine Umgehung der

[634] Kritisch zum Merkmal der Unternehmenslosigkeit *Peetz,* GmbHR 2004, 1429, 1431.
[635] Davon geht offenbar auch *Keller,* DZWIR 2005, 133, 136 aus.
[636] BGH, Beschluss v. 9.12.2002 – II ZB 12/02, BGHZ 153, 158.

Gründungsvorschriften entscheidend, dass die Gesellschaft losgelöst von einer rechtlichen Neugründung eine wirtschaftliche Tätigkeit neu aufnimmt. Die Aufnahme einer neuen wirtschaftlichen Tätigkeit unter dem „Mantel" einer bereits bestehenden GmbH liegt eben auch dann vor, wenn die Gesellschafter nicht wechseln[637]. Dem Umgehungsargument des BGH zufolge kann eine Gesellschafterwechsel also nicht Voraussetzung für eine wirtschaftliche Neugründung durch Verwendung einer Vorratsgesellschaft sein.

Auch das BGH-Argument der wirtschaftlichen Neugründung führt zu keinem anderen Ergebnis. Leitet man die Anwendung der Gründungsvorschriften daraus her, dass die Verwendung einer Vorratsgesellschaft mit einer rechtlichen Neugründung vergleichbar ist, kann diesem Argument nichts über die Erforderlichkeit eines Gesellschafterwechsels entnommen werden. Es ergibt sich aus der Natur der rechtlichen Neugründung, dass dabei kein Gesellschafterwechsel stattfindet. *Peters* argumentiert zwar, dass die Vergleichbarkeit mit der rechtlichen Neugründung vor allem darauf basiere, dass jemand eine Haftungsbeschränkung erlange. Das sei nur der Fall, wenn ein Gesellschafterwechsel vorliege, da sonst niemand eine Haftungsbeschränkung erlange[638]. Dieses Argument passt aber nicht auf die sonstige Argumentation des BGH. Der BGH knüpft nämlich gerade an die Neuaufnahme einer wirtschaftlichen Betätigung an. Dem gemäß wird nach Vorstellungen des BGH nicht für die neuen Gesellschafter, sondern für die neu begonnene wirtschaftliche Betätigung eine Haftungsbeschränkung erlangt. Auch wenn bei der Verwendung einer Vorratsgesellschaft kein Gesellschafterwechsel stattfindet, erwerben die Gesellschafter für ihre neue Unternehmenstätigkeit eine Haftungsbeschränkung. Die Argumentation von *Peters* würde auch dazu führen, dass jeder Gesellschafterwechsel zu einer analogen Anwendung der Gründungsvorschriften führen würde, weil bei jedem Gesellschafterwechsel die Gesellschafter eine Haftungsbeschränkung erlangen[639]. Bei konsequenter Fortführung der BGH-Auffassung ist ein Gesellschafterwechsel für das Vorliegen einer wirtschaftlichen Neugründung keine Voraussetzung[640].

c) Zeitliche Ausdehnung der Unternehmenslosigkeit

Der BGH nimmt eine wirtschaftliche Neugründung nur an, wenn die Gesellschaft zum Zeitpunkt der Verwendung keine Geschäftstätigkeit ausgeübt hat[641]. Nicht näher

[637] So wird heute im Allgemeinen der Gesellschafterwechsel nicht mehr als Merkmal eine Vorrats- oder Mantelgesellschaft genannt.
[638] *Peters*, GmbH-Mantel, S. 33 f., 52 ff.
[639] Das sieht *Peters*, GmbH-Mantel, S. 53 f. auch und kommt deshalb zu dem Ergebnis, dass es noch weitere Merkmale geben muss.
[640] Im Ergebnis auch OLG Jena, Urteil v. 1.9.2004 – 4 U 37/04, NZG 2004, 1114; *Keller*, DZWIR 2005, 133; *Ulrich*, WM 2004, 915, 920; *Wilhelmi*, DZWIR 2004, 177, 184.
[641] Vgl. dazu *Priester*, ZHR 168 (2004), 248, 250, 256 f.

geäußert hat sich der BGH darüber, wie lange die Unternehmenslosigkeit angedauert haben muss.

Die Frage nach der zeitlichen Ausdehnung der Unternehmenslosigkeit stellt sich jedenfalls bei Vorratsgesellschaften. Denn wenn man die Vorgabe der Unternehmenslosigkeit nicht durch eine Mindestdauer präzisiert, kann das im Extremfall dazu führen, dass eine wirtschaftliche Neugründung mit der Folge, dass die Gründungvorschriften entsprechend angewendet werden müssen, schon dann vorliegt, wenn der Geschäftsbetrieb nicht schon vor oder mit der Gründung, sondern erst einen Tag nach der Gründung der Gesellschaft begonnen wird. Eine solche Lösung kann nicht richtig sein, weil es den Gesellschaftern möglich sein muss, ohne zunächst eine Vorratsgesellschaft zu gründen, die Geschäftstätigkeit erst mit Erlangung der Haftungsbeschränkung zu beginnen. Das GmbHG sieht in diesen Fällen eine nochmalige Prüfung der Kapitalaufbringung durch das Registergericht nicht vor[642]. Eine Geschäftsaufnahme nach Anmeldung und Offenlegung der Verwendung einer Mantel- oder Vorratsgesellschaft wird für die Praxis sogar angeraten, weil nur so sichergestellt werden kann, dass das erforderliche Kapital bei der Prüfung durch das Registergericht noch unvermindert vorhanden ist[643]. Es kann also nicht jeder Sachverhalt, in dem der Geschäftsbetrieb nicht vor oder spätestens mit der Eintragung aufgenommen wurde, zu einer nochmaligen Prüfung führen.

Wie lange aber muss die Inaktivität der Gesellschaft angedauert haben, damit eine wirtschaftliche Neugründung im Sinne der BGH-Rechtsprechung vorliegt und die nochmalige Anwendung der Gründungsvorschriften ausgelöst wird? *Bohrer* spricht davon, dass eine wirtschaftliche Neugründung dann vorliege, wenn eine rechtlich neugegründete GmbH „ihre Geschäftstätigkeit nicht in zeitlicher Nähe mit ihrer Eintragung, sondern nach Ablauf einer – wie lange auch immer bemessenen – Zeitspanne nach Registrierung aufnimmt“[644]. Damit vertritt er ebenfalls die Ansicht, dass nicht jede Geschäftsaufnahme nach Eintragung zu einer wirtschaftlichen Neugründung führt, sondern nur eine, die nicht im zeitlich engen Zusammenhang mit der Eintragung steht. Damit ist die Frage, wie lang auch immer diese Zeitspanne bemessen ist noch immer nicht beantwortet. Die übrige Literatur schweigt zu dieser schwierigen Frage.

Zu ihrer Beantwortung muss wieder von der Argumentation des BGH ausgegangen werden, und mithin müssen vor allem die Argumente der wirtschaftlichen Neugründung und des Umgehungsschutzes berücksichtigt werden. Das Argument der Vergleichbarkeit der wirtschaftlichen Neugründung mit der rechtlichen Neugründung bringt keine weitere Erhellung. Bei einer rechtlichen Neugründung gibt es naturgemäß keine Vorgeschichte der Gesellschaft, so dass nicht von einer Unternehmenslosigkeit gesprochen werden kann und auch keine Parallele dazu besteht. Das

[642] *Bohrer,* DNotZ 2003, 888, 892 spricht davon, dass in solchen Fällen die Geschäftsaufnahme als mit dem Eintragungsverfahren abgegolten angesehen werden kann.
[643] *Bärwaldt/Balda,* GmbHR 2004, 50, 51.
[644] *Bohrer,* DNotZ 2003, 888, 891.

Umgehungsargument und die Gläubigerschutzgesichtspunkte sind hier weiterführender. Ausgehend von dem Umgehungsargument des BGH, muss der vorhergehende Zeitraum der Inaktivität darauf hindeuten, dass die Verwendung der Gesellschaft zu einer Umgehung der Gründungsvorschriften führt, da der leere Mantel den Gesellschaftern nur dazu dient unter Vermeidung der rechtlichen Neugründung einen Geschäftsbetrieb in einer haftungsbeschränkten Rechtsform zu führen. Eine wirtschaftliche Neugründung läge demgemäß vor, wenn die Unternehmenslosigkeit der Gesellschaft von der Eintragung bis zur Aufnahme des Geschäftsbetriebs länger gedauert hat, als bei Gründungen, die nicht auf Vorrat erfolgt sind, üblich ist. Dieses Kriterium des Üblichen ist freilich immer noch sehr wage. Im Interesse der Rechtssicherheit bedarf es einer weiteren Konkretisierung. Um zum ersten Mal eine Geschäftstätigkeit aufzunehmen bedarf es nicht viel, sondern nur erste aus Gesellschaftsmitteln getätigte Einkäufe, die Anmietung von Geschäftsräumen oder den Verkauf von Waren. Der Zeitraum braucht daher nicht lang bemessen sein. Gegen eine Festlegung auf einen Monat oder länger spricht deshalb, dass man bei so langem „Brachliegen" der Gesellschaft, mit hoher Wahrscheinlichkeit von einer Vorratsgesellschaft zur späteren Verwendung ausgehen kann. Bei einer Unternehmenslosigkeit von bis zu zwei Monaten wird dagegen im Regelfall keine Vorratsgesellschaft, sondern eine normale rechtliche Neugründung vorliegen. Es erscheint bei so kurzer Unternehmenslosigkeit als unwahrscheinlich, dass die Gesellschafter bei Registrierung der Gesellschaft, diese nur auf Vorrat gründen und diese unter Umgehung der Gründungsvorschriften verwenden wollten. Angemessen erscheint daher den Zeitraum, in dem eine Unternehmenslosigkeit nicht zur analogen Anwendung der Gründungsvorschriften führt, auf zwei Monate zu begrenzen. Zwei Monate sind ein großzügig bemessener Zeitraum zur ersten Aufnahme einer Geschäftstätigkeit nach dem sich die Praxis ohne weiteres richten kann.

Etwas anders liegen die Vorgaben des BGH bei Mantelgesellschaften. Hierbei geht es vor allem um die Abgrenzung zu den Fällen der Umorganisation. Wie bereits erläutert, stellt der BGH für die Abgrenzung der Mantelverwendung darauf ab, ob die Gesellschaft noch ein aktives Unternehmen betreibt, „an das die Fortführung des Geschäftsbetriebs in irgendeiner wirtschaftlich noch gewichtbaren Weise anknüpft oder ob es sich um einen leer gewordenen Gesellschaftsmantel ohne Geschäftsbetrieb handelt"[645]. Der BGH stellt also einerseits darauf ab, dass der Gesellschaftsmantel unternehmenslos ist, andererseits aber auch, dass der neu aufgenommene Geschäftsbetrieb nicht in irgendeiner Weise an den alten Geschäftsbetrieb anknüpft. Aus der Gegenüberstellung des BGH einer noch aktiven GmbH mit einem leer gewordenen GmbH-Mantel ergibt sich, dass er auch bei den Mantelgesellschaften die Unternehmenslosigkeit im Bereich der schon gebrauchten Gesellschaften als zwingende Voraussetzung für das Vorliegen einer wirtschaftlichen Neugründung ansieht. Aus dem Begriff der wirtschaftlichen Neugründung fallen deshalb solche Fälle heraus, in denen der alte Geschäftsbetrieb eingestellt wird und vorher oder gleichzeitig ein neuer Geschäftsbetrieb begonnen wird. Hierbei handelt es sich nach

---

[645] BGH, Beschluss v. 7.7.2003 – II ZB 4/02, BGHZ 155, 318, 324.

Auffassung des BGH um eine Umorganisation. Im Sinne von mehr Rechtssicherheit wäre es wünschenswert, dass die Anforderungen an die Länge der Unternehmenslosigkeit bei den gebrauchten und ungebrauchten Mänteln gleich ist. Die Fallgruppen der gebrauchten und ungebrauchten Mänteln unterscheiden sich insoweit voneinander, dass die Mantelverwendung nicht von einer unbedenklichen Geschäftsaufnahme nach Neugründung sondern von der unbedenklichen Umorganisation einer Gesellschaft abgegrenzt werden muss. Damit könnten aber unterschiedliche Anforderungen an das Vorliegen einer wirtschaftlichen Neugründung verbunden sein. Aber auch bei der Verwendung von gebrauchten GmbH-Mänteln hilft das Umgehungsargument des BGH weiter. Hier muss der vorhergehende Zeitraum der Inaktivität darauf hindeuten, dass die Verwendung der Gesellschaft zu einer Umgehung der Gründungsvorschriften führt, da der leergewordene Mantel den Gesellschaftern nur dazu dient unter Vermeidung der rechtlichen Neugründung einen Geschäftsbetrieb in einer haftungsbeschränkten Rechtsform zu führen. Je länger der Zeitraum der Unternehmenslosigkeit andauerte, desto wahrscheinlicher ist es, dass der Mantel nur zur Erlangung einer haftungsbeschränkten Rechtsform unter Vermeidung einer rechtlichen Neugründung dient. Bei längerer Unternehmenslosigkeit muss auch davon ausgegangen werden, dass der neue Geschäftsbetrieb nicht an den alten anknüpft. Die Unternehmenslosigkeit hat daher eine Indizwirkung in Bezug darauf, ob der neue Geschäftsbetrieb noch an dem alten in irgendeiner Weise anknüpft. Bei gebrauchten GmbH-Mänteln kann man wie bei Vorratsgesellschaften bei länger als zwei Monate andauernder Unternehmenslosigkeit davon ausgehen, dass eine wirtschaftliche Neugründung vermieden werden soll. Den Zeitraum von zwei Monaten kann man dann als Dispositionsfreiraum der Gesellschafter sehen, die GmbH im Wege einer unbedenklichen Umorganisation einer anderen Geschäftstätigkeit zuzuführen. Das muss ihnen zugestanden werden, wenn man mit der herrschenden Meinung davon ausgeht, dass die GmbH ein „Allzweckmöbel"[646] ist.

Es muss also zur Erreichung einer größeren Rechtssicherheit festgestellt werden, wie lange die Unternehmenslosigkeit einer Gesellschaft angedauert haben muss, damit eine wirtschaftliche Neugründung vorliegt. Die Rechtsprechung des BGH muss daher dahingehend konkretisiert werden, dass bei einer Unternehmenslosigkeit von bis zu zwei Monaten keine wirtschaftliche Neugründung vorliegt. War eine Gesellschaft zwei Monate oder länger unternehmenslos, liegt in ihrer Verwendung für ein neues Unternehmen eine wirtschaftlichen Neugründung.

d) Inaktivität

Nicht weiter bestimmt der BGH in seinen beiden Entscheidungen, was unter Unternehmenslosigkeit oder Inaktivität einer Gesellschaft zu verstehen ist. Bei ungebrauchten GmbH-Mänteln ist dies auch nicht notwendig. Diese müssen solange

[646] Dieser anschauliche Begriff stammt von *Lutter* in Lutter/Hommelhoff, 15. Aufl., § 1 Rn. 4.

sie nicht werbend tätig waren als inaktiv angesehen werden. Die Frage, wann von der Inaktivität der Gesellschaft gesprochen werden kann, stellt sich daher vor allem bei gebrauchten Gesellschaften. *Bohrer* führt dazu aus, dass das Merkmal der Inaktivität weder allein durch die Einstellung werbender Tätigkeit noch den Befund, dass die Gesellschaft „nichts mehr tut" erfüllt werden könne. Ebenso wenig könne aber das Ergebnis richtig sein, dass nur bei zielgerichtet stillgelegt Gesellschaften das Tatbestandsmerkmal der Inaktivität erfüllt sein könne[647]. Was die letztere Feststellung betrifft, ist *Bohrer* zuzustimmen. Gerade bei solchen Gesellschaften, die nicht zielgerichtet stillgelegt wurden, ist das Unbehagen am größten, weil hier die Gefährdung für die Gläubiger durch die komplette Aufbrauchung des Stammkapitals am größten ist[648]. *Bohrer* erläutert dabei nicht näher, wieso alleine die Einstellung der werbenden Tätigkeit nicht zu einer Erfüllung des Tatbestandsmerkmals der Inaktivität oder Unternehmenslosigkeit führen soll. Im Gegenteil kann mit Unternehmenslosigkeit wohl nur das Fehlen einer werbenden Tätigkeit gemeint sein. In Verbindung mit dem eben festgelegten Zeitraum der Unternehmenslosigkeit von zwei Monaten entsteht so ein fest umrissener Tatbestand der wirtschaftlichen Neugründung. In der Tatsache, dass die Gesellschaft noch werbend tätig wird, manifestiert sich auch die Absicht der Gesellschafter, die Gesellschaft noch zum Betrieb einer Geschäftstätigkeit zu verwenden oder sie nur noch zum späteren Verkauf oder Verwendung eben als bloße „Hülse" bestehen zu lassen. Gesellschafter, die weiterhin ihren Geschäftsbetrieb fortführen wollen, würden die werbende Tätigkeit normalerweise nicht für längere Zeit einstellen. Für die Erfüllung des Tatbestandsmerkmals der Unternehmenslosigkeit einer Gesellschaft ist folglich die Einstellung der werbenden Tätigkeit ausreichend.

e) Ausnahme: Betriebsunterbrechung

Liegt eine wirtschaftliche Neugründung also vor, wenn die Gesellschaft länger als zwei Monate ihre werbende Tätigkeit eingestellt hat, kommt man bei konsequenter Anwendung dieser Regel in einigen Fällen zu ungewollten Ergebnissen. Hierzu eineige Beispiele:

1. Der alleinige Gesellschafter einer GmbH, der gleichzeitig Alleingeschäftsführer und der einzige Angestellte der Gesellschaft ist, wird für zwei Monate krank und schließt in dieser Zeit den Betrieb. Danach führt er den Betrieb wie bisher fort.

2. Derselbe Alleingesellschafter fährt einen Monat in Urlaub und schließt solange sein Geschäft.

---

647 *Bohrer*, DNotZ 2003, 888, 892.

648 Vgl. *Bohrer*, DNotZ 2003, 888, 892.

3. Eine Eisdiele in Rechtsform einer GmbH hat immer nur im Sommerhalbjahr geöffnet. Im Winter wird keine werbende Tätigkeit ausgeführt.

In diesen Fällen liegt keine Umorganisation vor, so dass nach bisher Gesagtem die Gründungsvorschriften nach den BGH-Grundsätzen anzuwenden wären. Dieses Ergebnis kann aber auch nach der BGH-Rechtsprechung nicht gewollt sein, da hier weder Sachverhalte vorliegen, die mit einer rechtlichen Neugründung vergleichbar sind noch die Gesellschafter eine Umgehung der Gründungsvorschriften beabsichtigen. Es muss daher von dem Grundsatz, dass eine Unternehmenslosigkeit, die länger als zwei Monate dauert, zu einer wirtschaftlichen Neugründung führt, ein Ausnahme geben, die die eben genannten Beispiele umfasst. Einen Oberbegriff für diese Beispiel kann der Begriff Betriebsunterbrechung bilden. Eine wirtschaftliche Neugründung läge auch dann nicht vor, wenn die Unternehmenslosigkeit allein auf einer Betriebsunterbrechung beruht. Der Begriff Betriebsunterbrechung stammt aus dem Einkommensteuerrecht. Im Steuerrecht wird eine Betriebsunterbrechung dann bejaht, wenn der Steuerpflichtige den Betrieb nur ruhen lässt, was dann vermutet wird, wenn er sowohl die Absicht als auch die Möglichkeit hat, den Betrieb später fortzuführen. Eine solche ex-ante Betrachtung ist in den genannten Beispielen jedoch nicht erforderlich, wenn der Betrieb wieder aufgenommen wurde. Hier genügt ein bloßer Vergleich mit der letzten werbenden Tätigkeit, um festzustellen, dass genau derselbe Betrieb wiederaufgenommen wurde. Dazu genügt die Identität der Tätigkeit und der sachlichen und personellen Mittel. Die Ausnahme wird vor allem die Fälle Krankheit, Urlaub und Saisonbetrieb betreffen.

f) Abgrenzung zur Umorganisation

Nach den Ergebnissen der bisherigen Untersuchung ist Voraussetzung der wirtschaftlichen Neugründung bei der Verwendung von Vorrats- und Mantelgesellschaften, eine zumindest zweiwöchige Unternehmenslosigkeit. Unklar ist, ob allein dadurch, dass die neue in irgendeiner Weise an die alte Geschäftstätigkeit anknüpft, das Vorliegen einer wirtschaftlichen Neugründung verneint und eine unbedenkliche Umorganisation bejaht werden muss. In seinen Ausführungen zur Abgrenzung der wirtschaftlichen Neugründung zur Umorganisation stellt der BGH nämlich Gesellschaften, die noch ein aktives Unternehmen betrieben, an das die Fortführung des Geschäftsbetriebs in irgendeiner wirtschaftlich noch gewichtbaren Weise anknüpft, solchen Gesellschaften gegenüber, bei denen es sich tatsächlich um einen leer gewordenen Gesellschaftsmantel ohne Geschäftsbetrieb handelt. In diesen Ausführungen werden solche Fälle nicht berücksichtigt, in denen der Geschäftsbetrieb zwar eingestellt wurde, dennoch der neue Geschäftsbetrieb in irgendeiner Weise an das alte Unternehmen anknüpft. Das ist vor allem deshalb nicht unwahrscheinlich, weil der BGH die Anforderungen an das Anknüpfen denkbar niedrig setzt. Es soll nämlich ausreichen, dass das Anknüpfen noch in irgendeiner wirtschaftlich zu gewichtenden Weise erfolgt[649]. Das kann aber schon dann zu bejahen sein, wenn der neue Geschäftsbetrieb die Firma fortführt oder auf den Kundenstamm der alten Firma zurückgreift. Solche Fälle nicht als wirtschaftliche Neugründung einzustufen, wäre aber fatal. Würde man die analoge Anwendung der Gründungsvorschriften durch die Rechtsfortbildung des BGH umgehen wollen, müsste man, auch wenn die Gesellschaft schon längere Zeit kein Unternehmen mehr betrieben hat, einfach nur einen Anknüpfungspunkt an das alte Unternehmen finden, der wirtschaftlich noch zu gewichten ist. Das ist aber nicht im Sinne der BGH-Rechtsprechung, durch die ja gerade die Umgehung der Gründungsvorschriften bei wirtschaftlichen Neugründungen verhindert werden soll. Die Rechtsprechung würde sich selbst ad absurdum führen. Es kann deshalb nicht sein, dass eine wie auch immer geartete Anknüpfung an den früheren Geschäftsbetrieb zum Vorliegen eine unbedenklichen Umorganisation führt[650]. Weiterhin macht es aus Sicht eines Gläubigers keinen Unterschied, ob ein von dem alten vollkommen verschiedenes Unternehmen oder ein daran nur irgendwie anknüpfendes Unternehmen nach längerer Stilllegung seinen Geschäftsbetrieb aufnimmt[651]. Zu einer klaren Abgrenzung zwischen Umorganisation und wirtschaftlichen Neugründung führt deshalb allein das Kriterium der Unternehmenslosigkeit über einen bestimmten Zeitraum, nämlich von zwei Monaten, mit der Ausnahme einer Betriebsunterbrechung[652].

g) Vermögenslosigkeit der Mantelgesellschaft

Als Voraussetzung für das Vorliegen einer Mantelverwendung mit der Folge der analogen Anwendung der Gründungvorschriften wurde in der Literatur von Zeit zu Zeit auch genannt, dass die Gesellschaft kein Vermögen[653] oder jedenfalls kein nennenswertes Vermögen[654] mehr hat. Der Grund dafür ist wohl vor allem darin zu erblicken, dass die Mantelgesellschaften nur als gefährlich angesehen wurden, wenn ihr Vermögen aufgebraucht wurde. Im Lichte der BGH-Rechtsprechung erscheint es jedoch als inkonsequent, Gesellschaften, die noch ein Restvermögen haben, anders zu behandeln als Gesellschaften, die ihr ganzes Vermögen aufgebraucht haben. Gemeinsam ist ihnen nämlich, dass sie nicht mehr über das vorgeschriebene Stammkapital verfügen und dem Gläubiger bei Verwendung der Gesellschaft nicht

---

[649] BGH, Beschluss v. 7.7.2003 – II ZB 4/02, BGHZ 155, 318, 324.

[650] *Wilhelmi,* DZWIR 2004, 177, 183 f. will eine wirtschaftlich gewichtbare Anknüpfung schon dann verneinen, wenn sukszessive der bisherige Geschäftsgegenstand, die bisherige Tätigkeit oder die sachliche und personelle Ausstattung des bisherigen Geschäftsbetriebs aufgegeben wird. Auch dieser Lösungsversuch verstößt aber gegen die Vorgabe des BGH, der *jede* wirtschaftlich noch gewichtbare Anknüpfung gelten lassen will.

[651] Vgl. *Heidinger/Meyding,* NZG 2003, 1129, 1131.

[652] Vgl. § 5II.2.c) und § 5II.2.e).

[653] Soergel/*Huber,* 12. A., § 433, Rn. 62.

[654] So etwa KG JFG10, 152, 154 f.; *Butz/Seidel,* Gestaltende Steuerberatung 2000, 332; Hachenburg/*Ulmer,* 8.A., § 3 Rn. 27 f.; *Mayer,* NJW 2000, 175, 176; M/M/N/*Meyer-Landrut,* § 3, Rn. 16; *Priester,* DB 1983, 2291; *K. Schmidt,* GesR, S. 67 f.

mehr die Haftungsmasse zur Verfügung steht, die ihm bei einer rechtlichen Neugründung zur Verfügung stehen würde. Argumentiert man wie der BGH mit Gläubigerschutz- und Umgehungsargumenten, kann es nicht darauf ankommen, dass eine Gesellschaft komplett vermögenslos ist, sondern nur darauf, dass das vorgeschriebene Stammkapital bei der Verwendung vorhanden ist. Nur so wird ein Gleichlauf von Vorrats- und Mantelgesellschaften erreicht. Denn bei Vorratsgesellschaften verlangt niemand, dass sie komplett vermögenslos zu sein haben. Trotzdem wird bei ihnen die analoge Anwendung der Gründungsvorschriften gefordert. Die Interessenlage ist bei Vorratsgesellschaften dieselbe wie bei Mantelgesellschaften. Es ist folglich konsequent, wenn der BGH für eine wirtschaftliche Neugründung durch Mantelverwendung nicht die Vermögenslosigkeit der Gesellschaft voraussetzt[655].

h) Andere Formen der wirtschaftlichen Neugründung

Das Ergebnis der vorstehenden Untersuchungen zeigt, dass eine wirtschaftliche Neugründung durch Verwendung einer Vorrats- oder Mantelgesellschaft sich dadurch kennzeichnet, dass eine Gesellschaft, nachdem sie zwei Monate oder länger unternehmenslos war, eine Unternehmenstätigkeit aufnimmt, es sei denn es handelt sich dabei um eine Betriebsunterbrechung. Nach der bisherigen Rechtsprechung des BGH ist die Frage ungeklärt, ob eine wirtschaftliche Neugründung auch in anderen als den bisher entschiedenen Fällen, nämlich der Verwendung einer Vorrats- und Mantelgesellschaften, vorliegen kann. Aus Gründen der Konsequenz und der Rechtssicherheit macht es Sinn, die BGH-Rechtsprechung so zu interpretieren, dass die wirtschaftliche Neugründung ein von den Begriffen der Vorrats- und Mantelgesellschaften unabhängiger Begriff ist. Wie oben herausgearbeitet wurde, kam es dem BGH nur darauf an, eine Umgehung der Gründungsvorschriften im Interesse des Gläubigerschutzes zu verhindern. Um dieses Ziel durch die analoge Anwendung der Gründungsvorschriften zu erreichen, stellte der BGH bisher immer auf die längere Unternehmenslosigkeit der Gesellschaft ab. Der Tatbestand der wirtschaftlichen Neugründung wird also allein dadurch definiert, dass die Gesellschaft vor ihrer Verwendung eine bestimmte Zeit (nach hier vertretener Ansicht mindestens zwei Monate) unternehmenslos war. Basiert der Begriff der wirtschaftlichen Neugründung allein auf der Unternehmenslosigkeit und ist daher unabhängig von den Begriffen der Vorrats- und Mantelgesellschaft, fällt auch jede Fallgestaltung, die das Kriterium der Unternehmenslosigkeit erfüllt, unter den Begriff der wirtschaftlichen Neugründung, unabhängig davon, ob man die Gesellschaft als Vorrats- oder Mantelgesellschaft bezeichnen würde. Der Begriff der wirtschaftlichen Neugründung ist damit nicht auf die Gestaltungen, die Verwendung einer Vorrats- oder Mantelgesellschaft genannt werden, beschränkt.

---

[655] Vgl. OLG Düsseldorf, Urt. v. 27.6.2003 – 14 U 21/03, ZIP 2003, 1501, 1502; OLG Jena, Urteil v. 1.9.2004 – 4 U 37/04, NZG 2004, 1114, 1115; *Jacobs*, DZWIR 2004, 309, 311.

i) Zusammenfassung

Anknüpfungspunkt für die analoge Anwendung der Gründungsvorschriften ist nach der neuen BGH-Rechtsprechung das Vorliegen einer wirtschaftlichen Neugründung. Der BGH hält eine solche zwar für gegeben, wenn eine Vorrats- oder Mantelgesellschaft verwendet wird. Eine weitere Konkretisierung des Begriffes unterbleibt jedoch weitgehend. Bei konsequenter Fortführung der Argumentation des BGH steht am Ende die Erkenntnis, dass es für das Vorliegen einer wirtschaftlichen Neugründung allein darauf ankommt, dass nach einer längeren Unternehmenslosigkeit der Gesellschaft ein neuer Geschäftsbetrieb aufgenommen wird[656]. Dabei macht es weder einen Unterschied, ob die Gesellschaft vorher schon einmal einer unternehmerischen Tätigkeit nachgegangen ist oder ob die Unternehmenslosigkeit schon seit der Gründung bestand. Nach hier vertretener Ansicht liegt eine wirtschaftliche Neugründung nur vor, wenn die Gesellschaft vor ihrer Verwendung zwei Monate oder länger unternehmenslos war, es sei denn es handelt sich bei der Unternehmenslosigkeit um eine bloße Betriebsunterbrechung. Unternehmenslos ist die Gesellschaft bereits, wenn sie jede werbende Tätigkeit eingestellt hat. Eine Betriebsunterbrechung liegt vor, wenn die Tätigkeit die sachlichen und die personellen Mittel bei der Wiederaufnahme des Geschäftsbetriebs identisch geblieben sind, was insbesondere bei Krankheit, Urlaub und Saisonbetrieb der Fall sein wird. War die Gesellschaft für länger als zwei Monate unternehmenslos, handelt es sich auch dann um eine wirtschaftliche Neugründung, wenn der neue Unternehmensbetrieb an den vorhergegangenen Unternehmensbetrieb anknüpft. Keine Voraussetzungen für das Vorliegen einer wirtschaftlichen Neugründung sind eine Gesellschafterwechsel oder die Vermögenslosigkeit der Gesellschaft bei Mantelverwendungen.

3. Entstehung der Einlageansprüche

Zu klären bleibt die Frage nach dem Zeitpunkt der Entstehung der Einlageansprüche. Der BGH knüpft die analoge Anwendung der Gründungsvorschriften an das Vorliegen einer wirtschaftlichen Neugründung. Nach den bisherigen Ergebnissen dieser Arbeit liegt eine wirtschaftliche Neugründung im Sinne der BGH-Rechtsprechung vor, wenn eine GmbH nach zweiwöchiger oder längerer Unternehmenslosigkeit zur Aufnahme eines neuen Geschäftsbetriebs verwendet wird. Relevant für die Bestimmung des Zeitpunktes der Anspruchsentstehung ist die Frage danach, wodurch sich die Verwendung der Kapitalgesellschaft vollzieht. In Betracht kommen etwa der Zeitpunkt des Erwerbs der Geschäftsanteile, der Zeitpunkt, an dem die Gesellschafter die mit der Mantelverwendung einhergehenden Satzungsänderungen beschließen[657], der Zeitpunkt des Eingangs der Anmeldung der Satzungsänderungen beim Handelsregister und

---

[656] Von die Merkmalen als einzige Voraussetzung geht auch aus OLG Düsseldorf, Urt. v. 27.6.2003 – 14 U 21/03, ZIP 2003, 1501, 1502.
[657] So MüKo AktG/*Pentz*, § 23 Rn. 99.

damit der Zeitpunkt der Offenlegung gegenüber dem Handelsregister, der Zeitpunkt der Eintragung der angemeldeten Satzungsänderungen[658] oder eventuell sogar der Eintragung der Tatsache der Mantelverwendung im Handelsregister, sofern diese der Eintragung bedarf, oder der Zeitpunkt der tatsächlichen Geschäftsaufnahme[659].

Auf den Erwerb der Geschäftsanteile abzustellen, kann sich nicht als gutes Abgrenzungskriterium erweisen, da etwa bei der Mantelverwendung in sonstiger Weise die Geschäftsanteile in der Hand der alten Gesellschafter verbleiben. Ähnlich verhält es sich mit den Ansätzen, den Gesellschafterbeschluss über die Satzungsänderungen oder deren Anmeldung beim Handelsregister oder deren Eintragung für maßgeblich zu erachten. Eine Mantelverwendung muss nämlich nicht zwingend mit einer Satzungsänderung einhergehen, weshalb sich hieraus keine praktikablen Abgrenzungskriterien gewinnen lassen. Da der BGH in seiner jüngsten Entscheidung eine Pflicht zur Offenlegung jeder Mantelverwendung statuiert hat, bietet sich diese Offenlegung als maßgeblicher Zeitpunkt an. Die tatsächliche Geschäftsaufnahme – sei es auch nur durch Vorbereitungshandlungen ist ein naheliegendes Kriterium[660], wenn man wie die herrschende Meinung, der sich der BGH nun auch angeschlossen hat, davon ausgeht, dass es zur analogen Anwendung der Gründungsvorschriften führt, wenn ein Unternehmen eine Haftungsbeschränkung erlangt. Dafür spricht, dass der Gläubigerschutz erst notwendig wird, wenn die Gesellschaft im Geschäftsverkehr auftritt. Ein schützenswertes Gläubigerinteresse vor dem Zeitpunkt der tatsächlichen Geschäftsaufnahme ist nicht ersichtlich. Dagegen spricht, dass der Stichtag für die Unterbilanz und die Handelndenhaftung, wie noch festzustellen sein wird[661], jeweils der Anmeldungszeitpunkt ist. Die Entstehung der Einlageansprüche muss aber mit den maßgeblichen Zeitpunkten für die Haftungsansprüche identisch sein. Das ergibt auch der Vergleich mit der rechtlichen Neugründung, bei der der Entstehungszeitpunkt der Einlageansprüche mit dem Beginn der Unterbilanzhaftung und dem Ende der Handelndenhaftung zusammenfällt. Gerade mit der Unterbilanzhaftung ist dieser Gleichlauf zwingend erforderlich, da sie voraussetzt, dass die Einlageansprüche bereits entstanden sind.

Als Entstehungszeitpunkt für die Einlageansprüche kommt daher nur der Anmeldungszeitpunkt in Betracht.

4. Höhe der Einzahlungsverpflichtung

Der BGH hat in seiner Entscheidung vom 7.7.2003 klargestellt, dass sich die Einlageverpflichtung der Gesellschafter bei wirtschaftlicher Neugründung an dem satzungsmäßigen Stammkapital orientiert. Weiterhin ist man sich darüber einig, dass

---

[658] Darauf stellt ab GroßKomm/*Röhricht*, § 23 Rn. 136; GroßKomm/*Henze*, § 54 Rn. 36.
[659] Vgl. Römermann/*Wiese*, § 4 Rn. 60; *Schaub*, NJW 2003, 2125, 2128.
[660] Hierfür spricht sich aus *Heins*, Der Notar 2003, 43, 44.
[661] Vgl.§ 5III.3.a)bb) und § 5III.3.b)aa).

Gründungskosten das Gesellschaftsvermögen unter denselben Voraussetzung mindern dürfen, wie bei der rechtlichen Neugründung[662]. Diese Gleichstellung ergibt sich aus der Argumentation des BGH, dass wirtschaftliche Neugründungen wie rechtliche Neugründungen behandelt werden müssen. Jedenfalls dürfen wirtschaftliche Neugründungen nicht schlechter behandelt werden als rechtliche Neugründungen.

Nach der BGH-Entscheidung vom 7.7.2003[663] besteht nun immer noch Uneinigkeit darüber, in welcher Höhe das Stammkapital bei der Anmeldung eingezahlt worden sein muss. Vor den neuesten Entscheidungen des BGH war häufig die Rede davon, dass das Stammkapital in Höhe des gesetzlichen Mindeststammkapitals oder des satzungsmäßigen Stammkapitals (voll) eingezahlt oder aufgebracht[664] werden müsse. In seinen letzten Entscheidungen bestand der BGH jeweils darauf, dass der Geschäftsführer analog § 8 Abs. 2 GmbHG versichert, dass die in § 7 Abs. 2 und 3 GmbHG genannten Leistungen auf die Stammeinlagen bewirkt sind und sich zu dessen freier Verfügung befinden[665]. Der Verweis auf § 7 Abs. 2 GmbHG deutet darauf hin, dass der BGH auch in den Fällen einer wirtschaftlichen Neugründung bei der Unterscheidung zwischen Bar- und Sachgründung bleiben will und auch in den Fällen von wirtschaftlichen Neugründungen, Bargründungen insoweit privilegieren will, als bei ihnen die Eintragung bei mehr als einem Gründungsgesellschafter schon erfolgen soll, wenn, wie § 7 Abs. 2 GmbHG vorsieht, ein Viertel der Stammeinlage, mindestens jedoch 12.500 Euro eingezahlt wurden. Dennoch führte die Formulierung des BGH, dass die GmbH „im Zeitpunkt der Offenlegung [...] noch ein Mindestvermögen in Höhe der statuarischen Stammkapitalziffer besitzen muss"[666], in der Literatur zu Unsicherheiten[667] und die Frage nach der Höhe der Einzahlungsverpflichtung wurde zum Teil weithin als nicht geklärt angesehen[668]. Dem BGH muss entgegen dieser Anmerkungen zugestanden werden, dass er in seiner Entscheidung vom 7.7.2003 klar zum Ausdruck gebracht hat, dass bei einer wirtschaftlichen Neugründung Bareinlagen nur in der in § 7 Abs. 2 GmbHG bezeichneten Höhe bei Anmeldung an die Gesellschaft geleistet worden sein müssen. Diese Auffassung des BGH ist auch konsequent. Nach seiner Auffassung ergibt sich die analoge Anwendung der Gründungsvorschriften gerade aus der Vergleichbarkeit der wirtschaftlichen Neugründung mit der rechtlichen Neugründung. Dann muss aber auch die Bargründung gegenüber der Sachgründung wie bei der rechtlichen Neugründung privilegiert werden[669]. Sonst würden die Gesellschafter einer durch

---

[662] *Bärwaldt/Balda,* GmbHR 2004, 350, 352; a. A. OLG Jena, Urteil v. 1.9.2004 – 4 U 37/04, NZG 2004, 1114; *Wälzholz,* NZG 2005, 203, 205.
[663] BGH, Beschluss v. 7.7.2003 – II ZB 4/02, BGHZ 155, 318.
[664] *Meller-Hannich,* ZIP 2000, 345, 350; *Raiser,* KapGes, § 26 Rn. 33.
[665] BGH, Beschluss v. 7.7.2003 – II ZB 4/02, BGHZ 155, 318; BGH, Beschluss v. 9.12.2002 – II ZB 12/02, BGHZ 153, 158.
[666] BGH, Beschluss v. 7.7.2003 – II ZB 4/02, BGHZ 155, 318, 325.
[667] *Bohrer,* DNotZ 2003, 888, 896 nimmt diesen unberechtigten Anstoß an der Formulierung.
[668] *Haunhorst/Schmidt,* INF 2004, 112, 114; *Heidinger/Meyding,* NZG 2003, 1129, 1131.
[669] Vgl. *Bohrer,* DNotZ 2003, 888, 896; *Peetz,* GmbHR 2003, 1128, 1129 f. So auch OLG Jena, Urteil v. 1.9.2004 – 4 U 37/04, NZG 2004, 1114, 1115, bei dem es allerdings um eine Einpersonen-GmbH

wirtschaftliche Neugründung erworbenen Gesellschaft gegenüber den Gesellschaftern einer rechtlichen Neugründung benachteiligt[670], wofür es keinen sachlichen Grund gibt. Der Einwand, dass ein Mantelkauf Ähnlichkeit mit einer Sachgründung hat[671], überzeugt nicht. Dieser Einwand rührt wohl daher, dass bei der Verwendung einer Mantelgesellschaft oft ungewiss ist, welche Verbindlichkeiten aus früheren Geschäftstätigkeiten noch auftauchen. Das ist vergleichbar mit der Einbringung eines Unternehmens als Sacheinlage oder der Einlage von Forderungen. Dennoch hat die Einlageleistung an sich, wenn sie in bar geleistet wird, einen sicheren Wert. Das ist bei Sacheinlagen nicht der Fall, weshalb sie strengeren Regelungen unterliegen. Die Tatsache, ob die geleistete Bareinlage nicht nur dazu verwendet wird, bestehende Gesellschaftsverbindlichkeiten auszugleichen, ist im GmbH-Recht aber nie von Relevanz. Auch das Registergericht hat bei der Anmeldung nur zu prüfen, ob die Stammeinlagen geleistet wurden, nie aber wofür diese verwendet wurden[672]. Die einzige Ausnahme dazu bildet der Fall, dass die gezahlten Einlagen wieder an den Gesellschafter zurückgelangen[673]. Das GmbHG trifft nur Regelungen zur Feststellung, dass die Einlagen vollwertig sind. Das ist bei Geldeinlagen jedoch immer der Fall, so dass es keinen Grund gibt eine Geldeinlage bei einer wirtschaftlichen Neugründung wie eine Sacheinlage bei einer rechtlichen Neugründung zu behandeln. Bareinlagen müssen also bei wirtschaftlichen Neugründungen nur in der in § 7 Abs. 2 GmbHG beschriebenen Höhe bei der Anmeldung eingezahlt werden[674]. Sacheinlagen werden ebenfalls wie bei der rechtlichen Neugründung behandelt und müssen gemäß § 7 Abs. 3 GmbHG voll eingezahlt werden[675].

5. Art und Weise der Auffüllung des Stammkapitals

Stellt sich im Rahmen eine wirtschaftlichen Neugründung heraus, dass Sach- und Bareinlagen nicht in der erforderlichen Höhe zur freien Verfügung der Geschäftsführer stehen, müssen die Gesellschafter Kapital nachschießen. Hierbei ist allerdings zu klären, in welcher Art und Weise diese Kapitalauffüllung zu geschehen hat. Zwei Möglichkeiten bieten sich an: entweder muss sich das Kapital so aus Bar- und Sacheinlagen zusammensetzen, wie es in der Satzung für die rechtliche Gründung und durch spätere Kapitalerhöhungen vorbestimmt ist, oder man stellt es den Mantelverwendern frei, ob sie das Kapital durch Bar- oder Sacheinlagen auffüllen[676].

---

ging, und deshalb wie auch bei der rechtlichen Neugründung gemäß § 7 Abs. 2 S. 3 GmbHG eine Geldeinlage in Höhe von 25.000 € erforderlich ist, es sei denn der Gründer leistet Sicherheit.

670 *Peetz,* GmbHR 2003, 1128, 1129 f.

671 *Heidinger/Meyding,* NZG 2003, 1129, 1131.

672 Vgl. L/H/*Lutter/Bayer,* § 8. Rn. 19.

673 BGH, Urt. v. 17.09.2001 – II ZR 275/99, NJW 2001, 3781; Beck-Hdb/*Schwaiger,* § 2 Rn. 100; *Goette,* GmbH, § 2 Rn. 20.

674 So auch *Grooterhorst,* NZG 2001, 145, 146; *Heidenhain,* NZG 2003, 1051, 1052 *Ihrig,* BB 1988, 1197, 1203; MüKo AktG/*Pentz,* § 23 Rn. 102; *Peetz,* GmbHR 2003, 1128, 1129.

675 Vgl. *Ihrig,* BB 1988, 1197, 1203.

676 Vgl. *Bärwaldt/Balda,* GmbHR 2004, 350, 352.

Der letzteren Lösung ist der Vorzug zu gewähren[677]. Das GmbHG sieht bei rechtlichen Neugründungen die Möglichkeiten vor, das Kapital durch Sach- *oder* durch Geldeinlagen aufzubringen. Diese beiden Möglichkeiten stehen dabei gleichwertig nebeneinander. Insbesondere aus Gläubigersicht ist es bei wirtschaftlichen Neugründungen nicht gefährlicher als bei rechtlichen Neugründungen, den Gesellschaftern die Wahlfreiheit zwischen Sach- und Geldeinlage zu überlassen, wenn die jeweiligen sonstigen Voraussetzungen erfüllt sind. Das entspricht der Wertung des GmbHG[678]. Auch hier gibt es keinen Grund, die Gesellschafter bei einer wirtschaftlichen Neugründung schlechter zu stellen als bei einer rechtlichen Neugründung. Für diese Lösung spricht zudem das Argument, dass es bei einer ursprünglichen Sachgründung oft gar nicht möglich sein wird, dieselbe Sache noch einmal einzulegen[679]. Es bleibt den Gesellschaftern bei einer wirtschaftlichen Neugründung freigestellt, ob sie das fehlende Stammkapital durch Bar- oder Sacheinlage auffüllen.

6. Verjährung der Einlageansprüche

Wendet man, wie der BGH, die Gründungsvorschriften entsprechend an, stellt sich die Frage, wann die so bei jeder wirtschaftlichen Neugründung entstehenden Einlageansprüche verjähren. Wie lange die Verjährungsfrist für Einlageansprüche dauert, ist seit Inkrafttreten des Schuldrechtsmodernisierungsgesetzes[680] umstritten. Die regelmäßige Verjährungsfrist von drei Jahren gemäß §§ 195, 199 BGB beginnend mit dem Schluss des Kalenderjahres, in dem der Einlageanspruch fällig gestellt wurde, wird zurecht wegen der aus ihr resultierenden Gefährdung der Kapitalaufbringung, als inakzeptabel kurz angesehen[681]. Deshalb wird auch in der Literatur nach anderen Lösungsmöglichkeiten gesucht. Die überwiegende Meinung greift auf die absolute Zehn-Jahres-Frist des § 199 Abs. 4 BGB[682] zurück. Erwogen wird außerdem die zehnjährige Verjährung nach § 852 S. 2 BGB[683], die fünfjährige Verjährungsfrist nach § 9 Abs. 2 GmbHG[684] oder die Verjährungsfreiheit nach § 31 Abs. 5 S. 2 GmbHG[685]. Diese Ansprüche sind aber jeweils spezielle Normen für ganz bestimmte Tatbestände. Mit der Verjährung von Einlageansprüchen steht keine von ihnen in einem Zusammenhang. § 199 Abs. 4 BGB ist dagegen eine allgemeine Vorschrift die auch

---

[677] Vgl. *Bärwaldt/Balda,* GmbHR 2004, 350, 352; *Heidinger,* ZGR 2005, 101, 115.
[678] Vgl. *Bärwaldt/Balda,* GmbHR 2004, 350, 352.
[679] Vgl. *Bärwaldt/Balda,* GmbHR 2004, 350, 353.
[680] Gesetz zur Modernisierung des Schuldrechts v. 2.2.2002, BGBl. 2002 I S. 42, ber. S. 2909 und BGBl I 2003, S. 738.
[681] *Görner/Kling,* GmbHR 2004, 778, 784; *Roth/Altmeppen,* § 19 Rn. 11 f.
[682] *Altmeppen,* DB 2002, 514; *Roth/Altmeppen,* § 19 Rn. 12; *Schockenhoff/Fliege,* ZIP 2002, 917; *Wälzholz,* NZG 2005, 203, 205; für Unverjährbarkeit der Einlageansprüche *Pentz,* GmbHR 2002, 225 und Rowedder/*Pentz* § 19 Rn. 27.
[683] Vgl. *Krämer,* GmbHR 2004, 538.
[684] So *Görner/Kling,* GmbHR 2004, 778, 784.
[685] Diese Vorschrift bringt *Görner/Kling,* GmbHR 2004, 778, 784 in die Diskussion ein.

auf Einlageansprüche Anwendung findet. Gemäß § 199 Abs. 4 BGB verjähren Ansprüche, die keine Schadensersatzansprüche sind unabhängig von der Kenntnisnahme des Gläubigers in zehn Jahren. Diese lange Verjährungsfrist ist auch im Gläubigerinteresse angemessen. Folgt man dieser Meinung, stellt sich bei wirtschaftlichen Neugründungen die Frage, wann die Verjährungsfrist zu laufen beginnt. Das muss gemäß § 199 Abs. 4 BGB mit der Entstehung des Anspruchs der Fall sein. Die Einlageansprüche entstehen wie bereits festgestellt[686] mit der Offenlegung der wirtschaftlichen Neugründung beim Handelsregister. An diesem Zeitpunkt orientiert sich daher auch der Beginn der zehnjährigen Verjährungsfrist.

7. Kontrolle durch das Registergericht

Die wohl größten Schwierigkeiten bei der praktische Durchführung der BGH-Rechtsprechung bereitet die Überwachung der Einhaltung der Regeln durch das Registergericht. Dabei ist insbesondere danach zu fragen, welche Mittel dem Registergericht nach welchen gesetzlichen Grundlagen zur Verfügung stehen, unter welchen Voraussetzungen das Registergericht tätig werden darf und welche Möglichkeiten es gibt, das Vorliegen einer wirtschaftlichen Neugründung transparent zu machen.

a) Kompetenzen des Registergerichts

Gemäß § 9c GmbHG hat das Gericht die Eintragung einer Gesellschaft abzulehnen, wenn diese nicht ordnungsgemäß errichtet oder angemeldet ist. Damit das Registergericht überhaupt eine Handhabe gegen Vorrats- und Mantelgesellschaften ohne ausreichendes Kapital hat, muss diese Norm auch bei wirtschaftlichen Neugründungen analog angewendet werden[687].

Wie bei der rechtlichen Neugründung kann das Registergericht also nach § 9c GmbHG prüfen, ob die Gesellschaft ausreichend kapitalisiert ist und ob die erforderlichen Leistungen auf das Stammkapital erbracht worden sind. Um diese Prüfung anstellen zu können, muss das Gericht in einer vorgeschalteten Prüfung feststellen, dass überhaupt eine wirtschaftliche Neugründung vorliegt. Bevor der BGH in seiner jüngsten Entscheidung die Offenlegungspflicht für wirtschaftliche Neugründungen statuierte, wurde hierfür auf die Indizienwirkung von Satzungsänderungen abgestellt. Man ging davon aus, dass das Registergericht jedenfalls dann in eine nähere Prüfung einsteigen sollte, wenn die Firma, der Unternehmensgegenstand oder die Geschäftsführer ausgewechselt oder der Sitz verlegt wurde. Bei Vorliegen eines oder mehrerer dieser Indizien, durfte nach dieser Ansicht der Registerrichter in weitere Nachprüfungen

---

[686] Vgl. § 5II.3.

[687] Etwa *Schulz*, BuW 2003, 331, 334, 336; *Ulmer*, GmbHR 1984, 256, 258.

einsteigen[688]. Als weitere Anknüpfungspunkte für die Prüfungspflicht des Registergerichts werden die Aufgabe des früheren Geschäftsbetriebs, die Aufnahme eines neuen Geschäftsbetriebs und die Veräußerung des größten Anteils der Geschäftsanteile genannt[689]. Problematisch an diesen Ansätzen war nun, dass das Registergericht nur dann von einer wirtschaftlichen Neugründung Kenntnis erlangte, wenn sie mit Satzungsänderungen einherging. In der BGH-Entscheidung vom 7.7.2003 wurde die Kenntnisnahme der wirtschaftlichen Neugründung durch das Gericht insoweit sichergestellt, dass das Gericht eine Pflicht einführte, die Tatsache einer Wiederverwertung eines zwischenzeitlich leer gewordenen Gesellschaftsmantels offen zu legen. Wie noch zu zeigen sein wird, ist der Geschäftsführer einem erheblichen Haftungsrisiko ausgesetzt, wenn er die Mantelverwendung nicht offen legt[690], so dass der Anreiz, eine Mantelverwendung tatsächlich offen zu legen, sehr hoch ist. Das Registergericht wird also nach der neuen BGH-Rechtsprechung im Regelfall von wirtschaftlichen Neugründungen Kenntnis erlangen, bei der Verwendung von gebrauchten Gesellschaftsmänteln durch die Offenlegung der Gesellschafter und bei der Verwendung einer Vorratsgesellschaft durch den Unternehmensgegenstand, der regelmäßig auf den Vorratscharakter hindeutet. Die BGH-Rechtsprechung sieht vor, dass das Registergericht in diesen Fällen analog § 9c GmbHG tätig werden muss. Es entspricht allerdings einem Grundsatz im Registerrecht, dass das Registergericht nur auf Antrag, der bekanntlich im Registerrecht Anmeldung genannt wird, tätig werden kann[691]. Geht die wirtschaftliche Neugründung mit einer Satzungsänderung einher, liegt in dieser Prämisse kein Problem. Nach diesem Grundgedanken kann das Registergericht aber nicht tätig werden, wenn die Gesellschafter keine Satzungsänderungen anmelden müssen. Ein Ausweg aus diesem Dilemma liegt darin, die Tatsache der wirtschaftlichen Neugründung zur eintragungsfähigen Tatsache zu erheben.

b) Eintragungsfähigkeit und Eintragungspflichtigkeit der Tatsache der wirtschaftlichen Neugründung

Die Eintragungsfähigkeit der Tatsache der wirtschaftlichen Neugründung wird in der Literatur verschiedentlich in Erwägung gezogen[692]. Der BGH nimmt dazu in seiner Entscheidung vom 7.7.2003[693] nicht ausdrücklich Stellung. Es ist aber durchaus möglich, dass der Senat davon ausging, weil anderweitig nicht ersichtlich ist, warum

---

688 *Heidinger* ZNotP 2003, 82, 86.
689 *Heidinger* ZNotP 2003, 82, 86.
690 Vgl. § 5II.12.
691 *Keilbach,* MittRhNotK 2000, 365.
692 *Haunhorst/Schmidt,* INF 2004, 112, 115; *Heidinger/Meyding,* NZG 2003, 1129, 1131; *Krafka,* ZGR 2003, 577, *Lindemeier,* RNotZ 2003, 503, 511; 588; *Peetz,* GmbHR 2004, 1429, 1435; *Peetz,* GmbHR 2003, 1128, 1129; *Peetz,* GmbHR 2003, 229, 231; *Schumacher,* DStR 2003, 1884, 1885; a.A. *Nolting,* ZIP 2003, 651, 652.
693 BGH, Beschluss v. 7.7.2003 – II ZB 4/02, BGHZ 155, 318.

die Tatsache der wirtschaftlichen Neugründung beim Registergericht offengelegt werden soll[694]. Die Eintragung der Tatsache würde dann gleichzeitig mit der Offenlegung beantragt, der Registerrichter würde die Tatsache, wenn sich sonst keine Beanstandungen ergäben, im Handelsregister eintragen. In der Tat hat es viele Vorteile, wenn man die Tatsache der wirtschaftlichen Neugründung für eintragungsfähig und eintragungspflichtig erklärt. Mit der Anmeldung dieser Eintragung würde dem Registergericht auch nach allgemeinen Grundsätzen des Registerrechts, die Möglichkeit zum Tätigwerden eröffnet. Weiterhin wäre es jedem Dritten mit einem Blick ins Handelsregister möglich, davon Kenntnis zu erlangen, dass es sich bei der Gesellschaft um eine wirtschaftliche Neugründung handelt[695]. Die Eintragungsfähigkeit und Eintragungspflichtigkeit der Tatsache der wirtschaftlichen Neugründung ergibt sich auch ohne weiteres aus einer konsequenten Gleichstellung mit der rechtlichen Neugründung: Nach § 9c GmbHG müssen nämlich ebenso rechtliche Neugründungen angemeldet werden, woraufhin dann das Registergericht zu prüfen hat, ob die Eintragungsvoraussetzungen vorliegen[696]. Erst wenn das Registergericht festgestellt hat, dass die Eintragungsvoraussetzungen vorliegen wird die Gesellschaft im Handelsregister eingetragen. Überträgt man dieses System auf die wirtschaftliche Neugründung, kommt man zwangsläufig zu dem Ergebnis, dass die wirtschaftliche Neugründung eintragungsfähig und –pflichtig ist. Nur durch die „Erhebung" der wirtschaftlichen Neugründung zur anmeldepflichtigen Tatsache kann auch die Offenlegung dogmatisch eingeordnet werden: nämlich als Anmeldung dieser Tatsache. Es spricht daher alles dafür, dass die Tatsache der wirtschaftlichen Neugründung in Ausführung der neuen BGH-Rechtsprechung eintragungsfähig und sogar eintragungspflichtig ist[697].

Diese Feststellung führt unmittelbar zu der Frage, was das Registergericht überprüfen muss, damit es die Tatsache der wirtschaftlichen Neugründung ins Handelsregister eintragen darf.

c) Umfang der registergerichtlichen Prüfung

Das Registergericht hat bei jeder Eintragung in das Handelsregister festzustellen, ob die jeweiligen Eintragungsvoraussetzungen vorliegen[698]. Es muss daher untersucht werden, welche dies überhaupt sind und welche Möglichkeiten das Registergericht hat, sich von ihrem Vorliegen zu überzeugen. Wie soeben festgestellt, müssen die Geschäftsführer der Gesellschaft bei einer wirtschaftlichen Neugründung sowohl

---

[694] Das meinen auch *Haunhorst/Schmidt,* INF 2004, 112, 115; *Heidinger/Meyding,* NZG 2003, 1129, 1131.
[695] Vgl *Heidinger/Meyding,* NZG 2003, 1129, 1131.
[696] Vgl. *Keilbach,* MittRhNotK 2000, 365.
[697] A.A. *Thaeter,* DB 2003, 2112, 2114.
[698] *Keilbach,* MittRhNotK 2000, 365.

etwaige damit einhergehende Satzungsänderungen als auch die Tatsache der wirtschaftlichen Neugründung selbst zum Handelsregister anmelden.

Damit das Registergericht die Tatsache der wirtschaftlichen Neugründung ins Handelsregister einträgt, müssen die vom BGH aufgestellten Grundsätze für wirtschaftliche Neugründungen beachtet werden. So sind insbesondere die Gründungsvorschriften des GmbHG einschließlich der Vorschriften über die Kontrolle durch das Registergericht analog anzuwenden[699]. Das Registergericht muss und darf danach gemäß § 9c GmbHG alle Formalien und eintragungsrelevanten Tatsachen prüfen[700]. Dazu muss das Gericht zumindest sicherstellen, dass die Gesellschaft mit dem erforderlichen Stammkapital ausgestattet ist. Grundlage für die Prüfung ist die Versicherung nach § 8 Abs. 2 GmbHG, in der die Geschäftsführer erklären müssen, dass die in § 7 Abs. 2 und 3 GmbHG bezeichneten Leistungen auf die Stammeinlagen bewirkt sind und sich zur freien Verfügung der Geschäftsführer befinden. Aus der Bestrebung, wirtschaftliche Neugründungen den rechtlichen Neugründungen gleichzustellen, folgt aber auch, dass gegebenenfalls noch andere Voraussetzungen gegeben sein müssen. So erscheint es z. B. konsequent, eine wirtschaftliche Neugründung nur dann einzutragen, wenn erforderliche staatliche Genehmigungen vorhanden sind. Bei der rechtlichen Neugründung müssen der Anmeldung neben der Versicherung nach § 8 Abs. 2 GmbHG, die in § 8 Abs. 1 GmbHG genannten Unterlagen beigefügt sein. Es ist also eine in der Praxis relevante Frage, welche dieser Unterlagen auch bei der Anmeldung einer wirtschaftlichen Neugründung beizubringen sind. Der Gesellschaftsvertrag oder eine beglaubigte Abschrift gemäß § 8 Abs. 1 Nr. 1 GmbHG ist bei einer wirtschaftlichen Neugründung grundsätzlich überflüssig, weil dieser dem Registergericht noch von der rechtlichen Neugründung vorliegt. Satzungsänderungen müssen gemäß § 54 Abs. 1 S. 1, Abs. 3 GmbHG nach Anmeldung im Handelsregister eingetragen werden, um wirksam zu werden. Das Registergericht erlangt also auch von den Änderungen des Gesellschaftsvertrags Kenntnis. Eine nochmalige Vorlage der Satzung ist somit nicht erforderlich. Die Legitimation der Geschäftsführer gemäß § 8 Abs. 1 Nr. 2 GmbHG, die Liste der Gesellschafter nach § 8 Abs. 1 Nr. 3 GmbHG, wenn Sacheinlagen vereinbart wurden, die Verträge gemäß § 8 Abs. 1 Nr. 4 GmbHG und der Sachgründungsbericht ebenso wie die Unterlagen über den Wert der Sacheinlagen gemäß § 8 Abs. 1 Nr. 5 GmbHG und die etwaigen erforderlichen staatlichen Konzessionen sind bei wirtschaftlichen Neugründungen ebenso erforderlich wie bei rechtlichen Neugründungen, damit das Registergericht feststellen kann, ob die Gesellschaft nach den BGH-Grundsätzen ausreichend kapitalisiert ist und dem Gericht dieselben Informationen über die Gesellschaft vorliegen wie bei einer rechtlichen Neugründung. Die Versicherung der Geschäftsführer nach § 8 Abs. 3 GmbHG[701], dass keine Bestellungshindernisse vorliegen, ebenso wie die Erklärung über die Vertretungsbefugnis der Geschäftsführer nach § 8 Abs. 4 GmbHG und die Abgabe ihrer Unterschriften nach § 8 Abs. 5 GmbHG

---

[699] BGH, Beschluss v. 7.7.2003 – II ZB 4/02, BGHZ 155, 318.
[700] B/H/*Hueck/Fastrich*, § 9c Rn. 2.
[701] Ausdrücklich offengelassen in LG Hagen, Beschluss v. 27.5.2003 – 23 T 13/03, GmbHR 2003, 845, 846.

können dagegen nur gefordert werden, wenn mit der wirtschaftlichen Neugründung ein Geschäftsführerwechsel einhergeht. Dann aber müssen sie nach der BGH-Rechtsprechung genauso als Eintragungsvoraussetzung analog angewendet werden, wie der vom BGH ausdrücklich genannte § 8 Abs. 2 GmbHG. Das ergibt sich zwingend aus den Argumenten des BGH, nämlich aus der Gleichstellung von wirtschaftlichen Neugründungen mit rechtlichen Neugründungen und aus Gläubigerschutzgesichtspunkten. Wenn die Geschäftsführer nicht gewechselt werden, ist eine nochmalige Prüfung überflüssig. Die Unterlagen zu deren Abgabe die Geschäftsführer gemäß § 8 GmbHG verpflichtet sind, bilden die Grundlage zur registergerichtlichen Kontrolle gemäß § 9c Abs. 1 S. 1 GmbHG analog[702]. Für die Kontrolle ist das Gericht nicht nur auf die abgegebenen Unterlagen beschränkt, sondern kann bei Zweifeln an deren Richtigkeit gemäß § 12 FGG weitere Nachforschungen anstellen[703]. Fehlt ein Teil der eben bezeichneten Unterlagen und Versicherungen kann das Registergericht die Eintragung der Tatsache der wirtschaftlichen Neugründung analog § 9c Abs. 1 S. 2 GmbHG ablehnen. Ebenso kann das Registergericht die Eintragung ablehnen, wenn die gesetzlichen Eintragungsvoraussetzungen nicht erfüllt sind und auch keine Ausnahme nach § 9c Abs. 2 GmbHG vorliegt. Dazu gehören bei wirtschaftlichen Neugründungen vor allem die ausreichende Kapitalisierung der Gesellschaft und die Leistung auf die Stammeinlagen nach § 7 Abs. 2 GmbHG, die Werthaltigkeit der Sacheinlagen, die Zulässigkeit des Unternehmensgegenstandes, gegebenenfalls erforderliche staatliche Konzessionen und bei der wirtschaftlichen Neugründung durch eine Person deren besondere Voraussetzungen[704].

Satzungsänderungen sind im Normalfall gemäß § 54 Abs. 1 S. 1 GmbHG von den Geschäftsführern zur Eintragung ins Handelsregister anzumelden. Nach dem allgemeinen Prüfungsgrundsatz, der sich auch aus § 9c GmbHG ergibt[705], prüft dann das Gericht die jeweiligen Eintragungsvoraussetzungen. Es stellt sich die Frage, ob die – wie sich aus § 54 Abs. 3 GmbHG ergibt – konstitutive Eintragung der Satzungsänderungen in Fällen der wirtschaftlichen Neugründung darüber hinaus noch von den Voraussetzungen abhängig gemacht werden können, die der BGH für die wirtschaftlichen Neugründungen begründet hat, insbesondere die Abgabe der Erklärung nach § 8 Abs. 2 GmbHG. Dadurch würde aber die Möglichkeit von Satzungsänderungen eingeschränkt, was weder eine gesetzliche Grundlage hat, noch aus der Analogie zu den Gründungsvorschriften herzuleiten ist. Satzungsänderungen sind grundsätzlich möglich. Das ergibt sich zunächst aus der Privatautonomie und speziell bei der GmbH aus der Existenz der §§ 53 ff. GmbHG[706]. Die Grenzen dieser Freiheit bilden vor allem die zwingenden Vorschriften des GmbHG.[707] Ein Grenze der Zulässigkeit der Satzungsänderungen müsste sich daher aus den Gründungsvorschriften analog ergeben. Aus den Gründungsvorschriften ergibt sich

[702] Vgl. für die Prüfung nach § 9c GmbHG direkt B/H/*Hueck/Fastrich*, § 9c Rn. 2.
[703] Wie die vorhergehende Fußnote.
[704] Vgl. zu den Eintragungsvoraussetzungen B/H/*Hueck/Fastrich*, § 9c Rn. 3.
[705] B/H/*Hueck/Fastrich*, § 9c Rn. 1.
[706] Scholz/*Priester*, § 53 Rn. 2, 39.
[707] Scholz/*Priester*, § 53 Rn. 40.

aber nicht, dass Satzungsänderungen im Rahmen einer wirtschaftlichen Neugründung nur unter besonderen Voraussetzungen möglich sind. Diesen Überlegungen zufolge kann die Eintragung von Satzungsänderungen auch beim Vorliegen einer wirtschaftlichen Neugründung nicht von der Erfüllung der Gründungsvorschriften abhängig gemacht werden.

Die sich so darstellende Lösung hat den Nachteil, dass die Geschäftsführer keinen Anreiz haben die Eintragungsvoraussetzung bei einer wirtschaftlichen Neugründung zu erfüllen, wenn davon nur die Eintragung der Tatsache der wirtschaftlichen Neugründung abhängt. Zwar werden durch die Eintragung eventuell bestehende Haftungsgefahren ausgeschlossen, dennoch kann der neue Geschäftsbetrieb ohne weiteres auch ohne die Eintragung der Tatsache der wirtschaftlichen Neugründung durch die neuen Geschäftsführer, mit neuem Sitz, neuer Firma und neuem Unternehmensgegenstand begonnen werden. Deshalb lehnt der BGH in seiner Entscheidung vom 7.7.2003[708] wegen der fehlenden Versicherung nach § 8 Abs. 2 GmbHG die Eintragung der von den neuen Gesellschaftern angemeldeten Satzungsänderungen (Änderung des Sitzes, der Firma und des Unternehmensgegenstands) ab. Dieses Vorgehen entspricht nicht den allgemeinen Vorschriften zu Satzungsänderungen, denn die Satzungsänderungen an sich sind regelmäßig nicht zu beanstanden. Die Vorgehensweise des BGH ist nicht praktikabel, wenn die wirtschaftliche Neugründung nicht mit einer Satzungsänderung zusammenfällt. Die Rechtsprechung des BGH kann man deshalb nur so verstehen, dass die Eintragung der Satzungsänderung im Rahmen einer wirtschaftlichen Neugründung nicht ohne die Eintragung, dass es sich um eine wirtschaftliche Neugründung handelt, vorgenommen werden darf. Die Eintragung der Satzungsänderungen und der Tatsache der wirtschaftlichen Neugründung stellen demnach ein Einheit dar, so dass die Satzungsänderungen nicht eingetragen werden können, ohne dass die o.g. Voraussetzungen für die Eintragung der Tatsache der wirtschaftlichen Neugründung vorliegen. Sind keine Satzungsänderungen erforderlich, bleibt es allein bei der Eintragung der Tatsache der wirtschaftlichen Neugründung. Durch eine derartige registergerichtliche Praxis wird jedenfalls in den Fällen, in denen Satzungsänderungen vorgenommen werden müssen, ein hoher Anreiz geschaffen, die Gründungsvorschriften einzuhalten.

8. Anmeldeberechtigte bei wirtschaftlicher Neugründung

Weiter oben wurde in anderem Zusammenhang schon festgehalten, dass die Anmeldung der Eintragung der wirtschaftlichen Neugründung und etwaiger Satzungsänderungen im Rahmen einer wirtschaftlichen Neugründung gemäß § 78 1. Hs. GmbHG von einer vertretungsberechtigten Anzahl von Geschäftsführern durchgeführt werden muss. Im Zusammenhang mit der Anmeldeberechtigung stellt

[708] BGH, Beschluss v. 7.7.2003 – II ZB 4/02, BGHZ 155, 318.

sich noch eine weitere interessante Frage: nämlich, ob nur die alten oder nur die neuen Gesellschafter oder etwa die alten *und* die neuen Gesellschafter zu den Anmeldungen im Rahmen einer wirtschaftlichen Neugründung befugt sind.

In der Praxis stellt sich diese Frage etwa, wenn einer der neuen Geschäftsführer nicht erreichbar ist, weil er sich im Ausland aufhält. Wenn man auf sein Zutun zur Anmeldung besteht, würde dies einen Zeitverlust für die haftungsbeschränkte Aufnahme des Geschäftsbetriebs bedeuten. In solchen Fällen liegt die Idee nah, die Anmeldungen einfach durch die alten Geschäftsführer durchführen zu lassen. Nach der Abgabe der Anmeldung könnten dann die neuen Geschäftsführer bestellt werden und der neue Geschäftsbetrieb durch sie aufgenommen werden[709].

Der BGH nimmt in seinen beiden Entscheidungen nicht ausdrücklich dazu Stellung, wer die Anmeldungen bei einer wirtschaftlichen Neugründung vornehmen kann. In der BGH-Entscheidung vom 9.12.2002 meldet die neue alleinvertretungsberechtigte Geschäftsführerin, in der vom 7.7.2003 der neue Geschäftsführer die Satzungsänderungen zur Eintragung an. Diese Tatsache beanstandet der BGH nicht. Umgekehrt weist der BGH auch nicht darauf hin, dass die Anmeldung nur von der neuen Geschäftsführung vorgenommen werden darf. Es ist also durchaus möglich, dass der BGH auch eine Anmeldung durch die alte Geschäftsführung akzeptieren würde.

Bärwaldt/Balda halten eine Anmeldung sowohl von den alten als auch von den neuen Geschäftsführern für möglich. Ausschlaggebend sei, dass die mit der Versicherung nach § 8 Abs. 2 GmbHG, § 7 Abs. 2 und 3 GmbHG zu verbindende Offenlegung die Präventivkontrolle durch das Registergericht ermöglichen und sicherstellen soll. Hierfür sei es irrelevant, ob die alten oder die neuen Geschäftsführer die Anmeldung vornehmen[710]. Andere Autoren gehen ohne weitere Diskussion davon aus, dass die neuen Geschäftsführer die Anmeldung vornehmen müssen[711].

Gemäß § 78 GmbHG sind Anmeldungen zum Handelsregister durch die Geschäftsführer vorzunehmen. Aus der Formulierung ergibt sich, dass immer nur die gegenwärtigen Amtsinhaber die Anmeldungen vornehmen können[712]. Die Anmeldebefugnis entfällt danach zumindest, wenn die Eintragung nicht das Ausscheiden des Geschäftsführers betrifft, mit dem Amtsverlust[713]. Für die

[709] Vgl. zu diesem Beispiel *Bärwaldt/Balda,* GmbHR 2004, 50, 51. *Thaeter/Meyer,* DB 2003, 539, 541 weisen darauf hin, dass es für den Erwerber eines Gesellschaftsmantels am vorteilhaftesten ist, wenn die Anmeldung durch die alten Geschäftsführer vorgenommen wird.
[710] *Bärwaldt/Balda,* GmbHR 2004, 50, 51; *Bärwaldt/Balda,* GmbHR 2004, 350, 352.
[711] *Haunhorst/Schmidt,* INF 2004, 112, 117.
[712] Roth/*Altmeppen,* § 78 Rn. 6.
[713] Vgl. OLG Frankfurt, Beschluss v. 31.5.1983 – 20 W 120/83, BB 1983, 1561; OLG Zweibrücken, Beschluss v. 30.6.1998 – 3 W 130/98; GmbHR 1999, 479; B/H/*Schulze-Osterloh,* § 78 Rn. 2; Hachenburg/*Ulmer,* § 78 Rn. 15; L/H/*Lutter/Kleindiek,* § 78 Rn. 1; Roth/*Altmeppen,* § 78 Rn. 6; a.A. nur für die Anmeldung eines Geschäftsführers seines eigenen Ausscheidens im unmittelbaren zeitlichen Zusammenhang mit seiner Amtsniederlegung: LG Berlin, Beschluss v. 22.7.1992 – 98 T 25/92, ZIP 1993, 197 f.

wirtschaftliche Neugründung folgt daraus, dass, solange die alten Geschäftsführer noch im Amt sind, sie auch für jegliche Anmeldungen beim Registergericht zuständig sind. Die Befürchtung, dass diese Ansicht problematisch sein könnte, wenn das Registergericht den Standpunkt einnähme, die wirtschaftliche Neugründung vollziehe sich erst mit der Bestellung der neuen Geschäftsführer, ist nach hier vertretener Auffassung unbegründet[714]. Stellt man für die wirtschaftliche Neugründung allein auf die eine gewisse Zeit andauernde Unternehmenslosigkeit ab, bleibt der Geschäftsführerwechsel für die Beurteilung, ob eine wirtschaftliche Neugründung vorliegt oder nicht, vollkommen unbeachtlich.

Die Anmeldungen im Rahmen einer wirtschaftlichen Neugründung sind daher auch bei einer wirtschaftlichen Neugründung durch die aktuellen Geschäftsführer vorzunehmen[715]. Es ist irrelevant, ob es sich bei den Geschäftsführern um die alten oder bereits um die neuen Geschäftsführer handelt.

9. Inhalt der Versicherung nach § 8 Abs. 2 GmbH

Der BGH hat in seinen beiden neuesten Entscheidungen ausdrücklich den § 8 Abs. 2 GmbHG auf wirtschaftliche Neugründungen für anwendbar erklärt[716]. Zur ordnungsgemäßen Anmeldung einer wirtschaftlichen Neugründung gehört daher eine Versicherung entsprechend § 8 Abs. 2 GmbHG. Dabei stellt sich die Frage, ob sich für den Inhalt der Erklärung nach § 8 Abs. 2 GmbHG bei der Anmeldung einer wirtschaftlichen Neugründung Besonderheiten gegenüber den Versicherungen im Fall von rechtlichen Neugründungen ergeben.

Die Geschäftsführer haben zu versichern, dass die in § 7 Abs. 2 und 3 GmbHG bezeichneten Leistungen auf die Stammeinlagen bewirkt sind und dass der Gegenstand dieser Leistung sich weiterhin zu deren endgültiger freien Verfügung befindet. Diese Versicherung kann sich nur auf den Zeitpunkt der Anmeldung beziehen, denn die Einlageleistungen der Mantel- oder Vorratsgesellschaft sind ja vom Registergericht bereits bei ihrer rechtlichen Neugründung geprüft worden[717]. Bei der rechtlichen Neugründung müssen die Geschäftsführer exakt angeben, welche Leistungen wann und wie erbracht wurden[718]. Im Unterschied zur rechtlichen Neugründung kann das Gesellschaftsvermögen bei wirtschaftlichen Neugründungen auch anders als durch Bar- und Sacheinlagen zusammengesetzt sein. Fraglich ist daher, wie die Geschäftsführer sich über diese Restvermögen erklären müssen. Dem BGH geht es bei

---

[714] *Bärwaldt/Balda,* GmbHR 2004, 50, 51.

[715] Im Ergebnis auch *Lindemeier,* RNotZ 2003, 503, 512.

[716] BGH, Beschluss v. 7.7.2003 – II ZB 4/02, BGHZ 155, 318; BGH, Beschluss v. 9.12.2002 – II ZB 12/02, BGHZ 153, 158.

[717] *Heidenhain,* NZG 2003, 1051, 1051.

[718] BayObLG, Beschluss v. 20.12.1979 – BRreg. 1Z 84/79, GmbHR 1981, 60; OLG Celle, Beschluss v. 7.1.1986 – 1 W 37/85, GmbHR 1986, 309; *Lindemeier,* RNotZ 2003, 503, 504; *Roth/Altmepen,* § 8 Rn. 14.

der Anwendung des § 8 Abs. 2 GmbHG darum sicherzustellen, dass die Gesellschaft zumindest bei der Anmeldung über ein gewisses Vermögen verfügt. Deshalb ist es unerheblich, woher das Vermögen stammt[719]. Es kann aus Sicht des BGH keinen Unterschied machen, ob das Vermögen noch in der Gesellschaft vorhanden war, oder ob es erst neu eingelegt werden musste, sei es als Bar- oder als Sacheinlage. Die Versicherung entsprechend § 8 Abs. 2 GmbHG bezieht sich daher nicht wie bei der rechtlichen Neugründung nur auf die Einlageleistung der Gesellschafter, sondern strenggenommen nur auf den Vermögensstand der Gesellschaft. Das ergibt sich wiederum aus der Orientierung des BGH an der rechtlichen Neugründung: Auch bei wirtschaftlichen Neugründungen spielt es keine Rolle, ob das Kapital der Gesellschaft in Bar- oder in Sachwerten zugeführt wird, solange die Werthaltigkeit der Einlagen gesichert ist. §§ 7 Abs. 2 und 3 GmbHG dienen deshalb in ihrer entsprechenden Anwendung vorrangig dazu, die erforderliche Höhe des endgültig zur freien Verfügung der Geschäftsführer stehenden Stammkapitals zu bestimmen. Der Vermögensstand einer Vorrats- oder Mantelgesellschaft setzt sich nicht nur aus Bar- und Sacheinlagen zusammen, sondern auch aus dem alten Gesellschaftsvermögen. Bei einer Vorratsgesellschaft wird das Stammkapital meist nahezu unversehrt auf einem Gesellschaftskonto liegen. Bei Mantelgesellschaften werden die neuen Gesellschafter das Vermögen der Gesellschaft normalerweise durch Bar- oder Sacheinlagen aufzufüllen haben, während in der Gesellschaft meist nur noch ein unerhebliches Restvermögen vorhanden sein wird. Die Bar- und Sacheinlagen bilden dabei den unproblematischen Teil. Sie können jeweils gemäß § 7 Abs. 2 und 3 GmbHG behandelt werden. Eine entsprechende Unterscheidung lässt sich aber auch für das vorhandene Gesellschaftsvermögen treffen: Man kann es in Geld- und Sachwerte einteilen. Geldwerte sind mit den Bareinlagen in § 7 Abs. 2 GmbHG zu vergleichen, so dass sie nur in der dort bezeichneten Höhe vorhanden sein müssen. Es macht nämlich wertungsmäßig keinen Unterschied, ob Geld in der in § 7 Abs. 2 GmbHG bezeichneten Höhe erst auf ein Gesellschaftskonto eingezahlt wurde oder ob es schon vorhanden war, so dass auch bei in der Gesellschaft vorhandenem Vermögen die Privilegierung der Bareinlage gerechtfertig ist. Zu den Geldwerten zählt neben dem Bargeld auch das Buchgeld.[720] Der Teil der Stammeinlagen, der in Sachwerten vorhanden sein muss, muss dagegen entsprechend § 7 Abs. 3 GmbHG voll vorhanden sein. Nur diese Handhabung führt zu einer konsequenten Gleichstellung der wirtschaftlichen mit der rechtlichen Neugründung.

Bei der rechtlichen Neugründung müssen die Geschäftsführer erklären, wie viel jeder Gesellschafter auf seine Stammeinlage wann und wie geleistet hat[721]. Für die wirtschaftliche Neugründung ist dieses Erfordernis so zu modifizieren, dass die Geschäftsführer angeben müssen, welcher Teil des ihnen zur freien Verfügung stehenden Vermögens schon vorhanden war und welcher erst durch die Gesellschafter

---

[719] Vgl. *Heidinger/Meyding*, NZG 2003, 1129, 1132.

[720] *Roth*/Altmeppen, § 7. Rn. 25.

[721] BayObLG, Beschluss v. 20.12.1979 – BRreg. 1Z 84/79, GmbHR 1981, 60; OLG Celle, Beschluss v. 7.1.1986 – 1 W 37/85, GmbHR 1986, 309; *Pflüger*, Gestaltende Steuerberatung 2003, 286, 287 f.; *Roth*/Altemeppen, § 8 Rn. 14;

geleistet wurde[722]. Gründungsaufwand der in der Satzung festgeschrieben ist, kann bei der Erklärung nach § 8 Abs. 2 GmbH außer Betracht bleiben[723]. Es gibt keinen Grund, warum wirtschaftliche Neugründungen in dieser Beziehung gegenüber rechtlichen Neugründungen schlechter gestellt werden sollten[724].

10. Folgen der Nichtabgabe der Erklärung nach § 8 Abs. 2 GmbHG

Wird die Erklärung nach § 8 Abs. 2 GmbHG analog nicht abgegeben, obwohl eine wirtschaftliche Neugründung vorliegt, kann und muss das Registergericht die Eintragung gemäß § 9c Abs. 1 S. 1 GmbHG analog ablehnen. Das Registergericht wird die Geschäftsführer zur Abgabe der Erklärung nach § 8 Abs. 2 GmbHG auffordern, die diese ja nach Ausstattung der Gesellschaft mit dem erforderlichen Kapital durch die Gesellschafter auch ohne weiteres abgeben können. Erfolgt die Eintragung dennoch auch ohne Abgabe der Erklärung nach § 8 Abs. 2 GmbHG, etwa weil das Registergericht keine Kenntnis von der wirtschaftlichen Neugründung hatte, kommt die Gesellschaft trotzdem wirksam zustande. Eine solche Konstellation kann sich ergeben, wenn den Geschäftsführern überhaupt nicht klar ist, dass sie einen Mantel verwenden und das Registergericht nicht zufällig bemerkt, dass es sich bei dieser Gesellschaft um eine wirtschaftliche Neugründung handelt, etwa weil keine Satzungsänderungen erforderlich sind. Wird die Versicherung nach § 8 Abs. 2 GmbHG nicht bei der Anmeldung abgegeben, so soll es nach verbreiteter Ansicht zu einer dauernden Unterbilanzhaftung der Gesellschafter kommen[725]. Diese Auffassung verquickt jedoch das formelle Registerrecht mit dem materiellen Haftungsrecht. Eine Haftung aus den Grundsätzen der Unterbilanzhaftung ist nur gegeben, wenn am Stichtag eine Unterbilanz besteht. Nur daraus kann die Haftung resultieren. Geben die Geschäftsführer die Versicherung nach § 8 Abs. 2 GmbHG nicht ab, spricht zwar vieles dafür, dass eine Unterbilanz vorliegt, aus der Nichtabgabe der Erklärung ergibt sich das Vorliegen einer Unterbilanz aber nicht zwingend. Eine dauernde Unterbilanzhaftung allein wegen der Nichtabgabe der Erklärung nach § 8 Abs. 2 GmbHG ist deshalb nicht gerechtfertigt.

Die Ansicht, dass die Nichtabgabe der Erklärung zur Unterbilanzhaftung führt, ergibt sich aus der praktischen Überlegung, dass den Verwendern einer Vorrats- oder Mantelgesellschaft ein Nachteil daraus entstehen soll, wenn sie die Versicherung nach § 8 Abs. 2 GmbHG nicht abgeben. Durch diesen Nachteil sollen sie zu der Abgabe der

---

[722] Vgl. *Schubert,* NotBZ 2003, 383, 387. A. A. jedenfalls für Mantelgesellschaften *Lindemeier,* RNotZ 2003, 503, 511, der dabei die Erklärung über das Nichtbestehen einer Unterbilanzhaftung genügen lassen will.

[723] Vgl. *Schubert,* NotBZ 2003, 383, 387.

[724] *Schubert,* NotBZ 2003, 383.

[725] Etwa *Altmeppen,* NZG 2003, 2050, 2052; *Haas/Müller,* GmbHR 2004, 1169, 1178; *Schumacher,* DStR 2003, 1884, 1886.

Versicherung gezwungen werden[726]. Bei der rechtlichen Neugründung erwächst dieser Nachteil daraus, dass ohne die ordnungsgemäße Anmeldung und die darauf folgende Eintragung der Gesellschaft ins Handelsregister, die Gesellschaft nicht entsteht und damit auch keine Haftungsbeschränkung für die Gesellschafter eintritt. Die Gesellschafter unterliegen der unbeschränkten Verlustdeckungshaftung. Bei der wirtschaftlichen Neugründung ist nach hier vertretener Auffassung die Verlustdeckungshaftung nicht anzuwenden[727]. Die Mantelverwender unterliegen nur dann einer unbeschränkten Außenhaftung, wenn sie ihr Unternehmen nicht unter dem Mantel der bestehenden GmbH betreiben. Zu dieser Haftung nach allgemeinen Grundsätzen kommt es daher meist nicht, wenn keine Eintragungen erforderlich sind, um das neue Unternehmen unter dem Mantel der alten GmbH zu führen. Auch in diesen Fällen kann die Unterbilanzhaftung nicht systemwidrig als registerrechtliches Druckmittel herangezogen werden. Der BGH nennt als Zweck der Anwendung der Grundsätze der Unterbilanzhaftung auch nur die Sicherstellung der realen Kapitalaufbringung. Die Unterbilanzhaftung ist also auch nicht vom BGH als Druckmittel zur Offenlegung vorgesehen.

Lehnt man eine Unterbilanzhaftung bei fehlender Erklärung nach § 8 Abs. 2 GmbHG komplett ab, würden die Gesellschafter, die die wirtschaftliche Neugründung nicht offen legen, bessergestellt sein, als diejenigen, die die wirtschaftliche Neugründung offen legen[728]. Dagegen wird vorgeschlagen, in den Fällen, in denen keine Erklärung nach § 8 Abs. 2 GmbHG und damit keine Offenlegung erfolgt, den Stichtag der Unterbilanzhaftung auf die (Wieder)Aufnahme des Geschäftsbetriebs festlegt[729]. Auch in dieser Regelung läge keine Sanktion für die Nichtabgabe der Erklärung nach § 8 Abs. 2 GmbHG. Die Haftung mit und ohne Abgabe der Erklärung würde sich nur durch den unterschiedlichen Stichtag unterscheiden. Dass der Stichtag bei Nichtabgabe der Erklärung erst zum Zeitpunkt der Geschäftsaufnahme ist, dürft für die Gesellschafter in der Praxis keinen Nachteil darstellen. Die Auffassung entspricht jedenfalls nicht den Vorgaben des BGH, der den Stichtag für die Unterbilanzhaftung ausdrücklich auf den Zeitpunkt der Anmeldung festlegt.

Zur Offenlegung und damit zur Anmeldung der wirtschaftlichen Neugründung werden die Gesellschafter durch die analog anzuwendende Handelndenhaftung bewegt. Bis zur Offenlegung der wirtschaftlichen Neugründung sollen nach Auffassung des 2. Zivilsenats die Geschäftsführer nach § 11 Abs. 2 GmbHG analog haften. Wird die Versicherung nach § 8 Abs. 2 GmbHG dann nicht wahrheitsgemäß abgegeben, haften Gesellschafter und Geschäftsführer nach § 9a GmbHG analog. Legen die Gesellschafter die wirtschaftliche Neugründung nicht offen, haften die Mantelverwender, solange sie noch nicht neue Gesellschafter der GmbH sind, im Wege einer unmittelbaren Außenhaftung nach allgemeinen Grundsätzen. Wenn sie schon Gesellschafter der GmbH sind, muss ihre Haftung wegen § 13 Abs. 2 GmbHG

---

[726] Vgl. *Jacobs*, DZWIR 2004, 309, 316.
[727] Vgl. § 4III.4.
[728] Vgl. *Bredow/Schumacher*, DStR 2003, 1032, 1035; *Jacobs*, DZWIR 2004, 309, 316.
[729] Vgl. *Schütz*, NZG 2004, 746, 749.

beschränkt sein. Frei von jeglicher Haftung also auch von der Haftung nach § 11 Abs. 2 GmbHG werden die Gesellschafter und Geschäftsführer dennoch nur, wenn sie die wirtschaftliche Neugründung offen legen. Der einzige Weg, der die Haftungsfreiheit von Gesellschaftern und Geschäftsführern bewirkt, führt daher über die Offenlegung der wirtschaftlichen Neugründung.

11. Anforderungen an die Offenlegung

In seinem Beschluss vom 7.7.2003[730] führt der BGH eine Pflicht zur Offenlegung der wirtschaftlichen Neugründung ein. Diese Offenlegung soll nach Ansicht des BGH mit der Versicherung nach § 8 Abs. 2 GmbHG verbunden werden. Weitere Ausführungen macht der BGH hierzu nicht. Die Anforderungen, die an die Offenlegungspflicht gestellt werden, brauchen jedoch nicht besonders hoch zu sein. Es kommt vor allem darauf an, dass das Registergericht von der Tatsache der wirtschaftlichen Neugründung überhaupt Kenntnis erlangt. Deshalb ist einzig und allein erforderlich, dass das Registergericht unmissverständlich vom Vorliegen einer wirtschaftlichen Neugründung in Kenntnis gesetzt wird. Einer besonderen Form oder Formulierung bedarf es daher für die Offenlegung nicht. Wird eine Versicherung nach § 8 Abs. 2 GmbHG abgegeben, ohne dass eine GmbH rechtlich neu entstehen soll, folgt allein daraus, dass eine wirtschaftliche Neugründung vorliegt[731]. Eine weitere Erklärung gegenüber dem Registergericht wäre überflüssig[732]. Man kann daher neben der Erklärung nach § 8 Abs. 2 GmbHG auch einen ausdrücklichen Hinweis zur Offenlegung geben. Fehlt dieser Hinweis, so kann die Offenlegung aber auch konkludent in der Anmeldung und der in ihr enthaltenen Versicherung nach § 8 Abs. 2 GmbHG oder mit einem Hinweis im Gesellschaftsvertrag geschehen. Ein ausdrücklicher Hinweis ist nicht erforderlich[733].

12. Rechtsfolgen bei Nicht-Offenlegung der wirtschaftlichen Neugründung

Der BGH führt in keiner seiner Entscheidungen bisher aus, wie die Rechtsfolgen bei einer Nicht-Offenlegung der Mantelverwendung aussehen sollen. Der Senat betont in seinem Beschluss vom 7.7.2003 jedoch immer wieder[734], dass die Offenlegung mit der

[730] BGH, Beschluss v. 7.7.2003 – II ZB 4/02, BGHZ 155, 318.
[731] So auch *Heidinger*, ZGR 2005, 101, 109. Vgl. zur Diskussion im Symposion für Karsten Schmidt *Riesenbeck*, ZHR 168 (2004), 265, 267.
[732] Vgl. *Bärwaldt/Balda*, GmbHR 2004, 350, 351; a. A. *Gronstedt*, BB 2003, 2082, 2083; *Haunhorst/Schmidt*, INF 2004, 112, 117.
[733] *Wilhelmi*, DZWIR 2004, 177, 185; dieses Ergebnis befürwortet wohl auch *Röhricht*, VGR Band 8, S. 17 f.
[734] BGH, Beschluss v. 7.7.2003 – II ZB 4/02, BGHZ 155, 318 ff.

Versicherung nach § 8 Abs. 2 GmbHG verbunden werden soll. Wird die Versicherung nach § 8 Abs. 2 GmbHG abgegeben, obwohl eine Gesellschaft nicht rechtlich neu gegründet werden soll, liegt darin immer auch die Offenlegung einer wirtschaftlichen Neugründung. Das heißt also, wenn eine wirtschaftliche Neugründung nicht offengelegt wird, liegt zwingend auch keine Geschäftsführerversicherung nach § 8 Abs. 2 GmbHG vor. Deshalb decken sich die Rechtsfolgen der Nichtoffenlegung der wirtschaftlichen Neugründung und der Nichtabgabe der Erklärung nach § 8 Abs. 2 GmbHG.

13. Behandlung von Altfällen

Nach den beiden letzten Entscheidungen des BGH[735] wurde die berechtigte Frage danach laut, wie sich die neue Rechtsprechung für Altfälle auswirkt[736]. Problematisch ist die Anwendung der vom BGH entwickelten Grundsätze, bei Gesellschaften, die vor den BGH-Beschlüssen vom 9.12.2002 und vom 7.7.2003 wirtschaftlich neugegründet wurden. Wenn eine solche Gesellschaft nun insolvent werden würde, könnte der Insolvenzverwalter versuchen, die Gesellschafter wegen einer bei Offenlegung der wirtschaftlichen Neugründung bestehenden Unterbilanz in Anspruch zu nehmen. Bei den Altfällen war aber die Anwendung der Gründungs- und Haftungsvorschriften bei wirtschaftlichen Neugründungen noch nicht die Regel, da sie höchstrichterlich noch nicht geklärt war und die obergerichtliche Rechtsprechung uneinheitlich war[737]. Außerdem erfolgte die Offenlegung der wirtschaftlichen Neugründung durch Anmeldung der Satzungsänderungen oft nach Aufnahme der Geschäftstätigkeit, so dass bei der Anmeldung oft – schon wieder – eine Unterbilanz vorlag, ohne dass sie hätte beseitigt werden müssen[738]. Auf solche Altfälle kann die neue Rechtsprechung nicht angewendet werden. Das ergibt sich vor allem aus Vertrauensschutzgesichtspunkten: Die Gesellschafter und ihre Berater konnten zum Zeitpunkt der wirtschaftlichen Neugründung noch nicht wissen, wie der BGH mit den Fällen der Verwendung von Vorrats- und Mantelgesellschaften umgehen würde. Sie haben darauf vertraut, dass es keine besonderen Regeln zur Verwendung von Gesellschaftsmänteln gibt. Dass die analoge Anwendung der Gründungvorschriften schon seit über zehn Jahren diskutiert wird, kann als Einwand nicht überzeugen. Schließlich konnten die Gesellschafter und ihre Berater nicht voraussehen, welche von den vielen in Literatur

---

[735] BGH, Beschluss v. 9.12.2002 – II ZB 12/02, BGHZ 153, 158; BGH, Beschluss v. 7.7.2003 – II ZB 4/02, BGHZ 155, 318.

[736] Vgl. *Riesenbeck,* ZHR 168 (2004), 265, 266.

[737] Dafür etwa OLG Schleswig-Holstein, Beschluss v. 27.6.2002 – 2 W 87/02, GmbHR 2002, 1135; OLG Celle, Beschluss v. 30.4.2002 – 9 W 47/02, FGPrax 2002, 183; OLG Brandenburg, Vorlagebeschluss v. 28.1.2002 – 8 Wx 60/01, NJW-RR 2002, 971; LG Dresden, Beschluss. v. 14.3.2000 – 44 T 0052/99, NJW-RR 2001, 823; OLG Frankfurt a.M., Urteil v. 4.11.1998 – 21 U 264/97, GmbHR 1999, 32; gegen eine analoge Anwendung der Gründungsvorschriften OLG Frankfurt, Beschluss vom 31.1.2000 – 20 W 112/99; BayObLG, Beschluss v. 24.3.1999 – 3 Z BR 295/98, BB 1999, 971

[738] Vgl. *Bärwaldt/Balda,* GmbHR 2004, 50, 53.

und untergerichtlicher Rechtsprechung vertretenen Meinungen später einmal vom BGH übernommen wird, insbesondere weil der BGH nicht nur vorhandenes GmbH-Recht analog anwendet, sondern auch noch, etwa mit der Offenlegungspflicht, ganz neues Recht erschafft[739]. Zwar hatte der BGH schon in seiner Entscheidung vom 16.3.1992[740] in einem obiter dictum angedeutet, dass er dazu tendiere, die Gründungsvorschriften bei wirtschaftlichen Neugründungen analog anzuwenden. Dennoch war bis zu den endgültigen Entscheidungen vom 9.12.2002 und vom 7.7.2003 aufgrund der vielen kritischen Stimmen in Literatur und Rechsprechung nicht klar, wie er sich letztendlich entscheiden würde. Die Gesellschafter können daher nicht im Wege einer Rückwirkung der neuen BGH-Rechtsprechung dafür verantwortlich gemacht werden, dass der BGH zum Zeitpunkt der wirtschaftlichen Neugründung ihrer Gesellschaft noch nicht über einen solchen Sachverhalt entschieden hatte[741].

Bei Gesellschaften, bei denen die Satzungsänderungen im Rahmen einer wirtschaftlichen Neugründung vor der ersten Entscheidung des BGH am 9.12.2002 nur angemeldet aber nicht eingetragen wurden, liegt der Fall etwas anderes. Hier verlangt man nicht zu viel, wenn das Registergericht den Geschäftsführer noch zu einer Erklärung nach § 8 Abs. 2 GmbHG auffordert. Die Gesellschafter können, wenn es erforderlich sein sollte, das Stammkapital ohne weiteres durch Nachschießen von Geld auffüllen[742].

Nicht anzuwenden ist die Handelndenhaftung nach § 11 Abs. 2 GmbHG analog für Geschäftsführer, die schon vor dem 9.12.2002 ihren Geschäftsbetrieb aufgenommen haben[743]. Auch hier können die Handelnden noch nicht von der Rechtsprechung des BGH gewusst haben, weshalb ihr Vertrauen zu schützen ist.

---

739 Vgl. *Heidenhain,* NZG 2003, 1051, 1053.

740 BGH, Beschluss v. 16.3.1992 – II ZB 17/91, BGHZ 117, 323.

741 Im Ergebnis auch *Jacobs,* DZWIR 2004, 309, 310; *Seibt,* NJW-Spezial 2004, 75; *Wilhelmi,* DZWIR 2004, 177, 186; differenzierend OLG Jena, Urteil v. 1.9.2004 – 4 U 37/04, NZG 2004, 1114, 1115: hiernach soll zwar das Unterlassen der Abgabe der Erklärung nach § 8 Abs. 2 GmbHG nicht zur Grundlage einer fortdauernden Haftung gemacht werden können, die Gesellschafter sollen aber mindestens der Unterbilanzhaftung mit dem Stichtag der Aufnahme der unternehmerischen Tätigkeit unterliegen. Kritisch zur Rechtsprechung des OLG Jena: *Wälzholz,* NZG 2005, 203, 204; zustimmend *Heidinger,* ZGR 2005, 101, 111.

742 *Lamb/Schluck-Amend,* Der Syndikus 2003, 25.

743 A.A. *Lamb/Schluck-Amend,* Der Syndikus 2003, 25, die die Handelndenhaftung in allen Fällen anwenden möchten, in denen die Anmeldung beim Registergericht schon vor dem 9.12.2002 erfolgt ist; *Ulrich,* WM 2004, 915, 920, der die neuen Regeln nicht auf Mantelverwendungen von dem 7.7.2003 anwenden möchte.

14. Anwendung der vom BGH entwickelten Grundsätze auf Gesellschaften aus dem EU-Ausland mit Sitz in Deutschland

Nach dem EuGH-Urteil „Inspire Art“[744] ist die Frage von Interesse, ob die vom BGH entwickelten Grundsätze für wirtschaftliche Neugründungen von GmbHs auch auf die Verwendung von Vorrats- und Mantelgesellschaften EU-ausländischer Gesellschaften Anwendung finden. In seiner Entscheidung „Inspire Art“ entschied der EuGH, dass jeder Mitgliedstaat die Haftungsbeschränkungen von Gesellschaften anderer Mitgliedsstaaten, auch wenn sie nur im Inland tätig sind, anerkennen muss und nicht von weiteren Voraussetzungen, wie etwa von dem Vorhandensein eines Mindeststammkapitals, abhängig machen darf. Ausländische Gesellschaftstypen haben aber gegenüber deutschen oft erhebliche Vorteile[745]. So gibt es z.B. in Großbritannien kein vorgeschriebenes Mindeststammkapital, um eine Haftungsbeschränkung zu erwerben. Zur Gründung einer „Limited Liability Company“ (Ltd.) ist kein Kapital erforderlich. Diese Tatsache macht die Ltd. und andere ausländische Gesellschaften daher auch in Deutschland, trotz ihrer Unbekanntheit, zu einer interessanten Alternative[746]. Es kann erwartet werden, dass ausländische Gesellschaften auch im Inland eine immer größere Bedeutung erlangen werden. Weil die Gründung etwa einer englischen Ltd. sich von Deutschland aus als schwierig gestaltet, ist es durchaus wahrscheinlich, dass es demnächst auch Anbieter von ausländischen Vorratsgesellschaften gibt. Ein Anbieter könnte z.B. in London einige Ltd.-Gesellschaften auf Vorrat gründen, um sie dann an Interessenten in Deutschland zu verkaufen. Nun stellt sich aber die Frage, ob auf diese Gesellschaften auch die BGH-Grundsätze anzuwenden sind, insbesondere ob die Erklärung entsprechend § 8 Abs. 2 GmbHG abzugeben ist. Das würde dann in der Praxis heißen, dass in Deutschland auch bei ausländischen Vorratsgesellschaften ein Viertel des Stammkapitals, mindestens jedoch 12.500 Euro auf die Stammeinlagen eingezahlt werden müssten.

Führt man den Gedanken der EuGH-Entscheidung konsequent fort, kann dieses Ergebnis nicht mit der Niederlassungsfreiheit zu vereinbaren sein. Aus dem „Inspire Art“-Urteil des EuGH vom 30.9.2003 ergibt sich, dass der Einsatz einer nach dem Recht eines anderen Mitgliedstaates gegründeten Kapitalgesellschaft für einen im Inland verfolgten Zweck nicht mit der Sanktion einer persönlichen Gesellschafter- oder Geschäftsführerhaftung belegt werden[747].

Genau das würde aber passieren, wenn man die vom BGH entwickelten Grundsätze über die Verwendung von Vorrats- und Mantelgesellschaften auch auf ausländische

---

[744] EuGH v. 30.0.2003 – Rs. C-167/01, BB 2003, 2195.

[745] Auf die Nachteile etwa auch der Limited weisen hin *Heckschen*, GmbHR, 2004, R 25; *Happ/Holler*, GmbHR 2004, 730.

[746] Vgl. *Schumacher*, DStR 2003, 1884, 1886; *Veil*, WuB II C. § 11 GmbHG 3.03. Zu den Nachteilen ausländischer Gesellschaften *Heckschen*, GmbHG 2004, R 25; *Happ/Holler*, GmbHR 2004, 730.

[747] Vgl. *Zimmer*, NJW 2003, 3585, 3587.

Gesellschaften anwenden würde. Die Gesellschafter würden gezwungen, das für deutsche GmbHs geltende Mindeststammkapital aufzubringen, wenn sie dies nicht täten, unterlägen sie der unbeschränkten Unterbilanzhaftung.

Eine Übertragung der BGH-Rechtsprechung zu Vorrats- und Mantelgesellschaften auf ausländische Gesellschaften würde daher nach der EuGH-Rechtsprechung gegen Gemeinschaftsrecht verstoßen[748].

III. Das Haftungskonzept des BGH und seine Durchführung

Der BGH hat in seiner Entscheidung vom 7.7.2003 in zwei obiter dicta die Grundsätze der Unterbilanzhaftung und die Handelndenhaftung nach § 11 Abs. 2 GmbHG für anwendbar erklärt. Er versucht damit ein Haftungssystem zu schaffen, was mit der analogen Anwendung der Gründungsvorschriften einhergeht. Gleichzeitig lässt seine Entscheidung noch viele Fragen im Bereich der Haftung und ihrer Ausfüllung offen. Die Entscheidung des BGH wird für die Praxis ausschlaggebend sein bis der BGH, was zu hoffen ist, seine Meinung wieder ändert. Es müssen daher die vom BGH offengelassenen Fragen gestellt und beantwortet werden. Dazu wird zunächst detailliert das vom BGH entwickelte Haftungskonzept vorgestellt, danach folgt die Überprüfung, ob dieses Haftungskonzept vor dem Hintergrund der BGH-Rechtsprechung zur wirtschaftlichen Neugründung schlüssig ist, anschließend werden Einzelfragen zur Handelndenhaftung und Unterbilanzhaftung aufgeworfen und eine mit der Konzeption des BGH im Einklang stehende Lösung zur diesen Einzelfragen gefunden.

1. Das Haftungskonzept des BGH

In seinem ersten Beschluss vom 9.12.2002 sprach der zweite Senat des BGH die Haftungsfragen, die sich im Bereich der Vorrats- und Mantelgesellschaften stellen, nicht an. Dies fachte die Diskussion in der Literatur diesbezüglich an[749]. In der Folgeentscheidung des 2. Senats vom 7.7.2003[750] äußerte sich der Senat in einem obiter dictum über die Anwendung der Handelndenhaftung und der Grundsätze der Unterbilanzhaftung. Das Haftungsmodell der Unterbilanzhaftung soll demzufolge bezogen auf den Stichtag der Offenlegung der wirtschaftlichen Neugründung gegenüber dem Registergericht entsprechend zur Anwendung kommen. Daneben käme die Handelndenhaftung nach § 11 Abs. 2 GmbHG in analoger Anwendung in Betracht, wenn vor der Offenlegung der wirtschaftlichen Neugründung die Geschäfte aufgenommen werden, ohne dass alle Gesellschafter dem zugestimmt haben. Beide

---

[748] Zur Verwendung ausländischer Gesellschaften *Kolaschnik/Wessel*, Stbg 2003, 330 f.

[749] S. dazu schon oben § 4II.

[750] BGH, Beschluss v. 7.7.2003 – II ZB 4/02, BGHZ 155, 318.

Aussagen bezieht der BGH auf Vorrats- und Mantelgesellschaften. Weiterhin scheint der BGH einen Gleichlauf der Haftung bei rechtlichen und wirtschaftlichen Neugründungen erreichen zu wollen.

Der BGH gibt in seiner Entscheidung weder Hinweise über die Anwendbarkeit der Verlustdeckungshaftung noch über die Ausführung der angesprochenen Haftungsgrundsätze.

2. Einheitliches Haftungskonzept auf Grundlage der BGH-Rechtsprechung zur wirtschaftlichen Neugründung

Der 2. Zivilsenat hält die Handelndenhaftung und die Unterbilanzhaftung bei der Verwendung von Vorrats- und Mantelgesellschaften für anwendbar. Der Grund dafür liegt auf der Hand: Der BGH möchte, so wie er auch schon konsequenterweise das satzungsmäßige Stammkapital für maßgeblich erklärt hat, die wirtschaftliche Neugründung der rechtlichen Neugründung so weit wie möglich gleichstellen. Zu den bei der rechtlichen Neugründung einschlägigen Haftungsvorschriften gehört eben auch die Handelndenhaftung. Wenn man mit dem BGH die analoge Anwendbarkeit der Gründungsvorschriften bejaht, ist jedenfalls die Druckfunktion des § 11 Abs. 2 GmbHG auch bei der wirtschaftlichen Neugründung relevant. Der Geschäftsführer soll dann durch die analoge Anwendung der Haftungsnorm dazu motiviert werden, die Eintragung der Satzungsänderungen und die Offenlegung der wirtschaftlichen Neugründung möglichst bald herbeizuführen. Setzt man wie der BGH voraus, dass bei einer wirtschaftlichen Neugründung, die Kapitalausstattung der Gesellschaft noch einmal vom Registergericht geprüft werden muss, dann kann man auch der Ausgleichsfunktion des § 11 Abs. 2 GmbHG eine Bedeutung zumessen. Ausgeglichen wird dann, dass noch keine registergerichtliche Kontrolle in Bezug auf das neue Unternehmen in der Haftungsbeschränkung stattgefunden hat. Dabei geht der BGH von der Vorstellung aus, dass die Neuaufnahme einer wirtschaftlichen Tätigkeit in haftungsbeschränkter Rechtsform zur Anwendung der Gründungsvorschriften führen muss. Unter den Prämissen, die der BGH für die Behandlung von Vorrats- und Mantelgesellschaften entwickelt hat, nämlich dass es sich bei der Ausstattung mit einem neuen Unternehmen um eine wirtschaftliche Neugründung handelt und die Gründungsvorschriften durch die analoge Anwendung vor Umgehung zu schützen sind, ist die analoge Anwendung des § 11 Abs. 2 GmbHG durchaus konsequent.

Will man, wie der BGH, dass bei der Ausstattung einer Unternehmensgesellschaft das Stammkapital erneut aufgebracht wird, liegt es auch nah, an die Anwendung der Grundsätze der Unterbilanzhaftung zu denken. Der BGH hat die Unterbilanzhaftung mit dem Stichtag der Offenlegung bejaht. Bei der rechtlichen Neugründung ist die Eintragung der maßgebliche Zeitpunkt. Der BGH hat als Stichtag die Offenlegung gewählt, wie die Literatur angeregt hatte[751], damit den Vorrats- und Mantelgesellschaften nicht vollends ihr Nutzen geraubt wird[752]. Hätte der BGH die Eintragung der Satzungsänderungen als maßgeblichen Zeitpunkt bestimmt, so könnte durch die Verwendung von Vorrats- und Mantelgesellschaften kein Zeitgewinn gegenüber der rechtlichen Neugründung mehr erreicht werden, weil die Gesellschafter wegen der Unterbilanzhaftung noch bis zur Eintragung der Tatsache der wirtschaftlichen Neugründung einer unbeschränkten Haftung unterliegen würden[753]. Der BGH ist sich mit der Entscheidung für den früheren Zeitpunkt jedenfalls insofern treu geblieben, als er in seiner Entscheidung vom 16.3.1992 das praktische Bedürfnis an Vorratsgesellschaften grundsätzlich anerkannte[754]. Er hat ihre Vorteile durch die Festlegung des Stichtags für die Unterbilanzhaftung gewahrt.

Der maßgebliche Zeitpunkt für die Unterbilanzhaftung ist damit gleich dem maßgeblichen Zeitpunkt für die Versicherung nach § 8 Abs. 2 GmbHG. Daraus folgt, dass jedenfalls keine Unterbilanz vorliegt, wenn die Erklärung nach § 8 Abs. 2 GmbHG wahrheitsgemäß abgegeben wurde. Eine Unterbilanzhaftung kann daher nur eintreten, wenn die Erklärung nach § 8 Abs. 2 GmbHG nicht wahrheitsgemäß abgegeben wurde, oder wenn die wirtschaftliche Neugründung und etwaige Satzungsänderungen ohne vorherige Abgabe der Versicherung nach § 8 Abs. 2 GmbHG ins Handelsregister eingetragen werden und das Stammkapital zu diesem Zeitpunkt nicht komplett vorhanden ist. Die Bedeutung der Unterbilanzhaftung wird in der Form, wie sie der BGH vorgegeben hat, deshalb gering bleiben.

Eng mit der Unterbilanzhaftung zusammenhängend ist die Verlustdeckungshaftung[755]. Beide Haftungstatbestände ähneln sich in Zweck und Rechtsfolge. Die Verlustdeckungshaftung wird zur Unterbilanzhaftung, wenn die Gesellschaft zur Eintragung kommt[756]. Weil diese beiden Haftungstatbestände zu einer einheitlichen Gründerhaftung zusammenspielen sollen, wird erwogen, dass die neue BGH-Rechtsprechung auch die Anwendung der Verlustdeckungshaftung indiziert. Vorbelastungs- und Unterbilanzhaftung haben aber den gravierenden Unterschied, dass die Verlustdeckungshaftung eine Haftung der Vorgesellschaft ist, während die Unterbilanzhaftung einen Anspruch gegen die Gesellschafter der eingetragenen Gesellschaft darstellt. Da es nach dem Konzept des BGH bei der wirtschaftlichen Neugründung keine Vorgesellschaft gibt, passt die Verlustdeckungshaftung auch nicht in das Rechtsprechungskonzept von der wirtschaftlichen Neugründung[757].

---

[751] *Bredow/Schumacher,* DStR 2003, 1032, 1034; *Meilicke,* 2003, 857, 859; *Nolting,* ZIP 2003, 651, 653.
[752] Zustimmend *Haunhorst/Schmidt,* INF 2004, 112, 116.
[753] *Nolting,* ZIP 2003, 651, 653.
[754] BGH, Beschluss v. 16.3.1992 – II ZB 17/91, BGHZ 117, 323, 332.
[755] Vgl. *Lergon,* RNotZ 2003, 213, 216; *Lutter,* JuS 1998, 1073, 1076.
[756] *Lergon,* RNotZ 2003, 213, 216.
[757] A.A. OLG Jena, Urteil v. 1.9.2004 – 4 U 37/04, NZG 2004, 1114, 1115.

Die Gründungshaftung nach § 9a GmbHG muss nach dem Konzept des BGH analog Anwendung finden[758]. Sie steht im Zusammenhang der Gründungsvorschriften und droht eine haftungsrechtliche Sanktion bei Falschangaben bei Errichtung der Gesellschaft an. Es würde keinen Sinn machen die Versicherung nach § 8 Abs. 2 GmbHG analog zu fordern, aber die haftungsrechtliche Sanktion für unrichtige Angaben nicht auch entsprechend anzuwenden. § 9a GmbHG muss daher bezüglich der im Rahmen der wirtschaftlichen Neugründung gemachten Angaben ebenfalls entsprechende Anwendung finden.

Mit seiner Entscheidung vom 7.7.2003 hat der 2. Zivilsenat daher ein Haftungskonzept, das zumindest, wenn man mit dem BGH davon ausgeht, dass die Gründungsvorschriften bei wirtschaftlichen Neugründungen analog angewendet werden müssen, konsequent die Rechtsprechung auf die materiell-rechtlichen Aspekte der Haftung überträgt[759]. Eine zusätzliche Anwendung der Verlustdeckungshaftung ist auch aus Sicht des BGH nicht angebracht.

3. Durchführung des Haftungskonzepts des BGH

Zur konkreten Durchführung seines Haftungskonzepts hat der BGH bisher nur wenige Anhaltspunkte gegeben. Es entstehen aber viele Fragen dadurch, dass es sich bei der wirtschaftlichen Neugründung eben nicht um eine rechtliche Neugründung handelt. Einige Fragen, die sich bezüglich der beiden Haftungstatbestände ergeben, können schon hier gestellt und beantwortet werden.

a) Handelndenhaftung

aa) Haftungsausschluss bei Zustimmung aller Gesellschafter

Der BGH hat die Haftung nach § 11 Abs. 2 GmbHG analog bereits selbst eingeschränkt. Und zwar haftet der Geschäftsführer nur, wenn nicht alle Gesellschafter der Geschäftsaufnahme zugestimmt haben. Diese Einschränkung gibt es bei der rechtlichen Neugründung nicht. Der 2. Senat möchte mit dieser Einschränkung den Geltungsbereich der Handelndenhaftung bei der wirtschaftlichen Neugründung begrenzen, damit die Geschäftsführer auch eine Möglichkeit haben, vor der Anmeldung tätig zu werden ohne der Haftung nach § 11 Abs. 2 GmbHG ausgesetzt zu sein. Denkt man an die Fälle, in denen der Geschäftsführer nicht wechselt oder in denen bereits ein Unternehmensbetrieb besteht, offenbart sich die Notwendigkeit

---

[758] Vgl. *Ulrich,* WM 2004, 915, 917.

[759] So auch *Thaeter,* DB 2003, 2112, 2115.

dieses Haftungsausschlusses: Ohne die Einschränkung würde der Geschäftsführer, der sowohl das alte als auch das neue Unternehmen leiten soll, in jedem Fall wieder nach § 11 Abs. 2 GmbHG analog haften. Diese Phase der Haftbarkeit des Geschäftsführers wäre nur in Verträgen mit den Gläubigern abdingbar[760]. Ebenso wäre es, wenn der Geschäftsführer vorher schon die Geschäfte des neu eingelegten Unternehmens führt. Er würde unbeschränkt für sein Handeln haften. In beiden Fällen ist aber erforderlich, dass die Geschäfte geführt würden. Wenn der Geschäftsführer für jedes rechtsgeschäftliche Tätigwerden unabdingbar nach § 11 Abs. 2 GmbHG haften müsste, wäre dies eine übermäßige Belastung für den Geschäftsführer. Diese praktischen Überlegungen sprechen also für eine Beschränkung, wie der BGH sie vorschlägt. Widersprüchlich ist allerdings, dass der Ausschluss der Handelndenhaftung von der Zustimmung der Gesellschafter abhängen soll. Die Handelndenhaftung ist ein Anspruch Dritter gegen den Geschäftsführer. Es ist nicht nachvollziehbar, wieso ausgerechnet die Zustimmung der Gesellschafter zu einem Ausschluss eines Haftungsanspruchs der Gesellschaftsgläubiger führen soll. Die Zustimmung der Gesellschafter zur Geschäftsaufnahme kann nicht zu einer Verschlechterung der Rechtsstellung der Gesellschaftsgläubiger führen. Die Lösung des BGH ist daher systemwidrig. Möglich ist wie bei der rechtlichen Neugründung auch, die Handelndenhaftung vertraglich abzudingen[761]. Aber auch diese Möglichkeit des Haftungsausschlusses führt zu keinem befriedigenden Ergebnis: Die Geschäftsführer könnten, ohne sich in die Gefahr einer Haftung zu begeben, nur dann rechtsgeschäftlich tätig werden, wenn sich die Vertragspartner auf den Haftungsausschluss einlassen würden. Wenn der Geschäftsführer sein Handeln davon abhängig machen würde, ob die Geschäftspartner sich auf einen Haftungsausschluss einlassen, wäre eine ordnungsgemäße Geschäftsführung unmöglich oder zumindest erschwert. Andererseits muss ein Geschäftsführer bei rechtlichen Neugründungen genau dieselben Haftungsgefahren in Kauf nehmen, wenn er für die Vorgesellschaft rechtsgeschäftlich tätig wird[762]. Bei Vorgesellschaften kann ein Tätigwerden aber genauso erforderlich werden wie im Vorfeld einer wirtschaftlichen Neugründung. Eine Einschränkung bei der analogen Anwendung der Handelndenhaftung trägt daher nicht zu einer Gleichstellung mit der rechtlichen Neugründung bei. Die Einschränkung, die der BGH in Betracht zieht, ist rechtsdogmatisch nicht stimmig. Eine andere Möglichkeit des Haftungsausschlusses mit der gleichen Wirkung ist nicht ersichtlich. Die Handelndenhaftung sollte im Konzept des 2. Senats deshalb ohne Einschränkung zur Anwendung kommen.

Der vom BGH vorgeschlagene Haftungsausschluss hilft auch in den Fällen nicht weiter, in denen den Gesellschaftern überhaupt nicht bewusst war, dass der Tatbestand der wirtschaftlichen Neugründung erfüllt ist[763]. Wenn nun die Gesellschafter nicht der Geschäftsführung zugestimmt haben, weil sie gar nicht wussten, dass sie es, um den Geschäftsführer von der Haftung zu befreien, hätten machen müssen, unterliegt der

---

[760] Michalski/*Michalski*, Rn. 111; Scholz/*K. Schmidt*, § 11 Rn. 110.
[761] Für die rechtliche Neugründung Michalski/*Michalski*, Rn. 111; Scholz/*K. Schmidt*, § 11 Rn. 110.
[762] Vgl. *Wilhelmi*, DZWIR 2004, 177, 186.
[763] Vgl. *K. Schmidt*, NJW 2004, 1345, 1350.

Geschäftsführer, ohne dass er davon weiß, einer unbeschränkten Haftung für sein Handeln. Die Einschränkung des BGH hilft nicht weiter, wenn die Beteiligten keine Kenntnis davon haben, dass sie eine wirtschaftliche Neugründung vollziehen. Wie bereits festgestellt ist es im deutschen Recht nicht üblich, eine Norm nur deshalb nicht anzuwenden, weil die Betroffenen nicht wissen, dass sie die Norm gerade erfüllen[764]. Es wäre inkonsequent, davon bei der Rechtsprechung zur wirtschaftlichen Neugründung eine Ausnahme zu machen. Die Handelndenhaftung ist deshalb auch, wenn die Betroffenen nicht wissen, dass eine wirtschaftliche Neugründung vorliegt, anzuwenden. So kommt man zu sehr harten Ergebnissen. Die Probleme, die die analoge Anwendung der Handelndenhaftung bereitet, zeigt wiederum, dass sich die analoge Anwendung der Gründungsvorschriften und der materiell-rechtlichen Haftungsnormen nicht konsequent durchhalten lässt.

Der vom BGH vorgeschlagene Haftungsausschluss ist auch deshalb abzulehnen, weil die Handelndenhaftung nach hier vertretener Ansicht den einzigen Anreiz dazu bildet, die wirtschaftliche Neugründung anzumelden und offenzulegen.

bb) Ende der Haftung

Unklar ist auch, wann die Handelndenhaftung nach der BGH-Rechtsprechung enden soll. Die Handelndenhaftung endet bei der rechtlichen Neugründung mit der Eintragung der Gesellschaft in das Handelsregister[765]. Es kommen zwei Zeitpunkte für das Ende der Haftung bei wirtschaftlichen Neugründungen in Betracht: parallel zur rechtlichen Neugründung der Zeitpunkt der Eintragung der Tatsache der wirtschaftlichen Neugründungen[766] und etwaiger Satzungsänderungen und andererseits parallel zu den Vorgaben des BGH für den Stichtag der Unterbilanzhaftung der Zeitpunk der Offenlegung beim Registergericht[767]. Hier spricht wie bei der Unterbilanzhaftung der Zweck insbesondere der Vorratsgesellschaft dafür, das Ende der Haftung auf den Zeitpunkt der Anmeldung vorzuverlegen. Damit Vorrats- und Mantelgesellschaften nicht vollends ihren Zweck verlieren, muss die Haftung auch aus BGH-Sicht begrenzt werden. Das gilt genauso für die Haftung nach § 11 Abs. 2 GmbHG analog. Die vom BGH eingeführte Haftung nach § 11 Abs. 2 GmbHG analog endet daher mit der Anmeldung der wirtschaftlichen Neugründung zum Handelsregister[768].

---

[764] B/H/*Hueck/Fastrich*, § 11 Rn. 49; L/H/*Lutter/Bayer*, § 11 Rn. 26.
[765] BGH, Urteil v. 16.3.1980 – II ZR 59/80, BGHZ 80, 172; *Roth/Altmeppen*, § 11 Rn. 33; Michalski/*Michalski*, § 11 Rn. 109; Scholz/*K. Schmidt*, § 11 Rn. 97.
[766] So *Haunhorst/Schmidt*, INF 2004, 112, 116.
[767] Vgl. *Heidinger/Meyding*, NZG 2003, 1129, 1134.
[768] So auch *Heidinger/Meyding*, NZG 2003, 1129, 1134.

b) Unterbilanzhaftung

aa) Stichtag

Die Frage nach dem Stichtag für die Unterbilanzhaftung hat der BGH bereits beantwortet. Der Nachteil an dieser Rechtsprechung ist, dass die Anmeldung je nach Finanzlage der Gesellschaft verschoben werden kann bis ein günstiger Zeitpunkt vorliegt. Wenn man jedoch an der Unterbilanzhaftung festhalten will, gibt es keine bessere Lösungsmöglichkeit, die den Zweck der Vorrats- und Mantelgesellschaften nicht vereitelt[769].

bb) Einschränkung der Unterbilanzhaftung

Die unbeschränkte Unterbilanzhaftung wird in manchen Fällen als zu weitgehend empfunden. Eine Einschränkung der Unterbilanzhaftung wird deshalb insbesondere erwogen, wenn keine Satzungsänderungen für die wirtschaftliche Neugründung vorliegen[770], wenn die Gesellschafter keinen Anlass hatten, sich beraten zu lassen[771] und wenn es sich um Altfälle[772] handelt. Nach hier vertretener Auffassung ist die Tatsache der wirtschaftlichen Neugründung ins Handelsregister einzutragen. Demnach gibt es jedenfalls nicht das Problem, dass es mangels Eintragung keinen Stichtag gibt. Dennoch wird vorgeschlagen, die Unterbilanzhaftung in solchen Fällen einzuschränken, in denen eine wirtschaftliche Neugründung stattfindet, ohne dass ein Anlass für die Konsultation eines Anwalts oder Notars besteht[773]. Die Unterscheidung, ob die Gesellschafter Anlass hatten, Rechtsberatung einzuholen, ist jedoch abzulehnen. Solche Differenzierungen sind dem deutschen Recht fremd. Selbst im Strafrecht, in dem die Nachteile viel gravierender sind als bei einer etwaigen Unterbilanzhaftung, ist gemäß § 17 StGB ein Irrtum darüber, dass das eigene Handeln einen Straftatbestand erfüllt, unbeachtlich, wenn der Irrtum vermeidbar war. Wenn also schon im Strafrecht dem Betroffenen eine so große Erkundigungspflicht zugemutet wird, dann erst recht im Zivilrecht. Die Rechtsfolge der unbeschränkten Unterbilanzhaftung ist zwar hart, jedoch wäre es mit der Systematik des deutschen Rechts nicht zu vereinbaren, den Eintritt dieser Rechtsfolge davon abhängig zu machen, ob die Gesellschafter einen Anlass dazu hatten, sich beraten zu lassen. Auch an den Problemen, die man mit der konsequenten Umsetzung der vom BGH aufgestellten Haftung hat, sieht man, dass die

---

[769] Vgl. § 5III.2.
[770] Vgl. *Nolting,* ZIP 2003, 651, 653.
[771] *Goette,* DStR 2004, 461, 465.
[772] Vgl. dazu § 5II.13.
[773] *Goette,* DStR 2004, 461, 465.

wirtschaftliche Neugründung kein Tatbestand ist, an den so gravierende Haftungs- und Rechtsfolgen anknüpfen können.

Bei den Altfällen ist dagegen eine Einschränkung der Unterbilanzhaftung wegen Vertrauensschutzgesichtspunkten genauso erforderlich wie bei der Anwendung der Gründungsvorschriften[774].

cc) Verjährung der Unterbilanzhaftung

Da die Unterbilanzhaftung Richterrecht ist, ist auch ihre Verjährung nicht speziell im Gesetz geregelt. Wie bei der Verjährung der Einlageansprüche ist die regelmäßige Verjährungsfrist auch bei der Unterbilanzhaftung in Bezug auf Gläubigerschutzgesichtpunkte zu kurz[775]. Da die Unterbilanzhaftung auch ein Instrument zur Sicherung der Kapitalaufbringung und des Gläubigerschutzes ist und als solche eng mit den Einlageansprüchen zusammenhängt, muss bei der Verjährung ein Gleichlauf mit der Verjährung der Einlageansprüche herbeigeführt werden. Auch sie verjähren deshalb nach § 199 Abs. 4 BGB zehn Jahre nach Entstehung des Anspruches, also zehn Jahre nach Offenlegung der wirtschaftlichen Neugründung vor dem Registergericht[776].

IV. Zusammenfassung

1. Ausführung der BGH-Rechtsprechung bezüglich der Anwendung der Gründungsvorschriften

Die neuen Entscheidungen des BGH werden für die Praxis ausschlaggebend sein bis der BGH in einer neuen Entscheidung von seiner bisherigen Rechtsprechung, wie zu hoffen ist, wieder Abstand nimmt. Für die praktische Ausführung der BGH-Beschlüsse wurden folgende Ergebnisse gefunden:

Zu dem Bereich der analog anzuwendenden Gründungsvorschriften gehören aus dem Bereich der Einlageerbringung die § 5 Abs. 1 , § 7 Abs. 2, § 8 Abs. 2 GmbHG, die sich auf die Aufbringung des satzungsmäßigen Stammkapitals beziehen. Die Gründerhaftung nach § 9a GmbHG steht mit diesen Vorschriften in untrennbarem Zusammenhang. Die Vorschriften über die Sacheinlagen § 5 Abs. 4, § 7 Abs. 3,

---

774 Vgl. § 5II.13.

775 Vgl. oben § 5II.6 und *Görner/Kling*, GmbHR 2004, 778, 784.

776 So auch *Wälzholz*, NZG 2005, 203, 205.

§ 8 Abs. 1 Nr. 5 GmbHG und die Vorschriften, die die Kompetenzen des Registergerichts regeln (§ 9c, § 7 Abs. 1 GmbHG), sind analog anzuwenden. § 8 Abs. 1 GmbHG regelt analog, welche Unterlagen für die Anmeldung einer wirtschaftlichen Neugründung erforderlich sind, anmeldeberechtigt ist nach § 78 1. Hs. GmbHG in direkter Anwendung eine vertretungsberechtigte Anzahl an Geschäftsführern.

Der BGH bezeichnet in seiner Rechtsprechung mit dem Begriff „wirtschaftliche Neugründung" den Tatbestand, der eine analoge Anwendung der Gründungsvorschriften zur Rechtsfolge hat. Dieser Tatbestand muss eine klare Abgrenzbarkeit, die im Sinne der Rechtssicherheit erforderlich ist, ermöglichen. Nach hier getätigten Überlegungen ist der Tatbestand erfüllt, wenn eine GmbH für mindestens zwei Monate unternehmenslos war und daraufhin einen neuen Geschäftsbetrieb beginnt. Die bei einer wirtschaftlichen Neugründung entstehenden Einlageansprüche entstehen mit ihrer Offenlegung beim Registergericht. Die Einzahlungsverpflichtungen richten sich, wovon wohl auch der BGH ausgeht, für Bareinlagen nach § 7 Abs. 2 GmbHG und für Sacheinlagen nach § 7 Abs. 3 GmbHG. Bareinlagen sind insofern auch bei wirtschaftlichen Neugründungen privilegiert. Dabei muss sich das Stammkapital nicht so aus Sacheinlagen und Geldeinlage zusammensetzen, wie es sich aus der Zusammensetzung bei der rechtlichen Neugründung und bei etwaigen Kapitalerhöhungen ergibt. Es steht den Verwendern frei, in welchem Verhältnis sie das erforderliche Stammkapital mit Geld- und Sacheinlagen auffüllen. Die Einlageansprüche verjähren nach § 199 Abs. 4 BGB zehn Jahre nach Aufnahme des Geschäftsbetriebes.

Die Aufbringung des erforderlichen Kapitals kontrolliert bei wirtschaftlichen Neugründungen das Registergericht gemäß § 9c GmbHG analog. Bei einer wirtschaftlichen Neugründung müssen die Tatsache der wirtschaftlichen Neugründung und etwaigen Satzungsänderungen beim Handelsregister zur Eintragung angemeldet werden. Das Registergericht prüft dann die Kapitalaufbringung als Voraussetzung für die Eintragung der Tatsache der wirtschaftlichen Neugründung. Solange die Tatsache der wirtschaftlichen Neugründung nicht eingetragen werden kann, trägt das Registergericht auch nicht die damit einhergehenden Satzungsänderungen ein. Weiterhin müssen die Verwender bei der Anmeldung der wirtschaftlichen Neugründung neben der Versicherung nach § 8 Abs. 2 GmbHG noch die anderen nach § 8 GmbHG erforderlichen Unterlagen dem Registergericht vorlegen und Versicherungen abgeben. Eine Ausnahme bildet nur die Vorlage einer Kopie der Satzung nach § 8 Abs. 1 Nr.1 GmbHG, die bei einer wirtschaftlichen Neugründung überflüssig wäre. Zur Anmeldung berechtigt sind gemäß § 78 1. Hs. GmbHG die Geschäftsführer in vertretungsberechtigter Anzahl. Dabei ist gleichgültig, ob es sich bei den anmeldenden Geschäftsführern um die alten oder um die neuen Geschäftsführer handelt, es müssen nur die aktuellen Geschäftsführer sein. Bei der Versicherung nach § 8 Abs. 2 GmbHG analog müssen die Geschäftsführer einer wirtschaftlichen Neugründung sich darüber erklären, inwieweit noch Kapital in der Gesellschaft vorhanden war, und wie es durch die Gesellschafter, d.h. ob durch Geld-

oder Sacheinlage, aufgefüllt wurde. Wird die Versicherung nach § 8 Abs. 2 GmbHG durch die Geschäftsführer einer Gesellschaft abgegeben, obwohl diese nicht zum ersten Mal die Gesellschaft zur Eintragung anmelden, ist darin immer die Offenlegung einer wirtschaftlichen Neugründung und ihrer Anmeldung zur Eintragung zum Handelsregister zu sehen. Wird die Versicherung nach § 8 Abs. 2 GmbHG und damit verbunden die (konkludente) Offenlegungserklärung trotz des Vorliegens einer wirtschaftlichen Neugründung nicht abgegeben, kommt es nicht zur Unterbilanzhaftung. Bis zur Offenlegung haften die Geschäftsführer jedoch nach § 11 Abs. 2 GmbHG analog. Wegen einer falschen Versicherung nach § 8 Abs. 2 GmbHG haften Gesellschafter und Geschäftsführer nach § 9a GmbHG analog. Auf wirtschaftliche Neugründungen, bei denen die Geschäftsaufnahme oder die Anmeldung vor dem 9.12.2002 erfolgt ist, finden die vom BGH entwickelten Grundsätze aus Gründen des Vertrauensschutzes keine Anwendung. Die Grundsätze des BGH sind wegen der Niederlassungsfreiheit in Artt. 48, 43 EG und in konsequenter Fortführung der „Inspire Art"-Entscheidung nicht auf Gesellschaften aus dem EU-Ausland anzuwenden.

2. Umsetzung des vom BGH aufgezeigten Haftungskonzepts

Der BGH hat vor der Prämisse, dass eine wirtschaftliche Neugründung durch Aufnahme eines Geschäftsbetriebs in einer vorher unternehmenslosen GmbH die analoge Anwendung der Gründungsvorschriften mit sich bringt, ein konsequentes Haftungskonzept entworfen. Die Anwendung der Handelndenhaftung, der Unterbilanzhaftung und der Gründungshaftung führt den Gedanken der wirtschaftlichen Neugründung folgerichtig weiter. Auch die Wahl des Stichtags für die Unterbilanzhaftung bietet eine gute Lösung unter Berücksichtigung des Zwecks von Vorrats- und Mantelgesellschaften. Aus denselben Gründen muss die Handelndenhaftung mit dem Zeitpunkt der Anmeldung enden. Die Verlustdeckungshaftung dagegen passt nicht in das Haftungskonzept des BGH. Sie statuiert eine Haftung der Gesellschafter wegen der Verbindlichkeiten ihrer Vorgesellschaft. Bei wirtschaftlichen Neugründungen kommt es aber nicht zu einer bestehenden Vorgesellschaft.

Der vom BGH vorgeschlagene Haftungsausschluss ist abzulehnen. Der Wunsch nach Eingrenzung der Haftungsgefahren ist zwar legitim, die Einschränkung aber rechtsdogmatisch nicht zu erklären. Die Handelndenhaftung muss daher nach dem BGH-Konzept uneingeschränkt zur Anwendung kommen. Auch bei der Unterbilanzhaftung können sich Einschränkungen nur bei Altfällen aus Vertrauensschutzgesichtspunkten ergeben.

Zwar setzt der BGH seine Idee der wirtschaftlichen Neugründung auch bezüglich der Haftungsfragen konsequent um. Dennoch zeigen die Probleme, die es bei der Durchführung der Haftung und insbesondere bei einer sinnvollen Beschränkung gibt, dass die Idee von der wirtschaftlichen Neugründung nicht zu dogmatisch begründeten und sachgerechten Ergebnissen führt.

§ 6 Zusammenfassung

Gegenstand dieser Untersuchung waren die Rechtsprobleme, die mit den Erscheinungen der Vorrats- und Mantelgesellschaften zusammenhängen. Zu diesem Themenkomplex hat der BGH inzwischen drei Entscheidungen gefällt[777]. Anhand dieser Entscheidungen wurden in dieser Arbeit die Probleme der Zulässigkeit, der Anwendbarkeit der Gründungsvorschriften und die Haftungsfragen diskutiert. Weiterhin wurden für die Praxis Anhaltspunkte zur praktischen Durchführung der BGH-Rechsprechung entwickelt.

1. Dem BGH und der heute absolut herrschenden Meinung ist dahingehend zuzustimmen, dass die Verwendung von Vorrats- und Mantelgesellschaften grundsätzlich zulässig ist. Die Mantelverwendung ist in allen ihren Einzelakten weder nach § 134 BGB noch nach § 138 BGB nichtig. Der Gesellschaftsvertrag bei einer offenen Vorratsgesellschaft ist nicht nichtig, weil der Unternehmensgegenstand mit „Verwaltung eigenen Vermögens" angegeben ist. Ebenso wenig ist der Gesellschaftsvertrag einer verdeckten Vorratsgesellschaft nicht nichtig, weil ihr Unternehmensgegenstand unzutreffend ist. Die Nichtigkeit ergibt sich weder aus § 117 Abs. 1 BGB noch aus § 134 BGB i.V.m. § 3 Abs. 1 Nr. 2 GmbHG oder allein aus § 3 Abs. 1 Nr. 2 GmbHG. Auch ohne, dass der Gesellschaftsvertrag nichtig ist, muss das Registergericht die Eintragung einer verdeckten Vorratsgründung gemäß § 9c GmbHG wegen des unzutreffenden Unternehmensgegenstandes ablehnen.

2. Die neuere Rechtsprechung des Bundesgerichtshofes ist bezüglich der analogen Anwendung der Gründungsvorschriften abzulehnen. Sie ist dogmatisch nicht zu begründen. Die Voraussetzungen für einen Analogieschluss liegen nicht vor. Die Argumente für eine analoge Anwendung der Gründungsvorschriften sind nicht stichhaltig. Die konsequente Anwendung der Vorschriften des GmbH-Rechts und das Erfordernis der Rechtssicherheit führen dazu, dass die Verwendung einer Vorrats- oder einer Mantelgesellschaft rechtlich nicht anders zu behandeln ist als bei einer einfachen Satzungsänderung oder einem Wechsel des Unternehmensgegenstandes bei einer anderen bereits bestehenden Gesellschaft.

3. Auch die obiter dicta des BGH bezüglich der Haftung bei der Verwendung von Vorrats- und Mantelgesellschaften sind abzulehnen. Die Voraussetzungen der Analogie des § 11 Abs. 2 GmbHG liegen nicht vor. Die Gründe für die Grundsätze der Unterbilanzhaftung sind auf die Verwendung von Vorrats- und Mantelgesellschaften nicht übertragbar. Die Anwendung der Verlustdeckungshaftung kommt nicht Betracht. Ebenso wenig ist die Gründungshaftung nach § 9a GmbH anzuwenden. Die Gesellschafter haften jedoch nach allgemeinen Grundsätzen. Insbesondere unterliegen

[777] BGH, Beschluss v. 7.7.2003 – II ZB 4/02, BGHZ 155, 318; BGH, Beschluss v. 9.12.2002 – II ZB 12/02, BGHZ 153, 158; BGH, Beschluss v. 16.3.1992 – II ZB 17/91, BGHZ 117, 323.

die Gesellschafter und Verwender einer Vorratsgesellschaft der Durchgriffshaftung wegen materieller Unterkapitalisierung und Existenzvernichtung.

4. Die Rechtsprechung des BGH wird in der Praxis bis zu einer Richtigstellung maßgeblich sein. Für den Umgang mit der neuen Rechtsprechung in der Praxis wurde in dieser Arbeit das Konzept des BGH fortgeführt und offene Fragen beantwortet.

a) Der BGH bezeichnet in seiner Rechtsprechung mit dem Begriff „wirtschaftliche Neugründung" den Tatbestand, der eine analoge Anwendung der Gründungsvorschriften zur Rechtsfolge hat. Dieser Tatbestand muss eine klare Abgrenzbarkeit ermöglichen, die im Sinne der Rechtssicherheit erforderlich ist. Der Tatbestand ist erfüllt, wenn eine GmbH für mindestens zwei Monate unternehmenslos war und daraufhin einen neuen Geschäftsbetrieb beginnt, es sei denn es handelt sich um eine bloße Betriebsunterbrechung. Die bei einer wirtschaftlichen Neugründung entstehenden Einlageansprüche entstehen mit der Offenlegung und Anmeldung der wirtschaftlichen Neugründung. Die Einzahlungsverpflichtungen richten sich für Bareinlagen nach § 7 Abs. 2 GmbHG und für Sacheinlagen nach § 7 Abs. 3 GmbHG. Bareinlagen sind auch bei wirtschaftlichen Neugründungen insofern privilegiert. Es bleibt den Verwendern frei, in welchem Verhältnis sie das erforderliche Stammkapital mit Geld- und Sacheinlagen auffüllen. Die Einlageansprüche verjähren 10 Jahre nach Aufnahme des Geschäftsbetriebes.

Die Tatsache der wirtschaftlichen Neugründung ist eine eintragungsfähige und -pflichtige Tatsache. Der vom BGH eingeführten Offenlegungspflicht ist schon dann genüge getan, wenn die Versicherung nach § 8 Abs. 2 GmbHG bei Registeranmeldung, die keine rechtlichen Neugründungen sind, abgegeben wird. Bei Nichtabgabe dieser Erklärung kommt es nicht zu einer Unterbilanzhaftung der Gesellschafter. Vielmehr dauert die Handelndenhaftung nach § 11 Abs. 2 GmbHG bis zur Anmeldung/Offenlegung an. Wird die Versicherung nach § 8 Abs. 2 GmbHG nicht der Wahrheit entsprechend abgegeben, haften die Gesellschaft und Geschäftsführer nach § 9a GmbHG.

Auf wirtschaftliche Neugründungen, bei denen die Geschäftsaufnahme vor dem 9.12.2002 erfolgt ist, finden die vom BGH entwickelten Grundsätze aus Gründen des Vertrauensschutzes keine Anwendung. Die Grundsätze des BGH sind wegen der Niederlassungsfreiheit in Artt. 43, 48 EG und in konsequenter Fortführung der „Inspire Art"-Entscheidung nicht auf Gesellschaften aus dem EU-Ausland anzuwenden.

b) Das vom BGH in seiner Entscheidung vom 7.7.2003[778] entwickelte Haftungskonzept setzt die Idee der wirtschaftlichen Neugründung konsequent auf materiell-rechtlicher Ebene fort. Als Stichtag für die Unterbilanzhaftung hat der BGH mit guten Gründen den Anmeldezeitpunkt gewählt. Damit stimmt das Ende der

[778] BGH, Beschluss v. 7.7.2003 – II ZB 4/02, BGHZ 155, 318.

Handelndenhaftung überein. Die vom BGH vorgenommene Einschränkung bei der Handelndenhaftung ist abzulehnen.

5. Über die hier erörterten Fragen hinaus bestehen weitere Rechtsfragen im Bereich der Vorrats- und Mantelgesellschaften. Offen gelassen wurden in dieser Bearbeitung, welche Besonderheiten sich für Vorrats- und Mantelaktiengesellschaften ergeben. Einer Lösung bedarf der Problemkreis von Vorratsgesellschaften und verdeckten Sacheinlagen, der Gegenstand mehrer obergerichtlicher Entscheidungen gewesen ist[779]. Unerwähnt blieben auch Vorratspersonengesellschaften, die ebenfalls zum Kauf angeboten werden. Ein interessantes Feld bieten auch die mit Mantelverwendungen in Zusammenhang stehenden steuerrechtlichen Fragen um § 8 IV KStG.

6. Wie sich die Bedeutung von Vorrats- und Mantelgesellschaften in Zukunft entwickeln wird, bleibt abzuwarten. Im europäischen Ausland wurde bereits in einigen Ländern eine sog. Blitz-GmbH eingeführt, die innerhalb von 24 Stunden eingetragen werden kann[780]. Wird diese Möglichkeit auch in Deutschland per Gesetz eröffnet, entfiele das Hauptmotiv für die Verwendung von Vorrats- und Mantelgesellschaften, die Zeitersparnis. Zuletzt wird nach der „Inspire-Art"-Entscheidung des EuGH und dem dadurch entstehenden Wettbewerb zwischen allen europäischen Gesellschaftsformen die Erforderlichkeit eines Mindeststammkapitals und dessen Aufbringung immer wieder in Frage gestellt[781]. Die Vorstellung, eine Kapitalgesellschaft müsse bei ihrer Entstehung über ein gewisses „Kapitalpolster" verfügen, hat letztendlich zu dem Bedürfnis nach einer Sonderbehandlung von Vorrats- und Mantelgesellschaften geführt.

---

[779] OLG Hamburg, Urteil v. 19.11.2004 – 11 U 45/04, GmbHR 2005, 164; OLG Jena, Urteil v. 1.9.2004 – 4 U 37/04, NZG 2004, 1114; OLG Schleswig, Urteil v. 27.5.2004 – 5 U 143/03, NZG 2004, 969; OLG Schleswig, Urteil v. 27.5.2004 – 5 U 143/03, NZG 2004, 969;OLG Schleswig, Urteil v. 3.4.2003 – 5 U 168/01, GmbHR 2003, 1058; OLG Schleswig, Urteil v. 20.7.2000 – 5 U 2/00, DZWIR 2000, 510.

[780] Zur Blitz-S.A.R.L. in Frankreich *Becker,* GmbHR 2003, 1120; zur spanische „Blitz-GmbH" *Melchior/Schulte,* GmbHR 2003, R 1; *Vietz,* GmbHR 2003, 26.

[781] *Mülbert,* Der Konzern 2004, 151; *Schön,* Der Konzern 2004, 162.

Peter Lang · Europäischer Verlag der Wissenschaften

Gordon Geiser

Gesellschaftsorganisation und Gesellschaftsinnenrecht virtueller Unternehmen

Frankfurt am Main, Berlin, Bern, Bruxelles, New York, Oxford, Wien, 2004. 251 S.
Schriftenreihe zum Gesellschafts- und Kapitalmarktrecht.
Herausgegeben von Lutz Michalski, Axel Jäger und Klaus-Rudolf Wagner. Bd. 11
ISBN 3-631-52762-4 · br. € 45.50*

Bei einem virtuellen Unternehmen handelt es sich um eine Kooperationsform, die in jüngerer Zeit vor allem in der Wirtschaftswissenschaft auf breiter Basis als eine mögliche Form effizienter Zusammenarbeit diskutiert wurde. Die Arbeit untersucht das virtuelle Unternehmen im Hinblick auf dessen Besonderheiten aus gesellschaftsrechtlicher Sicht. Als hybride Organisationsform wird es im ersten Hauptteil zunächst in das System von Vertrag und Organisation einerseits sowie Rechtssubjekt und Rechtsobjekt andererseits eingeordnet. Im Anschluss erfolgt eine Untersuchung der Schnittstelle des virtuellen Unternehmens mit der realen Welt – dem Sitz dieser Organisation. Im zweiten Hauptteil wird sodann die Beziehung der Partner eines virtuellen Unternehmens untereinander sowie gegenüber der Gesellschaft unter Berücksichtigung der regelmäßig kurzfristig angelegten Zusammenarbeit und der dem virtuellen Unternehmen immanenten symbiotischen Elemente untersucht.

Aus dem Inhalt: Virtuelle Unternehmen als moderne Form effizienter Kooperation · Definition des virtuellen Unternehmens · Netzwerkvertrag · Offen-Geschlossen-Prinzip · Gesellschaft bürgerlichen Rechts als Unternehmensträger · Zuordnung virtueller Unternehmen zu einem geographisch bestimmbaren Punkt · Sitz der Gesellschaft · Virtueller Sitz als mögliche Alternative · Gesellschafterbeziehungen aus ökonomischer Sicht · Objektivierung der Treuepflicht als Mittel zur Begrenzung der gesellschafterlichen Rechte und Pflichten

FSC
www.fsc.org
MIX
Papier | Fördert gute Waldnutzung
FSC® C083411

Kolibri 360 GmbH
Ferdinand-Jühlke-Straße 7
99095 Erfurt, Deutschland
produktsicherheit@kolibri360.de

Druck:
CPI Druckdienstleistungen GmbH
im Auftrag der
Kolibri 360 GmbH
Ferdinand-Jühlke-Str. 7
99095 Erfurt